日本の財政を考える

馬場義久
横山　彰
堀場勇夫
牛丸　聡

有斐閣

は し が き

　日本財政に対する国民の関心がかつてないほど高まっている。いや，日本財政の将来に対する「不安の高まり」，あるいは「疑問の広がり」と言うべきかもしれない。1000 兆円に至る財政赤字を抱えながら，社会保障給付は増大し続け，他方，消費税の増税が 2 度延期された。さらに最近では，現行の社会保障の抜本的な改革なしに，教育費の無料化などの新たな支出拡大策が実施されようとしている。

　とくに，現在の若い世代には，自分たちの老後において必要な社会保障を受益できるのか，という不安や疑問をもっている人が多いであろう。そのこともあってか，新聞報道によれば，20 代の人の貯蓄率が高まっているという。本来，求められるのは，財政再建と両立する社会保障や税制の改革プランを提示することであろう。

　以上の背景を踏まえて，本書は，現在の日本財政そのものを対象とした。叙述の力点を現行制度が直面している課題の明瞭化におき，あわせて，これからの改革に向けて検討を要する論点の提示も試みた。何よりも，読者に現在の日本財政の仕組みと主要な問題点を，できるだけ正確に知ってもらいたいからである。日本財政のあり方を考えるためには，現状に対する正確な知識が不可欠である。

　以上のように，現在の日本財政そのものを解説の対象としたこと，これが本書の第 1 の特徴である。従来の財政学の教科書は，学部における「財政学」の講義を念頭におき，財政理論の基礎と制度の概要を中心的に説明するタイプが多い。しかし，学生諸君をはじめ多くの国民の関心は，財政理論ではなく，日本財政の現状と改革方向にある。

　そこで本書は，財政再建・社会保障・税制・地方財政という，日本財政の基本領域を対象にした 4 部構成とし，それぞれの領域における重要なトピックを取り上げることにした。各部では，選ばれたトピックについて現行制度の仕組みと問題点，最近実現した改革の狙い，いっそうの改革に向けて検討を要する課題について，財政学の知見や各著者独自の視点に基づき解説を試みた。

　たとえば，第 I 部の「財政再建」では，日本で膨大な財政赤字が累積した諸

要因を整理し，さらに，そもそも財政を再建すること（それは多くの場合，「国民の痛みを伴う」）の意義を説明した後，日本にとって有効な財政再建策を示唆している。以上の点を学ぶことにより，現在採られている財政再建の先送り策の問題点が，明瞭になるであろう。

　加えて本書は，横山・馬場・堀場著『現代財政学』（有斐閣，2009 年）が目指した「国と地方の財政を一体的に捉える」という視点を貫くため，4 部構成の1 つに地方財政を設けた。つまり，国の財政だけでなく地方財政をも含み，両者の改革の一体的把握を試みた日本財政のテキストである。この点も本書の独自性である。

　本書の第 2 の特徴は，読者自身の学びのための指針を提供している点である。読者が本書のレベルに留まらず，自ら興味ある問題について，さらに深い学習と研究にスムーズに進めるよう工夫を凝らした。つまり，「学ぶ主体」としての読者のステップアップを目指した。

　たとえば，各章の末尾に読者の学習を促す課題欄を設けた。この欄で尋ねている課題は，従来の多くの教科書のように，単に各章の内容理解を確かめるもの（＝ 復習問題）ではない。実際の統計資料にあたって基本的事実を数字で確認を求める問題や，当該問題の学習に重要な基礎理論の再チェック，制度の理念像に関する古典的文献の読了，既存研究における見解のサーベイ等を求める課題など（＝ さらなる学習と研究のための予習問題）を提起した。これらの課題に取り組み，あわせて，各章ごとに紹介されている参考文献を通して学習すれば，調査や卒論作成などがよりスムーズに進行するであろう。

　以上の特徴を持つ本書の企画は，われわれの教育体験に根ざしている。それは，財政学のゼミナールに属する学生諸君は日本財政の動向に興味を抱いているのに，その学習を手助けするテキストが少ないというものである。この点を，有斐閣書籍編集第 2 部の柴田氏と渡部氏にお話ししたところ，予想以上に「乗り気」になられ，お 2 人の熱意により企画が具体化することとなった。

　もとより本書も十全ではない。たとえば，所得税改革にとって重要な最高所得層の増税政策や，地方財政における補助金制度などは扱えなかった。紙幅の制約のため，山積する日本財政の問題を多く取り上げて叙述が平板になる危険を冒すより，むしろ，重要不可欠と考えるトピックを選び，それについてより

丁寧に述べるという方針を選択したためである。そして，いくたびも有斐閣の会議室に集まり，実際の政策展開や財政学の研究業績にも眼を配りながら，取り上げるべきトピック，各自の草稿について議論を重ねた。にもかかわらず，本書に不完全な点があるかもしれない。お気づきの点があればご教示いただければ幸いである。

　最後に，本書の企画から上梓に至るすべての段階においてご尽力くださった，有斐閣の柴田守氏，渡部一樹氏，渡辺晃氏に心から感謝申し上げる。

　　2017 年 10 月

著　者

著者紹介

馬場 義久（ばば よしひさ）　　　　　　　　　　　　　　　　　　第Ⅲ部
　　現職：早稲田大学政治経済学術院教授
　　専攻：財政学
　　主要著作：『二元的所得税の論点と課題』（分担執筆）日本証券経済研究所，2004
　　　　　　年。『現代財政学』（共著）有斐閣，2009 年。『リスクと税制』（分担執
　　　　　　筆）日本証券経済研究所，2016 年。

横山 彰（よこやま あきら）　　　　　　　　　　　　　　　　　　　第Ⅰ部
　　現職：中央大学総合政策学部教授
　　専攻：財政学，公共選択，経済政策
　　主要著作：*"The Calculus of Consent* at Fifty: The Development of Public
　　　　　　Choice in Japan," *Public Choice*, vol. 152(3-4), pp. 345-349,
　　　　　　2012. "Federalism and Intergovernmental Networks: Reflections
　　　　　　on Friedrich and Tullock," *Journal of Public Finance and
　　　　　　Public Choice*, vol. 32(1-3), pp. 177-190, 2014.『格差対応財政の新
　　　　　　展開』（共編著）中央大学出版部，2016 年。

堀場 勇夫（ほりば いさお）　　　　　　　　　　　　　　　　　　　第Ⅳ部
　　現職：総務省地方財政審議会会長，青山学院大学名誉教授
　　専攻：地方財政論，公共経済学，財政学
　　主要著作："The Provision of Public Services by Government Funded Decen-
　　　　　　tralized Agencies," (co-written), *Public Choice*, vol. 100(3-4),
　　　　　　pp. 157-184, 1999.『地方分権の経済分析』東洋経済新報社，1999 年。
　　　　　　『地方分権の経済理論——第 1 世代から第 2 世代へ』東洋経済新報社，
　　　　　　2008 年。

牛丸 聡（うしまる さとし）　　　　　　　　　　　　　　　　　　　第Ⅱ部
　　現職：早稲田大学政治経済学術院教授
　　専攻：財政学，社会保障論
　　主要著作：『公的年金の財政方式』東洋経済新報社，1996 年。『公的年金改革——仕
　　　　　　組みと改革の方向性』（共著）東洋経済新報社，2004 年。

目　次

第Ⅰ部　財政再建

第1章　日本財政の現状と課題 ——————————————— 3

1　日本財政の現状——財政赤字の実態 ················ 3

   1-1　財政と公共部門（3）
   1-2　財政赤字の実態（5）

2　財政赤字の要因 ···································· 12

   2-1　経済的要因（13）
   2-2　政治的要因（14）
   2-3　社会的要因（17）

3　財政赤字の問題 ···································· 19

   3-1　世代間負担の不公平（20）
   3-2　財政破綻（22）

   お わ り に　24

第2章　財政再建の意義と課題 ——————————————— 27

1　財政再建の意義と方策 ···························· 27

   1-1　公平基準（27）
   1-2　効率基準（28）
   1-3　安定基準（29）
   1-4　財政再建の方策（30）

2　日本の財政再建の取り組み ························ 32

   2-1　橋本政権の財政構造改革法（32）
   2-2　小泉政権の基本方針2006（34）
   2-3　民主党政権下の財政運営戦略と社会保障・税一体改革（35）
   2-4　安倍政権の基本方針2013・2015・2017（37）
   2-5　小括（39）

3　欧米諸国の財政再建の取り組み ···················· 39

   3-1　アメリカ（42）
   3-2　イギリス（43）
   3-3　ドイツ（44）
   3-4　フランス（45）
   3-5　スウェーデン（46）

vi

　　　　3-6　オーストラリア（47）
　　　　3-7　各国の財政再建に資する増税措置（47）
　4　今後の財政再建 ·· 49
　　　　4-1　財政規律の仕組みの構築（49）
　　　　4-2　税収増大（51）
　　　おわりに　52

第Ⅱ部　社会保障

第3章　社会保障の考え方と制度————————59

　1　社会保障制度審議会とそれによる社会保障の考え方·············· 59
　　　　1-1　社会保障制度審議会（59）
　　　　1-2　社会保障の定義（60）
　　　　1-3　社会保障理念の見直し（61）
　2　社会保障費用 ··· 62
　　　　2-1　社会保障費用統計（62）
　　　　2-2　社会保障費用（63）
　　　　2-3　社会保障関係費（64）
　3　社会保障制度の現状 ··· 65
　　　　3-1　社会保障の財源調達（65）
　　　　3-2　社会保障制度の体系（68）
　4　社会保障に関する資金の流れ ··· 70
　　　　4-1　国の一般会計と社会保障関係費（70）
　　　　4-2　社会保障関係費と社会保障給付費の関係（70）
　　　　4-3　一般会計と特別会計（72）
　　　　4-4　社会保障を実施するための負担（72）
　　　　4-5　進展する少子高齢化のもとで求められる適切な社会保障のあり方
　　　　　　　（73）
　　　　4-6　社会保障と税の一体改革（74）
　　　おわりに　75

第4章　医療保険制度と介護保険制度————————79

　1　医療保険の機能と医療保険制度の体系 ······························ 79
　　　　1-1　医療保険の機能（79）
　　　　1-2　医療保険制度の体系（81）
　2　後期高齢者医療制度 ··· 83

目　　次　vii

　　2-1　高齢化と高齢者向けの医療保障制度（83）
　　2-2　後期高齢者医療制度の仕組み（85）
　　2-3　保険料の決め方（87）

3　市町村国民健康保険 ……………………………………………………… 88
　　3-1　市町村国保（88）
　　3-2　市町村国保の創設（88）
　　3-3　市町村国保の特徴（89）
　　3-4　市町村国保の保険料の決め方（89）
　　3-5　予定されている国保の改正（91）

4　医療保険のあり方を考えるにあたってのポイント …………………… 92
　　4-1　高額療養費制度（92）
　　4-2　社会における適切な医療費の財源負担の振り分け（93）
　　4-3　医療費を構成する診療報酬と薬価（95）

5　介護保険の機能と介護保険制度 ………………………………………… 96
　　5-1　介護保険制度創設の背景（96）
　　5-2　介護保険の機能（96）
　　5-3　介護保険制度の概要（97）

6　介護保険のあり方を考えるにあたってのポイント …………………… 98
　　6-1　介護保険の財源調達（98）
　　6-2　市町村の介護保険財政（100）
　　6-3　高額介護合算療養費制度（102）
　　6-4　社会における適切な介護費の財源負担の振り分け（102）
　　6-5　介護費を構成する介護報酬（103）

　　おわりに　104

第5章　公的年金制度と生活保護制度 ──────────────108

1　公的年金制度の体系 ……………………………………………………108
　　1-1　公的年金制度の体系（108）
　　1-2　国民年金（基礎年金）（109）
　　1-3　厚生年金保険（110）

2　公的年金の役割 …………………………………………………………110
　　2-1　公的年金のリスク軽減機能（110）
　　2-2　公的年金の役割（111）

3　基礎年金の機能と問題点 ………………………………………………112
　　3-1　全国民共通の基礎年金（112）
　　3-2　基礎年金の財源調達（113）
　　3-3　基礎年金の機能と問題点（114）
　　3-4　今後の基礎年金のあり方（116）

viii

4 リスクへの対応から見た厚生年金保険 ……………………………… 118

    4-1 公的年金の財政方式（118）

    4-2 リスクへの対応の視点から比較した積立方式と賦課方式（118）

    4-3 リスクへの対応から見た厚生年金保険（121）

5 今後の公的年金制度のあり方 ……………………………………………… 125

6 生活保護制度 ……………………………………………………………………… 127

    6-1 公的扶助（127）

    6-2 生活保護制度の基本原理（127）

    6-3 保護の要否と保護基準（128）

    6-4 生活保護受給までの流れ（128）

    6-5 生活保護法の一部改正および生活困窮者自立支援法の制定（129）

    6-6 生活保護制度の課題（130）

7 将来に向けての社会保障 ……………………………………………………… 132

    おわりに　132

第Ⅲ部　税　　制

第6章　所得税の課題と改革 ————————————————————————139

1 給与所得税制の仕組みと課題 ……………………………………………… 139

    1-1 給与所得金額 ＝ 給与収入 − 給与所得控除（140）

    1-2 課税所得 ＝ 給与所得金額 − 所得控除（140）

    1-3 算出税額 ＝ 税率 × 課税所得（141）

    1-4 納付税額 ＝ 算出税額 − 税額控除（142）

    1-5 現行制度における 2 つの課題（142）

2 給与所得税の負担構造と財政力 …………………………………………… 145

    2-1 マクロ的な負担率——財政力（145）

    2-2 負担構造（145）

    2-3 財政力の弱さ——控除の作用（147）

3 給与所得控除の実態と改革 ………………………………………………… 149

    3-1 給与所得控除による課税ベースの減少（149）

    3-2 給与所得控除水準は適正か（150）

    3-3 新しい給与所得控除案による増収額の試算（151）

4 配偶者控除制度の改革 ……………………………………………………… 154

    4-1 改革前の制度（154）

    4-2 改革内容（156）

    4-3 改革意図と課題（157）

5 年金税制の課題と改革 ……………………………………………………… 158

目　次　ix

　　5-1　年金税制の仕組みと問題点（158）
　　5-2　年金給付課税の制度分析（159）
　　5-3　改革の方向（163）
　おわりに　164

第7章　活力と法人税改革 ———————————————————167

1　法人税制の仕組みと基本的事実 ……………………………167
　　1-1　国の法人税（168）
　　1-2　地方の法人税（168）
　　1-3　財務省型実効税率とは何か（169）
　　1-4　法人税の基本的な事実（170）

2　多国籍企業の税率選択——3種の法人税率 …………………172
　　2-1　立地選択——平均実効税率（174）
　　2-2　投資水準の決定——限界実効税率（174）
　　2-3　課税利潤の移転——法定税率（177）
　　2-4　留意点（178）

3　成長志向の法人税改革——その内容 …………………………178
　　3-1　法人実効税率の引下げ（179）
　　3-2　減税財源の調達方法（180）

4　法人税改革の狙いと課題 ………………………………………182
　　4-1　改革の狙い——税率引下げ vs. 投資税額控除（182）
　　4-2　補塡財源の問題点（184）
　おわりに　186

第8章　消費税増税政策 ———————————————————189

1　消費税の仕組みと課題 …………………………………………189
　　1-1　多段階の付加価値税（189）
　　1-2　消費税——その実際と課題（191）

2　なぜ消費税増税か ………………………………………………197
　　2-1　消費税の長所（197）
　　2-2　消費税の短所（201）

3　消費税増税政策の課題 …………………………………………204
　　3-1　軽減税率政策の限界（204）
　　3-2　増税政策への含意（208）
　おわりに　209

第Ⅳ部　地方財政

第9章　地方税の課題と改革 ——————————————————215

1　地方消費税と個人住民税に関する課題と改革 ·······················215

- 1-1　地方消費税と清算方式 (216)
- 1-2　個人住民税と税源移譲 (219)

2　地方法人課税の課題と改革 ···220

- 2-1　法人事業税とは (221)
- 2-2　地方法人課税の課題と改革 (223)
- 2-3　地方法人課税と偏在是正 (224)
- 2-4　法人事業税の外形標準化と実効税率 (227)

3　固定資産税の課題と改革 ···228

- 3-1　地価と固定資産税の課税標準 (229)
- 3-2　固定資産税の負担調整 (230)

おわりに　236

第10章　地方財政の新たな姿と課題 ———————————239

1　地方財政の新たな姿と地方公共団体財政健全化法 ···············239

- 1-1　健全化判断比率の対象 (240)
- 1-2　健全化判断比率と早期健全化基準・財政再生基準 (240)
- 1-3　財政健全化への対応 (242)

2　地方公営企業の概要 ···245

- 2-1　普通会計と地方公営事業会計 (245)
- 2-2　地方公営企業の性格 (247)
- 2-3　地方公営企業の料金 (247)
- 2-4　地方公営企業の分類 (248)

3　地方公営企業の課題と改革 ···251

- 3-1　地方公営企業の経営環境の現状 (251)
- 3-2　経営戦略の策定 (252)

4　地方公共団体の役割と民間活力の活用 ·······························254

- 4-1　民間活力の活用とその種類 (254)
- 4-2　指定管理者制度 (255)
- 4-3　独立行政法人 (257)
- 4-4　PFI 制度 (258)

おわりに　260

目 次 xi

索 引 265

◆コラム
1 建設国債と特例国債と復興債 12
2 アタリの箴言 31
3 「こども保険」は保険か 68
4 公的医療保険の積立方式化の提案をどう考えるか 94
5 介護保険における拠出と給付の対応関係 100
6 社会保障単位と課税単位 116
7 累進所得税と財政力 147
8 社会保険料負担の重さと対策について 154
9 アメリカ共和党の輸出非課税型法人税案 173
10 消費税の税率構造と効率性 207
11 法人税の税率引下げ競争 228
12 農地に対する固定資産税 235
13 下水道の老朽化問題 251

本書のコピー，スキャン，デジタル化等の無断複製は著作権法上での例外を
除き禁じられています。本書を代行業者等の第三者に依頼してスキャンや
デジタル化することは，たとえ個人や家庭内での利用でも著作権法違反です。

第 Ⅰ 部

財政再建

　日本財政は，本書が明らかにするように，①巨額の財政赤字を抱えている，②高齢化の進展により社会保障関係費が増大し続けている，③法人税減税と消費税増税などの税制改革が実施されさらなる検討がなされている，④地方団体の財政力格差や地方公営企業の持続可能性が問われている。

　第Ⅰ部「財政再建」では，日本財政の現状と課題を俯瞰し，財政再建の意義と課題を論ずる。日本財政が抱える巨額の財政赤字は，第Ⅱ部以降に論ずる社会保障・税制・地方財政が抱える諸課題が合わさり表出した病例とも考えられる。

　第1章は，この病例としての財政赤字の実態と要因を理解し，財政の持続可能性の視点から財政赤字にいかに向き合うべきかを考察する。具体的には，国民経済全体の中で日本財政の現状と財政赤字の実態を把握するために，国民経済計算における公共部門や一般政府の位置づけを理解したうえで，日本が抱える財政赤字をフローとストックの数字で明らかにする。そして，財政赤字をもたらす要因を経済的要因・政治的要因・社会的要因から考察し，一般に言われている財政赤字の問題を検討し，基礎的財政収支バランスを回復させることの必要性を指摘する。

　第2章では，財政再建の意義を確認し財政再建の方策を示したうえで，欧米諸国の取り組み事例とともに日本の財政再建の現状と課題を考察し，今後の日本

の財政再建のあり方を検討する。そもそも財政再建とは，現在の財政状況が健全ではなく，いまのまま放置しておくと，さらに望ましくない経済社会状態になるとの認識に基づき，財政破綻のリスクを回避して財政健全化を図ることである。そうした認識の背後には公平基準・効率基準・安定基準の 3 つの価値判断基準があり，これらの価値判断基準から財政再建の意義を確認し財政再建の方策を示す。そのうえで，日本の財政再建の実態と欧米諸国の財政再建の取り組みを整理して考察を加え，今後の日本の財政再建においては，財政規律の仕組みの構築と税収増大の方策についての検討が必要になることを明らかにする。

第1章

日本財政の現状と課題

　本章では，日本財政の現状について財政赤字を中心に考察し，財政赤字の実態
と要因を理解し，財政の持続可能性の視点から財政赤字にいかに向き合うべきか
を考察する。

　まず第1節では，財政赤字の実態を把握する。次いで第2節で，このような
巨額の財政赤字がなぜ累積してしまったのかについて，その要因を経済・社会・
政治の側面から考察する。そして第3節は，日本社会の持続可能性との関連の
中で，財政赤字の問題点について論じ，日本財政の課題を示す。

1 ｜ 日本財政の現状——財政赤字の実態

1-1 財政と公共部門

　私たちは，日々生活をしているが，その生活をよりよくするために必要な
財・サービスを生産し分配し消費し廃棄する活動を営んでいる。そうした人間
の諸活動が，**経済活動**である。現代の経済体制においては，家計・企業などか
らなる民間部門の経済活動ばかりでなく，それを補完・調整する公共部門の経
済活動が重要な役割を果たしている。

　世界共通の基準である**国民経済計算**（**SNA**：System of National Account）で
は，公共部門は一般政府と公的企業によって構成される。財政とは予算を通じ
て行われる政府の経済活動を意味するが，このとき政府は，広い意味での政府
つまり公共部門をいう場合もあれば，狭い意味で一般政府をいう場合もある。

　国民経済計算でいう**一般政府**は，中央政府・地方政府およびそれらによって
設定・管理されている社会保障基金が含まれ，財・サービスの生産者という観
点では非市場生産者であり，かつ公的部門に属する機関からなり，政府によ

り支配・資金供給され非市場生産に携わる非営利団体も含まれる。中央政府には，国の一般会計のほか，特別会計の一部，独立行政法人等の一部が含まれる。地方政府には，地方公共団体の普通会計のほか，公営事業会計の一部，地方独立行政法人の一部が含まれる。社会保障基金は，①政府により賦課・支配され，②社会の全体ないし大部分をカバーし，③強制的な加入・負担がなされる，という基準をすべて満たすものであり，公的年金や雇用保険を運営する国の保険事業特別会計のほか，地方公共団体の公営事業会計のうち医療・介護事業，公務員年金を運営する共済組合の一部，独立行政法人の一部（年金積立金管理運用独立行政法人）が含まれる[1]。

公的企業は，原則として政府により所有かつ支配されている企業（市場生産者すなわち非金融法人企業・金融機関）で，商法その他の公法，特別立法，行政規則等により法人格を持つ公的法人企業および生産する財・サービスのほとんどを市場で販売する大規模な非法人政府事業体からなる[2]。

中央政府・地方政府・社会保障基金からなる一般政府の活動は，国民経済計算における一般政府の部門別勘定の所得支出のフローにそって受取と支払をみると把握できる。一般政府の他部門（非金融法人企業，金融機関，家計，対家計民間非営利団体）からの受取は，税，社会負担（受取）すなわち社会保険料，財産所得，その他の経常移転（受取），資本移転（受取）である。他方，一般政府の他部門への支払は，補助金，財産所得（支払），現物社会移転以外の社会給付，その他の経常移転（支払），最終消費支出（個別消費支出＋集合消費支出），資本移転（支払），総固定資本形成，在庫変動，土地の購入（純）である。

一般政府内の経常移転の内訳は，表1-1で示されている。行を右にみると，他の一般政府への移転（支払）額が示され，合計（支払）には他の一般政府内への移転（支払）額が記載されている。たとえば，中央政府から他の一般政府への移転（支払）額は，地方政府へ29兆4727億円と社会保障基金へ25兆2387億円の合計54兆7114億円となっている。具体的には，地方交付税交付金や義務教育に係る国庫負担金などが中央政府から地方政府への移転（支払）であり，基礎年金の国庫負担などは中央政府から社会保障基金への移転（支払）である。列を下へみると，他の一般政府からの移転（受取）額が示され，合計（受取）には他の一般政府内からの移転（受取）の合計額が記載されている。中央政府の他の一般政府からの移転（受取）額は，地方政府からの3157億円と社会保障

第1章 日本財政の現状と課題 **5**

表 1-1 一般政府内の経常移転の内訳（2015 年度）

（単位：10 億円）

	中央政府	地方政府	社会保障基金	合計（支払）
中央政府	—	29,472.7	25,238.7	54,711.4
地方政府	315.7	—	9,122.2	9,437.9
社会保障基金	89.3	118.6	—	207.9
合計（受取）	405.0	29,591.3	34,360.9	64,357.2

（出所）2015 年度国民経済計算（2011 年基準・2008SNA）フロー編（付表），
6 (1)一般政府の部門別勘定の下段の内訳表に基づき加筆修正。

基金からの 893 億円の合計 4050 億円となっている。一般政府全体でみれば支出合計と受取合計とが当然のことながら一致する。地方政府の公共事業費に係る中央政府の負担金など一般政府内の資本移転の内訳については，本書では示していないが，表 1-1 の出所資料で確認できる。

1-2 財政赤字の実態

まず，日本が抱える財政赤字をストックとフローの数字で把握しておこう。最新の財政赤字のデータは，財務省［2017］で示されている。表 1-2 は，ストックの長期債務残高の各年度の推移を示している。2017 年度末〈予算〉では，国が 898 兆円，地方が 195 兆円，国・地方合計が 1093 兆円である。

国の長期債務残高は，普通国債残高とその他の交付国債や出資・拠出国債等の残高の合計である。**普通国債は建設国債・特例国債・借換（国）債であるが，表 1-2 の普通国債残高には時限的な復興債や年金特例公債も含まれている**。地方の長期債務残高は，地方債残高，公営企業債残高，交付税特会（交付税及び譲与税配付金特別会計）借入金地方負担分の残高の合計である。長期債務残高を対 GDP（Gross Domestic Product：国内総生産）比でみると，表 1-2 には示されていないが国 163%（普通国債残高 156%），地方 35%，国・地方合計 198% に達している。国と地方の債務残高（国対地方）の比は 82：18 で，国の債務残高は地方の債務残高の 4.5 倍を超える水準である。またフローの公債発行額は，2017 年度の国の予算と地方の地方債計画（通常収支分）をみると，国が 34.37 兆円（特例国債 28.27 兆円 + 建設国債 6.10 兆円），地方が 11.63 兆円（普通会計分 9.19 兆円 + 公営企業会計等分 2.44 兆円）になっている（財務省［2017］2 頁，総務省［2017］27-28 頁）。

表 1-2　国および地方の長期債務残高

(単位：兆円)

	1998年度末〈実績〉	2003年度末〈実績〉	2008年度末〈実績〉	2009年度末〈実績〉	2010年度末〈実績〉	2011年度末〈実績〉	2012年度末〈実績〉	2013年度末〈実績〉	2014年度末〈実績〉	2015年度末〈実績〉	2016年度末〈実績見込〉	2017年度末〈予算〉
国　普通国債残高	390 (387)	493 (484)	573 (568)	621 (613)	662 (645)	694 (685)	731 (720)	770 (747)	800 (772)	834 (792)	876 (820)	898 (842)
対GDP比	56% (56%)	88% (86%)	107% (106%)	121% (119%)	127% (124%)	136% (134%)	143% (140%)	147% (142%)	149% (144%)	151% (144%)	156% (146%)	156% (146%)
地　方	163	198	197	199	200	200	201	201	201	199	198	195
対GDP比	31%	38%	39%	40%	40%	41%	41%	40%	39%	37%	37%	35%
国・地方合計	553 (550)	692 (683)	770 (765)	820 (812)	862 (845)	895 (885)	932 (921)	972 (949)	1,001 (972)	1,033 (991)	1,073 (1018)	1,093 (1037)
対GDP比	105% (105%)	133% (132%)	151% (150%)	167% (165%)	173% (169%)	181% (179%)	188% (186%)	192% (188%)	193% (188%)	194% (186%)	199% (188%)	198% (187%)

（注）1.　東日本大震災からの復興のために実施する施策に必要な財源として発行される復興債および、基礎年金国庫負担2分の1を実現するための年金特例公債を普通国債残高に含めている。

2.　2015年度末までの（　）内の値は翌年度借換のための前倒債発行額を除いた計数。2016-17年度末の（　）内の値は、翌年度借換のための前倒債限度額を除いた計数。

3.　「交付税及び譲与税配付金特別会計」の借入金については、その償還の負担分に応じて、国と地方に分割して計上している。なお、2007年度初をもってそれまでの国負担分借入金残高の全額を一般会計に承継したため、2007年度末以降の同特会の借入金残高は全額地方負担分である。

4.　このほか、2017年度末の財政投融資特別会計国債残高は95兆円程度。

（出所）財務省［2017］6頁。（注）の一部を削除。加筆修正。

第1章　日本財政の現状と課題　7

図 1-1　債務残高の国際比較（対 GDP 比）

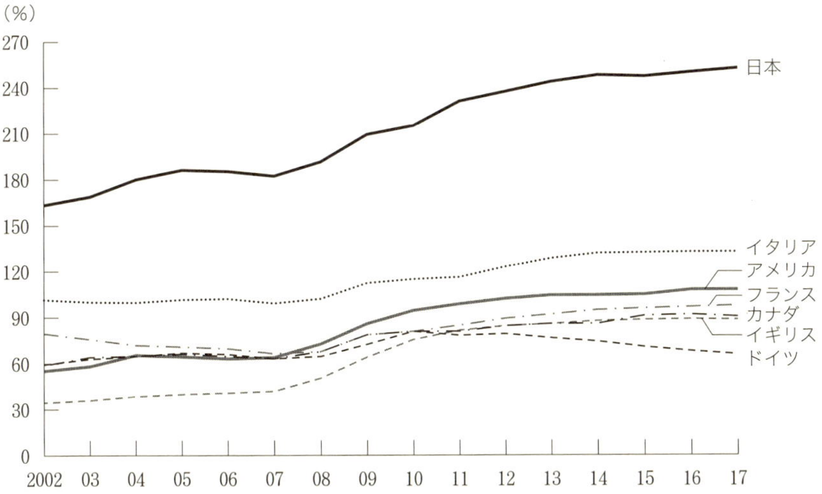

（注）　1. 数値は一般政府（中央政府，地方政府，社会保障基金を合わせたもの）ベース。
　　　　2. 日本は 2015 年以降，それ以外の国々は 2016 年以降が推計値。
（元資料）　IMF "World Economic Outlook Database"（2016 年 10 月）。
（出所）　財務省［2017］8 頁。一部を修正。

　こうした日本の財政赤字は，国際比較してみるとストックでもフローでも，図 1-1 と図 1-2 の通り，いかに大きいかが明らかになる。こうした国際比較では，国民経済計算に基づく一般政府の債務残高と財政収支がベースに用いられている。

　図 1-3 では，各種統計における債務残高が示されている。このような債務残高の違いは，統計データの目的の違いによるものである。①国と地方の長期債務残高は，その利払・償還財源が税財源により賄われる長期債務がどれだけあるかを明らかにしており，財務省主計局調査課が公表しているもので，表 1-2 に対応している。②国債および借入金現在高は，財務省理財局国債企画課が公表しているもので，国の資金調達活動全体を把握するための残高を示しており，政府短期証券・財政投融資特別会計国債・地方負担で償還される交付税特別会計借入金が含まれている。そして，③一般政府総債務は，国際比較に資するため，世界共通の基準である国民経済計算（SNA）に基づき，一般政府（中央政府・地方政府・社会保障基金）の債務残高を集計したもので，内閣府経済社

8　第Ⅰ部　財政再建

図1-2　財政収支の国際比較（対 GDP 比）

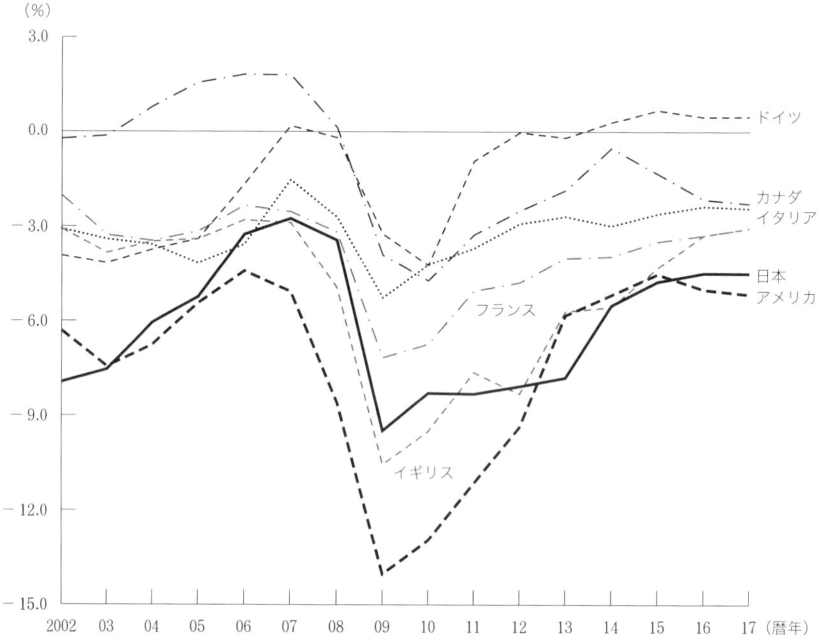

(%)

```
 3.0

 0.0 ─────────────────────────────────────────── ドイツ

-3.0                                              カナダ
                                                  イタリア

-6.0                                              日本
                                                  アメリカ

-9.0

-12.0

-15.0
    2002 03  04  05  06  07  08  09  10  11  12  13  14  15  16  17 (暦年)
```

（フランス、イギリス のラベルがグラフ中央に表示）

(注)　1. 数値は一般政府（中央政府，地方政府，社会保障基金を合わせたもの）ベース。ただし，
　　　　　日本およびアメリカは社会保障基金を除いた値。
　　　2. 日本については，単年度限りの特殊要因を除いた値。
　　　3. 日本およびドイツは 2015 年以降，それ以外の国々は 2016 年以降が推計値。
（元資料）　OECD "Economic Outlook 100"（2016 年 11 月）。
（出所）　財務省［2017］7 頁。一部を修正。

会総合研究所が公表し図 1-1 に対応している。

　　国の財政赤字の経年変化をより詳しくみると，図 1-4 と図 1-5 の通りである。
まず，図 1-4 をみてみよう（特例国債と建設国債の相違については，コラム 1 を参
照）。バブル経済崩壊後の景気低迷が鮮明になった 1994 年度以降に特例国債
発行が再開され，1997 年のアジア通貨危機や山一證券破綻などによる金融危
機を契機に，大量の特例国債発行がなされ今日に至っている。図 1-4 の一般会
計歳出と一般会計税収の乖離は，「ワニの口」ともいわれ，リーマン・ショック
（2008 年 9 月 15 日にアメリカのリーマン・ブラザーズ・ホールディングスが破綻したこ
とによる世界的金融危機の発生）の翌年に当たる 2009 年度が最大になっている。
こうしたフローの財政赤字は図 1-5 の国債残高の推移に反映されており，国債

第1章　日本財政の現状と課題　9

図1-3　各種統計における債務残高

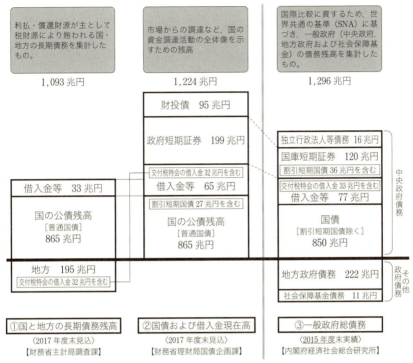

(注)　1.「交付税特会」とは,「交付税及び譲与税配付金特別会計」を指す。
　　　2. 2017年度末の国の公債残高(普通国債)は,復興債を含む額。
　　　3. ①の地方の長期債務残高には,地方債,交付税特会借入金,地方公営企業債(普通会計負担分)が含まれる。
　　　4. ①および②の借入金等＝借入金＋出資国債等。なお,①の借入金等は,地方の負担で償還される交付税特会借入金残高を除いた値。
　　　5. ③の国債は普通国債,交付国債および承継国債,③の借入金等は出資国債等を含む。
(出所)　財務省［2017］6頁。(注)の一部を削除,修正。

残高対GDP比は2017年度末には156％に達すると推計されている。

10　第Ⅰ部　財政再建

図 1-4　国の一般会計における歳出・歳入の状況

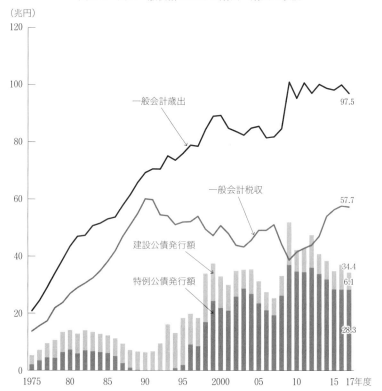

(注)　1. 2015年度までは決算, 2016年度は第3次補正後予算, 2017年度は予算による。
　　　2. 公債発行額は, 1990年度は湾岸地域における平和回復活動を支援する財源を調達するための臨時特別公債。1994～96年度は消費税率3%から5%への引上げに先行して行った減税による租税収入の減少を補うための減税特例公債, 2011年度は東日本大震災からの復興のために実施する施策の財源を調達するための復興債, 2012年度および2013年度は基礎年金国庫負担2分の1を実現する財源を調達するための年金特例公債を除いている。
(出所)　財務省［2017］4頁。一部を削除, 修正。

第1章 日本財政の現状と課題

図1-5 普通国債残高（国の公債残高）の推移

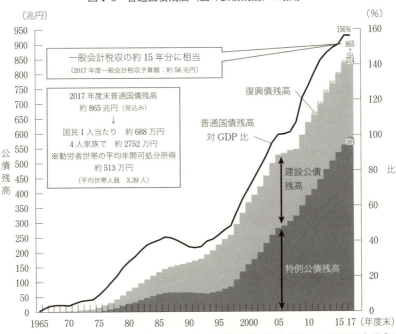

(注) 1. 国民1人当たりの公債残高は，2017年の総人口（国立社会保障・人口問題研究所「日本の将来推計人口」〔2012年1月推計〕）で公債残高を除した数値。
2. 可処分所得，世帯人員は，総務省「2015年家計調査年報」による。
3. 公債残高は各年度の3月末現在額。ただし，2016年度末は第3次補正後予算，2017年度は予算に基づく見込み。
4. 特例公債残高は，国鉄長期債務，国有林野累積債務等の一般会計承継による借換国債，臨時特別公債，減税特例公債および年金特例公債を含む。
5. 東日本大震災からの復興のために実施する施策に必要な財源として発行される復興債（2011年度は一般会計において，2012年度以降は東日本大震災復興特別会計において負担）を公債残高に含めている。
6. 2017年度末の翌年度借換のための前倒債限度額を除いた見込額は809兆円程度。

(出所) 財務省［2017］5頁。一部を削除，修正。

12　第Ⅰ部　財政再建

─◆コラム1　建設国債と特例国債と復興債─

　建設国債は財政法第4条第1項「国の歳出は，公債又は借入金以外の歳入を以て，その財源としなければならない。但し，公共事業費，出資金及び貸付金の財源については，国会の議決を経た金額の範囲内で，公債を発行し又は借入金をなすことができる」によって発行が認められている国債で，4条国債ともいわれる。橋や道路の建設など公共事業に係る経費は投資的経費であり，その受益は将来世代に及ぶので，その費用負担を将来世代に負わせることのできる公債発行で財源調達することは妥当であるという理由で，公共事業等の財源調達には財政法第4条で発行が認められていると考えられている。これに対して，特例国債は財政法第4条で発行が認められず特例法を国会で成立させて発行が認められる国債で，赤字国債ともいわれる。たとえば人件費や福祉給付費などの経費は経常的経費で，その受益は将来世代に及ばないので，そうした経費の財源調達を公債発行で行えば，受益と負担の対応からして負担を将来世代に負わせることになるので，財政法では発行が認められていないと考えられている。

　しかし，建設国債と特例国債とで国庫に入る公債収入金に色分けがなされているわけではなく，建設国債で財源調達しても国債の償還期間と公共事業による建造物の耐用年数が一致するとは限らず受益と負担とが厳密に対応しているわけでもないことから，両者を区別することは合理的でないという指摘もある（井堀［2000］26-31頁）。第2章で詳しくみるように，ドイツでは投資的経費に限り起債を認めていた制度から，投資的経費と経常的経費との区別なく名目GDPの一定割合を上限に起債を認めるキャップ制に変更している。ただし，自然災害や景気変動などに対応する起債は，このキャップ制の対象にならない。

　「東日本大震災からの復興のための施策を実現するために必要な財源の確保に関する特別措置法」（2011年12月2日法律第117号）第69条で発行が認められた復興債は，償還財源の手当ても法制化されている点で，他の国債と区別する意味はある。

2 ┃ 財政赤字の要因

　前節でみたように，1990年代初頭のバブル経済崩壊後，低成長とデフレによる経済停滞による税収減少とともに，景気回復の対策としての政府支出増大と減税のフィスカル・ポリシーによる赤字財政基調や，高齢化の進展による社会保障関係費の増加で，大幅な財政赤字となり巨額な国債発行を行ってきてい

る。

　財政赤字は，基本的には政府支出が税収を上回るから発生する。その赤字の原因となる政府支出の増大と税収の減少をもたらす要因としては，経済的要因・政治的要因・社会的要因が考えられる。

2-1 経済的要因

　日本の財政赤字の経済的要因としては，①景気後退による税収の落ち込み，②景気回復の対策としての政府支出増大と減税のフィスカル・ポリシーの実施，③低成長による自然増収の落ち込みなど，マクロ経済的な要因が考えられる。景気後退は，国内経済や世界経済の循環的な停滞だけではなく，アジア通貨危機やリーマン・ショックなどの世界経済の外的ショックなどによってもたらされる。

　(1) 1990 年代の財政運営

　今日の財政赤字累増は，1990 年代の財政運営の帰結ともいえる。井堀 [2000] (68 頁) は，「1990 年代の財政運営は，財政再建と景気対策という二つの政策目標間で大きく揺れ動いた。結果として，景気対策としての積極的な財政政策が採用され続けながら，その景気刺激効果はあまり十分とはいえず，財政赤字の拡大という問題点だけが突出してしまった」と指摘している。1990 年代初頭の景気後退や 1995 年 1 月の阪神・淡路大震災もあり財政状況は悪化し，1996 年度の国の一般会計予算で大量の特例国債発行がなされ，図 1-4 でも示されているように，その発行額はここで大幅にジャンプした。これを受け，橋本政権下の 1997 年度は財政再建への取り組みが行われ，政府は 1997 年 6 月 3 日に「財政構造改革の推進について」を閣議決定し，同年 11 月 28 日に「財政構造改革の推進に関する特別措置法（以下では財政構造改革法という）」(1997 年 12 月 5 日法律第 109 号) を成立させた[3]。

　しかし，同年 7 月のタイ・バーツの大幅下落に始まるアジア通貨危機の進展や同年 11 月の三洋証券，北海道拓殖銀行，山一證券などの破綻による金融危機の影響を受け，同年 12 月には橋本首相が 2 兆円の特別減税実施を表明した。そして富田 [2001] (114-122 頁) がまとめているように，1998 年 4 月には補正予算で，前年 12 月の特別減税 2 兆円に 2 兆円上積みした 4 兆円の特別減税，7.7 兆円の社会資本整備，2 兆円の中小企業対策，2.3 兆円の土地対策などを含

む，総事業費 16 兆円超の総合経済対策を決定した。さらに，1998 年 7 月の参議院選挙後に誕生した小渕政権は，前政権の 4 兆円の特別減税を 6 兆円の恒久的減税に変えるとともに，11 月には社会資本整備 8.1 兆円を含む 17 兆円超の緊急経済対策を実施した。この緊急経済対策の財源は 12 兆円超の国債増発であり，財政赤字の累増がさらに加速した。

(2) 2000 年代後の財政運営

2000 年代では，2001 年に発足した小泉政権が，いわゆる「骨太の方針」(今後の経済財政運営及び経済社会の構造改革に関する基本方針) のもと財政構造改革をめざした。しかし，1980 年代の第 2 次臨時行政調査会の「増税なき財政再建」路線と似て，小泉政権は「歳出削減なくして増税なし」の基本方針で歳出削減に努力を傾注し，特例国債発行額を減少させた。しかし，小泉政権下の 2001 ～06 年度において，歳出削減努力や景気回復による自然増収はあったものの，20 兆円を超える特例国債を発行し続けた (図 1-4)。小泉政権の歳出削減努力は，小泉政権を引き継いだ第 1 次安倍政権下の 2007 年度に特例国債発行額が 20 兆円を下回った点に現れた。

しかし，その後の福田政権・麻生政権下においては，2008 年のリーマン・ショックの影響を受け，その年と翌年には名目 GDP 成長率がマイナスになり，「経済危機対策」がなされ特例国債が大量発行された。政権交代後，2010 年代の民主党の鳩山政権・菅政権・野田政権も，短命であると同時に 30 兆円を超える特例国債を発行し続けた。野田政権時に成立した「社会保障の安定財源の確保等を図る税制の抜本的な改革を行うための消費税法の一部を改正する等の法律 (以下，社会保障・税一体改革関連法という)」(2012 年 8 月 22 日法律第 68 号) に基づき，消費税 (プラス地方税消費税) の税率は 5% から 8% に引き上げられた (2014 年 4 月施行) が，2012 年に誕生した第 2 次安倍政権下においても 30 兆円前後の特例国債を発行し続けている。

2-2 政治的要因

上記の財政赤字の経済的要因をみると，国内経済のバブル経済崩壊と世界経済のアジア通貨危機やリーマン・ショックによる景気後退が大きな要因であるが，その景気対策として実施された拡張的なフィスカル・ポリシーの発動とその政策効果の弱さこそ景気後退に勝るとも劣らぬ大きな要因であることがわか

る。しかし，そうした拡張的なフィスカル・ポリシーが効果的でないにもかかわらず繰り返し発動されたのは，経済的要因だけではなく政治的要因があったからでもある。以下で，政治的要因について考えてみよう。

（1）フィスカル・ポリシーの財政赤字バイアスと財政錯覚

まず，Buchanan and Wagner [1977] が指摘した政治的要因が，フィスカル・ポリシーの赤字財政バイアスと公債の財政錯覚である。彼らは，アメリカの歴史的事実と公共選択理論から，ケインズ自身のエリート政治の姿勢を批判し，ケインズ経済学に基づくフィスカル・ポリシーがもつ赤字財政バイアスの問題点を指摘した。

フィスカル・ポリシー論では，不況期における財政赤字による失業対策だけでなく好況期におけるインフレ対策も裁量的になされる，と考えられていた。そこでは，マクロ経済政策が有権者の意向とは関係なく少人数の啓発的賢人グループによって自在に実施されうると暗黙裡に想定されていたのである。しかし，現実の代議制民主主義のもとでは，失業対策としての拡張的なフィスカル・ポリシーはその手段が減税・政府支出増大なので有権者に受け入れられる一方，インフレ対策としての緊縮的なフィスカル・ポリシーはその手段が増税・政府支出削減なので有権者に受け入れられにくいことから，再選可能性の最大化をめざす政権与党は，増税・政府支出削減のフィスカル・ポリシーを避け，もっぱら減税・政府支出増大のフィスカル・ポリシーに偏った政策運営をすることで財政赤字を常態化させる。これが，フィスカル・ポリシーの赤字財政バイアスである。

さらに，財源調達の一部が租税から公債に代わることは，公共サービスの知覚価格を引き下げる効果をもつ。それに応じて，有権者（納税者）は公共サービスに対する需要を増やす結果，有権者の選好する歳出規模はより高くなる。そうした選好は，得票や支持率の最大化をめざす政治家により，現実の歳出増大に結びつく。これが公債の財政錯覚である。また近視眼的な時間選好をもつ有権者にとっては，公債が意味する将来の増税は現在の増税に比べ痛みが少ないので，目先の増税を避けて税負担を将来へ先送りすることを選好する。そうした時間選好をもつ有権者の支持を得ようとする政治家は，租税よりも公債発行を選好する。その結果も，公債の財政錯覚による歳出増大に結びつく。

(2) レント・シーキング

　また，利益集団のレント・シーキングが歳出を増大させたり税収を減少させたりすることも，財政赤字の政治的要因である。レント・シーキングとは，規制や補助金や移転など政府によって人為的に生み出される政治的レントを勝ち取るために資源を浪費する活動である。こうしたレント・シーキングの結果，特定分野の産業や経済活動だけに恩恵が及ぶような規制や補助金や移転などが政府によってなされると，歳出増大と税収減少が生ずる。直接的な歳出増大は，特定分野の産業や経済活動への直接的な補助金や移転によってもたらされる。そうした補助金や移転は財政支出としてなされるものであるが，租税特別措置として税制を通じて隠された形で補助金や移転がなされるものもある。こうした税制を通じてなされる隠された補助金や移転は，租税支出（tax expenditures）といわれる。この租税支出は本来ならば得られたはずの税収を減らすので，レント・シーキングによって生み出される租税特別措置のような優遇措置は，税収減少をもたらすのである。さらにレント・シーキングの結果，直接的な補助金や移転ではないが，規制といった形で特定分野の産業などの保護や育成をすることは，そうした規制がなかったならば市場における自由な経済活動から得られたはずの付加価値を損ない，その付加価値部分にかかる税収を減らすことも考えられる。

　こうした利益集団のレント・シーキングの成功には，それを後押しする政治家や官僚の私的利益追求行動がある。こうした政治家や官僚の私的利益追求行動の問題は，「コモン・プール問題」として知られている[4]。税収というコモン・プール（共有資源）を利用して，政治家は，地元である自分の選挙区にとって利益となるような公共プロジェクトが実施されるように動くことで，再選の可能性を高めようとする。日本の新幹線整備や道路整備など，そうした公共プロジェクトの法案は，アメリカではポーク・バレル（pork-barrel：豚肉保存用樽）法案と呼ばれ，地元への利益誘導のために汗をかく政治家と地元の産業や有権者などの利益集団との利害が一致する。そうした法案が国会で採択されると，便益は特定の選挙区に限定される一方，その支出を賄う費用は課税され一国全体（すべての選挙区）に薄く広く租税で負担される。また，自分の省庁の予算や権限の最大化をめざす官僚行動も，全体へのマイナスの外部性を考慮せず自分の利益追求のみを行ってしまう「コモン・プール問題」を引き起こし，

「共有地の悲劇」による過剰利用として，財政支出膨張をもたらすことになる。

(3) 経済成長率や税収の所得弾力性の過大見積り

予算編成時に，経済成長率や税収の所得弾力性について政治的思惑から意図的に高めに見積ることで，歳出削減や増税の必要性を過小評価させ，現実の経済成長率や税収の所得弾力性が予想値よりも低いので，結果的に財政赤字を増大させてしまう事態も，情報の非対称性を利用した財政赤字の政治的要因の1つである。さらには，政権担当政党が，選挙前に支持率増大や政権維持をめざすための選挙対策として景気回復や景気促進を優先する拡張的なマクロ経済政策運営をし，選挙で勝利し政権維持した後に緊縮的なマクロ経済政策運営をとることで，政治的に景気循環が生ずるといった政治的景気循環論もある。しかし現実には，フィスカル・ポリシーの赤字財政バイアスもあり，選挙後に緊縮的なマクロ経済政策運営がなされない場合がある。だが，単に景気後退期に景気回復のためという経済的理由からだけではなく，選挙前に拡張的なマクロ経済政策が選挙対策としてなされることで財政赤字が増大することは，財政赤字の政治的要因にほかならない。

2-3 社会的要因

1990年度以降の国債残高の増加額（692兆円）の要因は，図1-6で示されている。歳出面では，1990年代を中心とした公共事業関係費の増加（59兆円）と，2000年代を中心とした高齢化の進展に伴う社会保障関係費の増加（272兆円）と地方財政の悪化に伴う財源不足の補填（地方交付税交付金等）の増加（84兆円）とが主要因であることが示されている。歳入面では，景気の悪化や減税による税収減（199兆円）が主要因になっている。

歳入面の景気の悪化による税収減と，景気対策として実施された拡張的なフィスカル・ポリシーによる歳出面の公共事業関係費の増加と歳入面の減税による税収減は，上記で述べた経済的要因として考えられる。と同時に，歳出面の公共事業関係費の増加と歳入面の減税による税収減は，フィスカル・ポリシーの赤字財政バイアスや公債の財政錯覚といった政治的要因とも考えられる。しかし，歳出面の高齢化の進展に伴う社会保障関係費の増加は，シルバー・デモクラシー（有権者に占める高齢者の割合が高く，さらには高齢者の投票率が高いことから，高齢者の政策需要が政治に強く反映される現象）といった政治的要因もあるが，

18 第Ⅰ部 財政再建

図 1-6 普通国債残高の増加要因

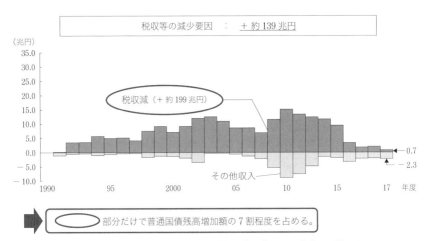

(注) 1. 2015 年度までは決算，2016 年度は第 3 次補正後予算，2017 年度は予算による。
2. 東日本大震災からの復興のために 2010～20 年度まで実施する政策に必要な財源として発行される復興債を公債残高からは除くとともに，2011 年度歳出のうち復興債発行に係るもの (7.6 兆円) を除いている。
3. 税収のうち交付税法定率分は，歳入歳出両建てである（増減が公債残高の増加に影響しない）ため，歳出・歳入双方の増減要因から控除し，地方交付税交付金等のうち交付税法定率分以外の部分（地方の財源不足補填部分等）を歳出の増加要因として計上している。

(出所) 財務省 [2017] 11 頁。一部を削除，加筆修正。

第1章 日本財政の現状と課題　19

図1-7　社会保障関係費の増大と税収の減少（単位：兆円）

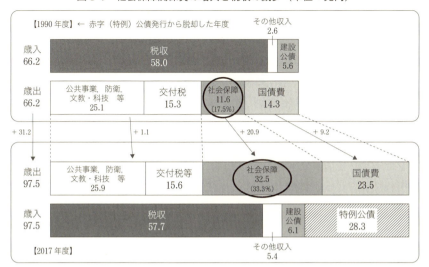

(注)　当初予算ベース。
(出所)　財務省［2017］12頁。一部を加筆修正。

人口の年齢構造に起因する社会的要因が大きい。

　この点は，図1-7をみても明らかである。図1-7は，1990年度と2017年度との比較で，一般会計における社会保障関係費の増加と税収の減少をみたものである。この年度間で，歳出は31.2兆円増大しているが，そのほとんどが社会保障関係費の増大（20.9兆円）と国債費の増大（9.2兆円）であることがわかる。これだけ歳出が増大している一方で，税収は増大するどころかわずかであれ0.3兆円減少している。この歳出増加の31.2兆円と税収減少の0.3兆円の合計31.5兆円の90％に当たる28.3兆円は，特例国債発行で財源調達されている。1990年度では特例国債発行ゼロであったことからしても，この間の四半世紀でいかに赤字依存の財政に変容したかがわかる。

3　財政赤字の問題

　一般に財政赤字の問題としては，①公債発行の負担が将来世代に転嫁される，②公債発行が民間投資を抑制する，③公債の財政錯覚により財政需要が増

20　第Ⅰ部　財政再建

大する，④財政破綻の状態になる，などがあげられている。本節では，財政の持続可能性に関係する財政赤字の問題①と問題④に着目し検討していく。もともと持続可能性とは，環境と開発の両立をめざした「持続可能な開発」に依拠する概念で，現在世代が利用している人工資本・人的資本・自然資本を減ずることなく将来世代に引き継ぐことのできる可能性をいう。これは，将来世代が現在世代と少なくとも同じ豊かさを享受できるという可能性を意味し，環境だけでなく財政でも論じられている。

3-1　世代間負担の不公平

　公債発行により将来世代の生涯消費が減少するならば，公債発行の負担が将来世代に転嫁される，と一般に考えられている。現在の老人福祉費を賄うために課税ではなく公債発行がなされると，将来世代は公債償還のための税負担を引き受けるので，中立命題が成り立たなければ，課税のときに比べて公債発行のときに将来世代の生涯消費は減少する。

　「中立命題」とは，個人の現在消費と将来消費との選択行動に及ぼす経済効果は公債と租税とで同じであるとする「リカードの等価定理」や「バローの等価定理」を意味する。個人が合理的に生涯予算制約のもとで生涯効用を最大化するならば，公債の償還が発行時の人々の生存中に行われるときには，個人の現在消費と将来消費との選択行動に及ぼす経済効果は公債と租税とで同じであるとするのが，「リカードの等価定理」である。公債の償還が発行時の人々の生存中に行われず公債発行と償還が異なる世代にまたがったとしても，親世代が子世代の効用に関心をもつような利他的な遺産動機をもつならば，現在消費と将来消費との選択行動に及ぼす経済効果は公債と租税とで同じであるとしたのが「バローの等価定理」である。利他的な遺産動機がない，資本市場が完全ではない，租税が一括税ではないなどの理由から，「中立命題」が成立しないならば，課税のときに比べて公債発行のときに将来世代の生涯消費は減少する。このように公債発行の負担が将来世代に転嫁されると，世代間負担の不公平が生じて，将来世代が現在世代と少なくとも同じ豊かさを享受できるという持続可能性が保たれなくなる。

　人口減少社会にある現下の日本における社会保障関係費を調達するための公債発行は，将来世代の生涯消費を減少させるという点で，その負担が将来世代

に転嫁され世代間負担の公平を損なっている。

さらに世代間の公平は，世代会計という枠組みでも議論されている。横山・馬場・堀場［2009］（170頁）が示しているように，シンプルな世代会計では，現在世代と将来世代の2世代と政府からなる社会を考える。割引現在価値で政府の世代間予算制約式は，

世代を通じた政府支出総計 ＝ 現在世代が生存中に支払う税負担
＋ 将来世代が生存中に支払う税負担

である。政府支出を社会保障などの移転支出と公共財などの非移転支出とに区分すると，

世代を通じた政府支出総計 ＝ 現在世代が生存中に受け取る移転支出
＋ 将来世代が生存中に受け取る移転支出
＋ 非移転支出

なので，

現在世代が生存中に受け取る移転支出
＋ 将来世代が生存中に受け取る移転支出 ＋ 非移転支出
＝ 現在世代が生存中に支払う税負担
＋ 将来世代が生存中に支払う税負担

となる。したがって，

非移転支出
＝（現在世代が生存中に支払う税負担 － 現在世代が生存中に受け取る移転支出）
＋（将来世代が生存中に支払う税負担 － 将来世代が生存中に受け取る移転支出）

が成り立つ。世代を通じてなされる政府の非移転支出が一定であれば，現在世代の純税負担（＝ 支払う税負担 － 受け取る移転支出）が下がると，将来世代の純税負担（＝ 支払う税負担 － 受け取る移転支出）が上がることになる。将来世代の純税負担が上がれば，将来世代の生涯消費が減少する。

こうした世代会計の考え方に基づくと，各世代の純税負担が問題になり，現在世代が生存中に支払う税負担以上に移転支出を受け取ることは将来世代にツ

22　第Ⅰ部　財 政 再 建

ケを回すことを意味し，世代間負担の不公平が生じて，将来世代が現在世代と
少なくとも同じ豊かさを享受できるという持続可能性が保たれなくなる。

3-2 財 政 破 綻

　財政赤字が累増すると，政府の債務返済が困難になり債務不履行（デフォル
ト）という財政破綻の状態になる可能性もある。しかし，名目 GDP に占める
政府債務残高の比率，つまり政府債務残高の対 GDP 比率が時間とともに拡
大しなければ財政破綻しない。この点についても，横山・馬場・堀場［2009］
（259-261 頁）に基づき，いま少し詳しくみてみよう。

　財政破綻する可能性を考えるとき重要になるのが，「基礎的財政収支（プライ
マリー・バランス）」である。これは，

$$基礎的財政収支 ＝ 税収等 － 一般歳出等$$

で示される。ここで，

$$税収等 ＝ 歳入総額 － 借入$$
$$一般歳出等 ＝ 歳出総額 －（債務償還費 ＋ 利払費）$$

であるから，

$$基礎的財政収支$$
$$＝（歳入総額 － 借入）－\{歳出総額 －（債務償還費 ＋ 利払費）\}$$
$$＝（歳入総額 － 歳出総額）＋（債務償還費 ＋ 利払費）－ 借入$$

となり，予算では歳入総額 ＝ 歳出総額なので，

$$基礎的財政収支 ＝（債務償還費 ＋ 利払費）－ 借入$$

と表すこともできる。

　この基礎的財政収支が均衡しゼロとなる状態は，一般歳出等については新
たな借入をせずに賄えるだけの税収等があることを意味し，新たな「借入」に
よる収入を過去の「債務の償還・利払」の支出だけに充てることができる状態
ということになる。しかし基礎的財政収支均衡では，新たな「借入（＝ 債務）」
＝ 過去の「債務の償還・利払」であるので，基礎的財政収支が均衡していて

も，過去の債務利払（＝新たな債務 － 過去の債務償還）だけ債務残高が増大している。したがって，債務残高そのものを減少させるためには，利払費以上の基礎的財政収支黒字を実現しなければならない。しかし，たとえ債務残高が利払分だけ増大し続けても，もし政府債務残高の対 GDP 比率が一定あるいは低下するならば，財政は破綻せず財政の持続可能性が保たれる。

つまり，政府債務残高の対 GDP 比率が安定的に低下していくための条件は，

$$B_t/Y_t \geqq B_{t+1}/Y_{t+1} = (B_t + iB_t - S_{t+1})/Y_t(1 + \rho)$$

である。ここで，B_t と Y_t は t 期の政府債務残高と GDP であり，B_t/Y_t は t 期の政府債務残高の対 GDP 比率である。また，B_{t+1}/Y_{t+1} は $t + 1$ 期の政府債務残高の対 GDP 比率であるので，すべての t 期と $t + 1$ 期の政府債務残高の対 GDP 比率の大小関係が上記の式のような関係であれば，政府債務残高の対 GDP 比率が安定的に低下していく。さらに i，S_{t+1}，ρ は，それぞれ政府債務利子率，$t + 1$ 期の基礎的財政収支黒字，GDP 成長率である。

上記の式を整理して，

$$B_t/Y_t \geqq \{B_t(1 + i) - S_{t+1}\}/Y_t(1 + \rho)$$

を解くと，$S_{t+1} \geqq B_t(i - \rho)$ となる。したがって，すべての期において基礎的財政収支が均衡しゼロであれば，この条件式は $0 \geqq i - \rho$ となる。このことは，$\rho \geqq i$ であれば条件式を満たすので，GDP 成長率が政府債務利子率よりも高ければ，基礎的財政収支均衡における財政の持続可能性は保たれることを意味する。しかし，たとえ $i - \rho \geqq 0$ と GDP 成長率が政府債務利子率よりも低くても，その差分（$i - \rho$）よりも前期債務残高に占める今期の基礎的財政収支黒字の比率（S_{t+1}/B_t）の方が大きければ，財政の持続可能性は保たれる。

一般には，毎年，政府債務利子率から GDP 成長率を差し引いたものに政府債務残高を乗じた額以上の基礎的財政収支黒字を確保できれば，対 GDP 比でみた財政赤字の負担増加を将来世代に負わせず，財政は破綻せず持続可能となる。結局のところ，財政の持続可能性は，政府債務利子率，GDP 成長率，政府債務残高，基礎的財政収支黒字によって決せられることになる[5]。

24　第Ⅰ部　財政再建

おわりに

　基礎的財政収支の赤字から脱却できず，毎年毎年，財政赤字を積み上げている日本財政が抱える課題は，財政赤字の経済的要因・政治的要因・社会的要因を正しく認識し，政府債務利子率を超える GDP 成長率をいかに維持しつつ，どのように基礎的財政収支バランスを回復させて財政再建を行うかである。この点については，次章で論じよう。

注
1)　内閣府経済社会総合研究所 ［2016］32 頁に基づいている。
2)　内閣府の国民経済計算の用語解説〈http://www.esri.cao.go.jp/jp/sna/data/data_list/kakuhou/files/h27/sankou/pdf/term.pdf 最終アクセス 2017 年 4 月 28 日〉に基づいている。さらに，「国民経済計算（2011 年基準）における政府諸機関の分類（2015 年度）」（内閣府経済社会総合研究所 ［2016］167-172 頁）で，中央政府の一般会計・特別会計，地方政府の普通会計・公営事業会計，特殊法人，認可法人，独立行政法人，地方独立行政法人，その他（基金・共済組合など）について，一般政府（中央政府・地方政府・社会保障基金）と公的企業（非金融・金融）とに区分されている。この分類で，特殊法人の放送大学学園と認可法人の日本赤十字社は，非市場生産者であるが一般政府ではなく対家計民間非営利団体として区分されている。
3)　法律の成立日は法律案が衆議院と参議院の両議院で可決したときで，法律の公布日に法律番号が付される。
4)　コモン・プール問題については，Weingast, Shepsle and Johnsen ［1981］，Persson and Tabellini ［2000］Chap.7，青木・鶴 ［2004］41-44 頁を参照。
5)　日本の財政の持続可能性については，財政再建に関する諸研究で検討されている。本書第 2 章，井堀 ［2000］第 3 章第 1 節，井堀 ［2004］第 3 章，土居 ［2012］第 7 章を参照。

◆ 課　　題
《第 1 節》
　社会保障基金に分類される政府諸機関を，内閣府経済社会総合研究所 ［2016］167-172 頁の巻末資料 3 で調べなさい。
《第 2 節》
　井堀 ［2000］を参考にして，「良い財政赤字」が存在するのか，存在するとすればどのような財政赤字なのか，検討しなさい。
《第 3 節》
　リカードの等価定理とバローの等価定理の詳しい内容について，横山・馬場・堀場 ［2009］第 8 章第 4 節を参考に考察しなさい。

◆ 文 献 案 内

《第 1 節》

　国民経済計算については，内閣府の下記のホームページの URL 資料，とりわけ内閣府経済社会総合研究所［2016］が参考になる。

　「国民経済計算（GDP 統計）統計データ」〈http://www.esri.cao.go.jp/jp/sna/kakuhou/kakuhou_top.html〉

　日本財政の現状や予算などについては，宇波［2017］のように財務省大臣官房総合政策課長職が編著者になる各年度版と次の財務省と総務省のホームページの URL 資料が参考となる。

　財務省

　「予算・決算」〈http://www.mof.go.jp/budget/index.html〉

　「わが国の財政状況」〈http://www.mof.go.jp/budget/fiscal_condition/index.html〉

　総務省

　「地方財政制度」〈http://www.soumu.go.jp/iken/zaisei.html〉

　「地方財政状況調査関係資料」〈http://www.soumu.go.jp/iken/jokyo_chousa_shiryo.html〉

　また，OECD の Economic Outlook 最新データは次の URL で入手できる。

　〈https://stats.oecd.org/Index.aspx?DataSetCode=EO100_INTERNET〉

　なお，上記の URL 情報は，すべて 2017 年 7 月 31 日現在のものである。

《第 2 節》

　日本の財政赤字の要因については，井堀［2000］，富田［2001］，土居［2012］第 1・4・6 章が参考となる。また 2000 年までの財政赤字の経済学に関する初級から上級までの文献案内は井堀［2000］293-305 頁を参照するとよい。財政赤字の政治的要因やケインズ政策の赤字バイアスを指摘した古典 Buchanan and Wagner［1977］も読み込んでほしい。

《第 3 節》

　井堀［2000］，井堀［2004］第 1-3 章，横山・馬場・堀場［2009］第 8・12 章が参考となる。

◆ 参 考 文 献

Buchanan, J. M. and R. E. Wagner [1977], *Democracy in Deficit*: *The Political Legacy of Lord Keynes*, New York: Academic Press. 深沢実・菊池威訳［1979］『赤字財政の政治経済学——ケインズの政治的遺産』文眞堂。

Persson, T. and G. Tabellini [2000], *Political Economics*: *Explaining Economic Policy*, Cambridge, Massachusetts, London: The MIT Press.

Weingast, B. R., K. A. Shepsle and C. Johnsen [1981], "The Political Economy of Benefits and Costs: A Neoclassical Approach to Distributive Politics," *Journal of*

26　第 I 部　財 政 再 建

Political Economy, 89(4): 642-664.

青木昌彦・鶴光太郎編［2004］『日本の財政改革――「国のかたち」をどう変えるか』東洋経済新報社。

井堀利宏［2000］『財政赤字の正しい考え方――政府の借金はなぜ問題なのか』東洋経済新報社。

井堀利宏編［2004］『日本の財政赤字』岩波書店。

宇波弘貴編［2017］『図説日本の財政（平成 29 年度版）』東洋経済新報社。

財務省［2017］「日本の財政関係資料」（平成 29 年 4 月）〈http://www.mof.go.jp/budget/fiscal_condition/related_data/201704_00.pdf〉

総務省［2017］「平成 29 年度地方団体の歳入歳出総額の見込額（平成 29 年度地方財政計画）」〈http://www.soumu.go.jp/main_content/000463661.pdf〉

土居丈朗編［2012］『日本の財政をどう立て直すか』日本経済新聞出版社。

富田俊基［2001］『日本国債の研究』東洋経済新報社。

内閣府経済社会総合研究所［2016］「2008SNA に対応した我が国の国民経済計算について（平成 23 年基準版）」〈http://www.esri.cao.go.jp/jp/sna/seibi/2008sna/pdf/20161130_2008sna.pdf〉

横山彰・馬場義久・堀場勇夫［2009］『現代財政学』有斐閣。

　　＊上記の URL の最終アクセスは，すべて 2017 年 7 月 31 日である。

第**2**章

財政再建の意義と課題

　いま日本財政が抱える巨額の財政赤字は，社会保障・税制・地方財政が抱える諸課題が合わさり表出した病例とも考えられる。前章では，この病例としての財政赤字の実態と要因を理解し，財政の持続可能性の視点から財政赤字にいかに向き合うべきかを考察した。本章では，財政再建の意義を確認し財政再建の方策を考察したうえで，日本の財政再建の実態を把握し OECD（Organisation for Economic Co-operation and Development：経済協力開発機構）主要国における財政再建と財政規律の取り組み事例を整理して，今後の日本の財政再建について考察する。

1 | 財政再建の意義と方策

　財政再建とは，現在の財政状況が健全ではなく，いまのまま放置しておくと，さらに望ましくない経済社会状態になるとの認識に基づき，財政破綻のリスクを回避して財政健全化を図ることである。本章の定義では，財政再建と財政健全化とは同義で，財政再建は財政健全化と読み換えてもよい。日本の財政状況は，公平・効率・安定という広く受け入れられている価値判断基準に照らし，現時点でも望ましくない経済社会状態をもたらしており，いまのまま放置すると日本はさらに望ましくない経済社会状態になる。これらの3つの価値判断基準に照らすと，現在の日本の財政状況がいかに望ましくないかを明示して，こうした望ましくない経済社会状態から脱却することにこそ財政再建の意義があることを確認したうえで，財政再建の方策について列挙してみよう。

1-1 公平基準

　公平基準は，「公平」に関する考え方の違いにより，多様である。財政に関

28　第Ⅰ部　財政再建

係する「公平」としては，応益的公平・応能的公平，水平的公平・垂直的公平をあげることができる。政府の提供する公共サービスから受け取る便益すなわち受益の大きさに応じた負担を求めるのが応益的公平の考え方で，その受益の大きさに関係なく支払能力・経済力に応じた負担を求めるのが応能的公平の考え方である。また，支払能力・経済力の尺度としては所得・資産・消費が考えられるが，一般には，所得こそが支払能力・経済力の尺度であると考えられている。水平的公平は等しい状況にある者に等しい負担を求め，垂直的公平は異なる状況にある者には異なる負担を求める。等しい状況や異なる状況を受益の大きさで考えることもできるが，一般には，これらの状況は支払能力・経済力の大きさで判断される。したがって，水平的公平は等しい所得を得た者に等しい税負担を求め，垂直的公平は異なる所得を得た者には異なる税負担を求めるべき基準となる。この垂直的公平基準に基づき，財政の所得再分配機能が正当化されている。さらに，世代内公平・世代間公平といった考え方もある。世代内公平は同一世代内の応益的公平・応能的公平を求めるのに対して，世代間公平は異なる世代間で応益的公平・応能的公平を求める。

　前章でみた通り，現在の日本財政は巨額（2017年度予算で国34.37兆円・地方11.63兆円）の公債発行をし続けることで運営されており，将来世代にも受益をもたらす投資などに充てられる建設国債や地方債を除いたとしても，特例国債（2017年度予算で28.27兆円）の発行による世代間負担の不公平をもたらしている。この世代間負担の不公平とは，応益的公平ばかりでなく応能的公平からしても世代間公平が満たされていない状態という意味である。さらに，公債発行は，こうした世代間負担の不公平だけではなく，公債発行による財源調達額を課税により賄うならば税制により達成されたはずの再分配機能を弱めてもいる。税制による再分配機能は，後の第6章でも議論するように，望ましい税制を考えるうえできわめて重要である。たとえ現在の日本税制を応能的公平の基準からみて望ましい税制に改革し税制の再分配機能を高めたとしても，公債発行をし続ける限り，財政の再分配機能を十全に高めることはできないのである。

1-2　効率基準

　効率基準とは，一般的にはパレート最適という効率的な資源配分が達成され

第2章 財政再建の意義と課題 **29**

ているかどうかを判断基準とするものである。パレート最適とは，他の経済主体を現状より悪化させずにはどの経済主体をも良化できないような状態で，これ以上はパレート改善を行うことができない資源配分状態を意味する。パレート改善とは，いかなる経済主体をも現状より悪化させることなく，ある経済主体を良化できることである。そして，パレート改善を追求することは社会全体にとってよいことであると判断し，これ以上にはパレート改善することができない状態，すなわちパレート最適な資源配分状態を達成することを望ましいとするのが，効率基準である。

　この効率基準では，費用が一定ならば最大の便益や効果をもたらしているか，便益や効果が一定ならば最小の費用を追求しているかを問うことで，効率的な資源利用がなされているか否かが判断される。財政支出の費用便益分析や費用効果分析は，こうした効率基準に基づく考察である。

　財政の資源配分機能は，たとえば道路などの公共財や環境汚染などの外部性が存在して市場経済に委ねておくとパレート最適な資源配分を達成できないとき，政府がパレート最適な資源配分を達成するように財政活動を行う働きを意味する。しかし，そうした公共財供給などの財政活動でも，「最小費用で最大便益ないし最大効果」といった効率基準からして改善の余地がありうる。

　この点で，公債発行による財源調達での公共財供給は，前章でも触れたが公債の財政錯覚により本来の租税負担よりも過大になり，効率基準からして望ましくない水準になりうるのである。言い換えれば，公債発行は，納税者である国民の租税負担というコスト意識を希薄にさせて，過大な財政需要を引き起こし「ムダな歳出」を増大させうるのである。さらには，財政赤字の政治的要因として前章で詳しく論じたが，政治家のポピュリズム（大衆迎合主義）的な選挙対策行動に起因するバラマキ福祉やムダな公共事業などは，将来世代の負担となる公債発行をして将来世代にツケを支払わせることで可能になっている。公債発行に頼れば頼るほど，近視眼的な納税者・有権者が多くなればなるほど，非効率な財政支出を累増させ公債発行額そのものも増大する，といった悪循環に陥る。これが，日本財政の姿である。

1-3 安定基準

　巨額の公債発行をし続けることは，公平基準と効率基準からして望ましくな

いだけでなく，安定基準からしても望ましくない。安定基準とは，一般に景気変動を安定させることが望ましいという意味で理解されている。景気変動を自動的に安定化させる機能すなわちビルトイン・スタビライザーの観点から，財政構造の良し悪しを判断するのも，安定基準である。さらに，不況・好況の景気の波動に対して対抗的なフィスカル・ポリシーを採用することを良しとするのは，この安定基準である。財政の景気安定化機能は安定基準から要請される財政の働きであるが，巨額な公債発行を続けることは財政の景気安定化機能を低下させる恐れがある。

フィスカル・ポリシー理論の枠組みでは，失業対策としての拡張的フィスカル・ポリシー，たとえば公共投資など財政出動の乗数効果は，その財源調達を租税によるよりも公債発行による方が大きいので，公債発行は安定基準からして望ましいと判定できる。その一方で，日本のように巨額の公債残高が積み上がり続けている状況では，世界経済不況などのショックが突発したとき機動的にフィスカル・ポリシーを行うための公債発行が困難になったり，公債発行による財政出動の乗数効果も低下したりする可能性が高い。この可能性は，カンフル剤を打ち続けている病人にさらにカンフル剤を打つことが難しくなったり，こうした病人に対するカンフル剤の薬効が低下したりする可能性と類似のものといえよう。日本の財政状況は，こうした病人と同じでカンフル剤を打ち続けながら生活しているきわめて不健全な健康状況にたとえることができるのである。さらに，裁量的なフィスカル・ポリシーによる景気安定化よりも，ルールに基づく制度対応による景気安定化が望ましいとすれば，ビルトイン・スタビライザー機能を十分に発揮させるように，構造的財政収支は公債発行で賄わずに済むだけの税収を上げられるような強靭な税制を構築しておくことが望ましい。この点で，日本の財政状況は，構造的財政収支まで恒常的に公債発行による収入に頼っている点で自動安定化機能を弱めており，安定基準からしても望ましくないのである。

1-4 財政再建の方策

アタリ（[2011] 175 頁）は，過剰な公的債務に対する解決策には，増税，歳出削減，経済成長，低金利，インフレ，戦争，外資導入，デフォルト（債務不履行）の8つがあり，常に採用されている戦略はインフレであると指摘している。

第2章 財政再建の意義と課題 31

◆ コラム2 アタリの箴言

　アタリ（[2011] 第5章）は，公的債務危機に関して，以下のような興味ある箴言を述べている（[ ] は筆者による）。
- 国家の歴史とは，債務とその危機の歴史である。
- 公的債務は，国家が担うべき役割に関する社会的コンセンサスの弱さを計測するモノサシでもある。
- 公的債務とは，政治を動かす者が，現実を無視して夢を語る虚言癖の現われである。
- 公的債務危機が切迫すると，政府は救いがたい楽観主義者となり，切り抜けることは可能だと考える。
- 債務国の指導者は，…（中略）…さらに借金することで，事態を打開できると考える。つまり，自国の経済成長，あるいは突発的な出来事が，この困難な状況を打開してくれると信じているのである。
- 国家予算に占める債務償還の比率によって，危機の勃発の予想はできる。この比率が50% に達すると，挽回することはきわめて困難になる。
- 真実を語る勇気のある政治家は，自国の会計担当者に現実を問いただし，これをきちんと把握した後に，長期的な政策を［人々］に説明し，将来的な危機について言及しなければならかい。

　いまの日本では，最初の5つの解決策が現実的だが，すでに低金利の方策は採られている。すなわち，日本銀行は2013年4月からインフレ率2% の「物価安定の目標」を掲げ，アベノミクスの第1の矢である「大胆な金融政策」として「量的・質的金融緩和」を実施し，2016年1月には「マイナス金利付き量的・質的金融緩和」を導入している。こうした金融緩和政策の導入から4年ほど経過したが，直近の2017年8月分の前年同月比の消費者物価指数（CPI：Consumer Price Index）を見ると生鮮食品を除く総合で0.7% となっており[1]，2% 上昇の物価安定の目標を達成できていない状況にある。そこで，日本の今後の財政再建の方策としては，増税，歳出削減，経済成長，インフレの4つの解決策が候補になる。この4つの解決策をいかに組み合わせて今後の日本の財政再建を進めるかについて考察する前に，次の第2節で日本の財政再建のこれまでの取り組み状況と現状を把握し，第3節で OECD 主要国における財政再建と財政規律の取り組み事例を整理して有効な財政再建策を探っておこう。

32 第Ⅰ部 財政再建

2 | 日本の財政再建の取り組み

　前章で指摘したように，今日の財政赤字累増は 1990 年代の財政運営の帰結であるが，橋本政権の「財政構造改革の推進に関する特別措置法」(1997 年 12 月 5 日法律第 109 号，以下では財政構造改革法という)，小泉政権の「経済財政運営と構造改革に関する基本方針 2006」，民主党への政権交代後の菅政権での「財政運営戦略」と野田政権での「社会保障・税一体改革」で財政再建あるいは財政健全化をめざす取り組みがなされた。また，第 2 次安倍政権の「経済財政運営と改革の基本方針 2013」では，①大胆な金融政策，②機動的な財政政策，③民間投資を喚起する成長戦略の「3 本の矢」からなるアベノミクスが確認されるとともに，中長期の財政健全化目標と「中期財政計画」の策定が明記された。さらに「経済財政運営と改革の基本方針 2015」でも財政健全化目標に向けた経済・財政再生計画が盛り込まれ，「経済財政運営と改革の基本方針 2017」に至っている。以下では，これらの財政再建の経緯と実態を少し詳しく把握して，日本の財政再建の取り組みをみておこう。その要旨は表 2-1 として取りまとめているので，同表を参照しながら，以下の論述を読んでいくのもよいだろう。

2-1 橋本政権の財政構造改革法

　1997 年 11 月 28 日に成立した財政構造改革法は，財政再建について日本で初めて法律として定めたものである。これに先立ち，橋本政権は 1996 年 12 月に，国・地方の一体となった取り組みにより，まず公的債務残高の対 GDP 比の上昇を止めるため国・地方の財政赤字の対 GDP 比を 3% 以下とし，その後，速やかに公的債務残高が絶対額で累増しない姿を実現していく必要がある等の財政健全化目標の閣議決定を行った。そして，1997 年度予算を財政構造改革元年として位置づけ，歳出面では，一般歳出を対前年度比 1.5% 増とし，財政健全化目標達成のための方策として定められた名目成長率 (3.1%) より相当低く抑えるという目標を達成した。また，4.3 兆円の公債減額を行い，プライマリー・バランスについても，1997 年度予算で目標を達成した。さらに，1997 年 6 月の閣議決定では，政府は財政赤字の対 GDP 比を 2003 年まで

表 2-1　日本の財政再建の取り組み

	橋本政権「財政構造改革法」	小泉政権「基本方針 2006」	民主党政権「財政運営戦略」「社会保障・税一体改革」	第 2・3 次安倍政権「基本方針 2015」「基本方針 2017」
財政再建の目標	■国・地方の財政赤字対 GDP 比を 2003 年度までに 3% 以下 ■特例公債の発行額を 2003 年度までにゼロ	■国・地方の基礎的財政収支を 2011 年度に黒字化（歳出削減・歳入増が必要な額 16.5 兆円程度）	■国・地方の基礎的財政収支赤字対 GDP 比を 2015 年度までに 2011 年度水準から半減 ■国・地方の基礎的財政収支を 2020 年度までに黒字化 ■2021 年度以降に国・地方の公債残高の対 GDP 比の安定的な低下 ■中期財政フレーム（新規国債発行額を前年度水準を上回らないものとする）	■国・地方の基礎的財政収支の対 GDP 比を 2015 年度まで 2010 年度に比べて半減（基本方針 2013、中長期財政計画で −3.3%） ■国・地方の基礎的財政収支を 2020 年度までに黒字化（基本方針 2013） ■国・地方の基礎的財政収支の対 GDP 比を 2018 年度に −1% 程度を目安（基本方針 2015） ■基礎的財政収支を 2020 年度までに黒字化＋債務残高対 GDP 比の安定的な引下げ（基本方針 2017）
歳出削減	■個別主要経費ごとに 1998 年度から 2000 年度までの量的削減目標を設定	■歳出改革として主要経費について、2011 年度までの自然増を考慮した予測額（自然体）に対する量的削減目標を設定	■ペイ・アズ・ユー・ゴー原則 ■中期財政フレーム（基礎的財政収支対象経費の恒久的削減）	■一般歳出の伸びを 1.6 兆円、うち社会保障関係費の伸びを 1.5 兆円に抑えることを「目安」とする（基本方針 2015）
税収増大	■消費税率 3% から 5% への引上げ ■特別減税 2 兆円の打ち切り		■中期財政フレーム（租税特別措置の縮減、税収減に関するペイ・アズ・ユー・ゴー原則） ■消費税率の 8% および 10% への引上げを決定	■消費税 8% への引上げ、10% 引上げは延期

(出所)　筆者作成。

34　第Ⅰ部　財政再建

に3%以下にする等の目標を設定した[2]。

　財政構造改革法では，第4条で財政構造改革の当面の目標として，①国・地方の財政赤字対GDP比を2003年度までに3%以下にすること，②特例公債の発行額を2003年度までにゼロとし，2003年度の公債依存度を1997年度よりも引き下げることとし，社会保障費などの個別主要経費についても「各歳出分野における改革の基本方針，集中改革期間における主要な経費の量的縮減目標及び政府が講ずべき制度改革等」として第7条から第38条まで，1998年度から2000年度までの間の量的削減目標が定められた。たとえば，社会保障関係費については，1998年度は前年度当初予算の額に3000億円を加算した額を下回ること，1999年度・2000年度はそれぞれの前年度当初予算の額に102%を乗じた額を上回らないこととされた。

　こうした歳出面での財政再建だけではなく，1997年度予算には，1994年秋に制定された税制改革関連法で，所得税・個人住民税の恒久的な制度減税（3.5兆円規模の負担軽減）とおおむね見合うものとして一体的に措置された1997年4月からの消費税率（地方消費税率を含む）の3%から5%への引上げによる約5兆円の増税と，特別減税2兆円の打ち切りとの合計で7兆円規模の増税による歳入面の財政再建が反映されたものであった。

2-2 小泉政権の基本方針 2006

　小泉政権は，内閣総理大臣のリーダーシップを発揮させることを目的として設置した経済財政諮問会議を活用し，「改革なくして成長なし」「官から民へ」「国から地方へ」といった考えを「基本方針」の中軸に据え，構造改革に踏み込んだ政策運営を行った。小泉政権の基本方針は「骨太の方針」と呼ばれ，最初の基本方針2001（「今後の経済財政運営及び経済社会の構造改革に関する基本方針」）では予算編成プロセスの刷新や国債発行額30兆円以下などが示された。その後，基本方針2006（「経済財政運営と構造改革に関する基本方針2006」）までの財政再建に係る施策の中核は，三位一体改革を含め，歳出の質の改善と歳出抑制による「負担に値する小さな政府」を目指す「歳出構造の改革」であった（首相官邸［2006］）。

　基本方針2006では，「財政健全化を考えるに当たっては，経済の見通しに関し，過度の楽観視も悲観視もすることなく，名目経済成長率3%程度の堅

表 2-2　小泉政権の基本方針 2006 の歳出削減目標：今後 5 年間の歳出改革の概要

	2006 年度	2011 年度 自然体	2011 年度 改革後の姿	削減額	備　　考
社会保障	31.1 兆円	39.9 兆円	38.3 兆円程度	−1.6 兆円程度	
人件費	30.1 兆円	35.0 兆円	32.4 兆円程度	−2.6 兆円程度	
公共投資	18.8 兆円	21.7 兆円	16.1〜17.8 兆円程度	−5.6〜−3.9 兆円程度	公共事業関係費 −3%〜−1%　地方単独事業（投資的経費）−3%〜−1%
その他分野	27.3 兆円	31.6 兆円	27.1〜28.3 兆円程度	−4.5〜−3.3 兆円程度	科学技術振興費 +1.1%〜経済成長の範囲内　ODA −4%〜−2%
合計	107.3 兆円	128.2 兆円	113.9〜116.8 兆円程度	−14.3〜−11.4 兆円程度	
	要対応額：16.5 兆円程度				

(注)　1. 上記金額は，特記なき場合国・地方合計（SNA ベース）。
　　　2. 備考欄は，各経費の削減額に相当する国の一般歳出の主な経費の伸び率（対前年度比名目年率）等および地方単独事業（地財計画ベース）の名目での削減率を示す。
(出所)　内閣府 [2006] 48 頁。一部を修正。

実な前提に基づいて，必要な改革措置を講ずることとする。この前提の下で，2011 年度に国・地方の基礎的財政収支を黒字化するために必要となる対応額（歳出削減又は歳入増が必要な額）は，16.5 兆円程度と試算され」(内閣府 [2006] 18 頁)，このうち歳出改革による対応額は表 2-2 で示されているように 11.4〜14.3 兆円程度で，残りが歳入改革での対応額とされた。小泉政権下では景気回復期のこともあり基礎的財政収支の対 GDP 比が改善し 2007 年度にはマイナス 1.1% になったが，その後，第 1 章でも述べたように 2008 年 9 月のリーマン・ショックで財政健全化目標は先送りされた。

2-3　民主党政権下の財政運営戦略と社会保障・税一体改革

　2009 年の民主党への政権交代後，菅政権で 2010 年 6 月 22 日に「財政運営戦略」が閣議決定された（首相官邸 [2010]）。その中で，財政健全化に向けた具体的な取り組みとして，(1) 財政健全化目標，(2) 財政運営の基本ルール，(3) 中期財政フレームが明記された。

　(1) 財政健全化目標では，①収支（フロー）目標として，国・地方の基礎的財政収支について，また国の基礎的財政収支についても，遅くとも 2015 年度までに赤字の対 GDP 比を 2010 年度の水準から半減し，遅くとも 2020 年度ま

でに黒字化することを目標とし，②残高（ストック）目標として，2021 年度以降において，国・地方の公債等残高の対 GDP 比を安定的に低下させることを目標とした。

（2）財政運営の基本ルールとしては，①財源確保ルール（「ペイ・アズ・ユー・ゴー原則」），②財政赤字縮減ルール，③構造的な財政支出に対する財源確保，④歳出見直しの基本原則，⑤地方財政の安定的な運営の 5 つが列挙され，各年度の予算編成および税制改正は，それらの基本ルールを踏まえて行うものとされた。ペイ・アズ・ユー・ゴー原則とは，「歳出増又は歳入減を伴う施策の新たな導入・拡充を行う際は，原則として，恒久的な歳出削減又は恒久的な歳入確保措置により，それに見合う安定的な財源を確保する」（首相官邸［2010］8 頁）原則のことである。

（3）中期財政フレームは，財政健全化目標の達成に資するため，経済・財政の見通しや展望を踏まえながら複数年度を視野に入れて毎年度の予算編成を行うための仕組みとして，2011 年度から 2013 年度を対象として策定された。具体的には，①国債発行額の抑制では，2011 年度の新規国債発行額について 2010 年度予算の水準（約 44 兆円）を上回らないものとする，②歳入面の取り組みでは，租税特別措置については 2010 年度税制改正大綱の方針に沿ってゼロベースから見直し，新たに減収を伴う税制上の措置については，それに見合う新たな財源を確保しつつ実施することを原則とする，③歳出面の取り組みでは，2011 年度から 2013 年度において，「基礎的財政収支対象経費」について，恒久的な歳出削減を行うことにより，少なくとも前年度当初予算の「基礎的財政収支対象経費」の規模（これを「歳出の大枠」とする）を実質的に上回らないこととされた。

　さらに野田政権の社会保障・税一体改革は，社会保障・税一体改革関連法（2012 年 8 月 22 日法律第 68 号）に基づき，社会保障の機能強化・機能維持のための安定財源確保と財政健全化の同時達成を目指すために，消費税について 2014 年 4 月に 8%，2015 年 10 月に 10% へと，段階的に地方分を合わせた税率の引上げを行うこととした。その際，国分の消費税収については，全額社会保障目的税化するなど，すべて国民に還元することになった。しかし，2012 年 1 月の内閣府の「経済財政の中長期試算」では，消費税率が 10% に引き上げられたとしても，成長戦略シナリオ（2011〜20 年度平均で，名目成長率 2.9%

程度，実質成長率 1.8% 程度）でも慎重シナリオ（2011〜20 年度平均で，名目成長率 1.5% 程度，実質成長率 1.1% 程度）でも 2020 年度の国・地方，ならびに国の基礎的財政収支は，成長戦略シナリオでそれぞれ対 GDP 比 −1.4% 程度，対 GDP 比 −1.9% 程度となり，慎重シナリオでそれぞれ対 GDP 比 −3.0% 程度，対 GDP 比 −3.1% 程度となり，2020 年度の基礎的財政収支の黒字化という財政健全化目標が達成できないことが示されていた（内閣府［2012］）。

2-4 安倍政権の基本方針 2013・2015・2017

2012 年に発足した第 2 次安倍政権は，2013 年 6 月 14 日に閣議決定した「経済財政運営と改革の基本方針——脱デフレ・経済再生」（基本方針 2013）の中で，中長期の財政健全化に向けて「国・地方のプライマリー・バランスについて，2015 年度までに 2010 年度に比べ赤字の対 GDP 比の半減，2020 年度までに黒字化，その後の債務残高の対 GDP 比の安定的な引下げを目指す」（内閣府［2013］26 頁）と明記した。そして 2013 年 8 月の「当面の財政健全化に向けた取組み等について——中期財政計画」では，国・地方の基礎的財政収支について，脚注形式ながら，2015 年度までに 2010 年度に比べ赤字の対 GDP 比を 2010 年度 −6.6% から 2015 年度には −3.3% へと半減させる旨が示された。

こうした背景の中，三党合意に基づく民主党政権下の社会保障・税一体改革関連法附則第 18 条第 3 項の景気判断条項に基づく検討の結果，2014 年 4 月からの消費税率（国・地方）の 8% への引上げを確認する一方，マクロ経済への影響を考慮した歳出増などの経済政策も実施した。さらに 2015 年度税制改正では，経済情勢等を踏まえ，消費税率 10% への引上げ時期を 2015 年 10 月 1 日から 2017 年 4 月 1 日に延長した。そして，2015 年 6 月 30 日に閣議決定された「経済財政運営と改革の基本方針 2015」では，「経済再生なくして財政健全化なし」を副題としたうえで経済財政運営における安倍内閣の基本哲学と明記して，経済再生が財政健全化を促し，財政健全化の進展が経済再生の一段の進展に寄与するという好循環を目指した。そして，「デフレ脱却・経済再生」「歳出改革」「歳入改革」の 3 本柱の改革を一体とした「経済・財政一体改革」を推進することにより，経済再生を進めるとともに，2020 年度の財政健全化目標を堅持するとしている。具体的には，2020 年度の国・地方の基礎的財政収支の黒字化を実現することとし，そのため，基礎的財政収支赤字の対 GDP

38　第Ⅰ部　財政再建

図 2-1　国・地方の基礎的財政収支（対 GDP 比）

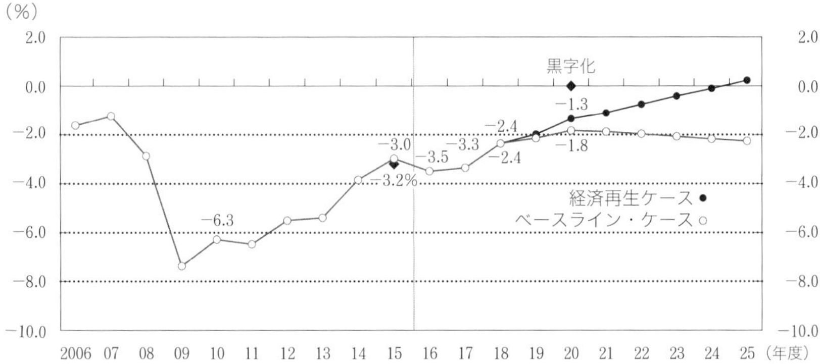

（％）

黒字化

-1.3

-2.4

-3.0
-3.2%

-3.5　-3.3
　　　　-2.4

-1.8

-6.3

経済再生ケース ●
ベースライン・ケース ○

2006 07 08 09 10 11 12 13 14 15 16 17 18 19 20 21 22 23 24 25 （年度）

（注）　1. 復旧・復興対策の経費および財源の金額を除いたベース。

　　　　2. ◆は財政再建の目標。

（出所）　内閣府［2017c］5 頁。一部を修正。

比を縮小していくこと，また，債務残高の対 GDP 比を中長期的に着実に引き下げていくことが記述された。さらに，一般歳出および社会保障関係費の伸びについて，一般歳出の伸びを 1.6 兆円うち社会保障関係費の伸びを 1.5 兆円に抑えることを「目安」とする点も記述された（内閣府［2015a］）。

　しかし，2015 年 7 月の内閣府「中長期の経済財政に関する試算」では，「3 本の矢」の効果が着実に発現し中長期的に経済成長率が実質 2% 以上，名目 3% 以上となる経済再生ケースのシナリオでも，国・地方の基礎的財政収支の黒字化を実現する目標年度である 2020 年度には -1.0% 程度となるとの見通しが示された（内閣府［2015b］）。この試算では消費税率（国・地方）が 2017 年 4 月 1 日より 10% へ引き上げられることが想定されていた。だが，2016 年度税制改正で，消費税率 10% への引上げ時期が 2019 年 10 月 1 日に再延長され，2020 年度の国・地方の基礎的財政収支黒字化がさらに遠のいた。最新の 2017 年 7 月の内閣府「中長期の経済財政に関する試算」でも，図 2-1 で示されるように，消費税率（国・地方）が 2019 年 10 月 1 日より 10% へ引き上げられ軽減税率制度[3]が実施されることを前提に，「デフレ脱却・経済再生に向けた経済財政政策の効果が着実に発現することで」中長期的に経済成長率が実質 2% 以上，名目 3% 以上となる経済再生ケースで 2020 年度には -1.3% 程度となり，「経済が足元の潜在成長率並みで将来にわたって推移する姿」で中長期的

に経済成長率が実質 0% 台後半, 名目 1% 台前半程度となるベースライン・ケースで 2020 年度には −1.8% 程度となる, との見通しが示されている (内閣府 [2017c])。

また「基本方針 2017」では,「財政健全化目標」として, 基礎的財政収支を 2020 年度までに黒字化し「同時に債務残高対 GDP 比の安定的な引下げを目指す」, と債務残高対 GDP 比の引下げが財政健全化目標に加わった形になった (内閣府 [2017b])。これに対しては, 基礎的財政収支の 2020 年度までの黒字化目標の達成が難しい状況であることから, 比較的に達成しやすい債務残高対 GDP 比の引下げを財政健全化目標に加えた, といった批判もなされている。

2-5 小　　括

日本の財政再建に向けた歴代政権の取り組みは, 財政再建の目標をどのように設定して, 歳出削減・税収増大をいかに組み合わせ具体的な政策対応をするかで違いがあった。その要旨は, 表 2-1 の通りまとめることができる。同表からは, 以下のような特徴が読み取れる。①財政再建の目標として国・地方の基礎的財政収支の黒字化が掲げられたのは, 小泉政権以降である。②歳出削減の面では, 量的削減目標を明確に定めたのは小泉政権までで, 民主党政権ではペイ・アズ・ユー・ゴー原則, 第 2・3 次安倍政権では一般歳出・社会保障関係費の伸びの抑制を目安とすると, 近年になるほど縛りが弱くなっている。③税収増大の面では, 小泉政権だけが税収増大による財政再建策を採っていない。

3 ｜ 欧米諸国の財政再建の取り組み

2008 年のリーマン・ショック後の金融危機への対応で欧米諸国も, 財政出動による経済政策運営により財政状況を悪化させた。また 2009 年末から, ギリシャ・アイルランド・ポルトガルといった国の政府債務危機問題が顕在化した。こうした中, 2010 年 6 月にトロントで開催された **G20** (Group of Twenty：金融世界経済に関する首脳会合) で,「先進国は, 2013 年までに少なくとも赤字を半減させ, 2016 年までに政府債務の対 GDP 比を安定化または低下させる財政計画にコミットする」というサミット宣言がなされた。

40　第Ⅰ部　財政再建

表 2-3　リーマン・ショック後の

	アメリカ	イギリス	ドイツ
財政再建の目標	■2012 年会計年度以降 10 年間で裁量的経費を 0.9 兆ドル削減	■財務省が議会に提出する「予算責任憲章」の中に，財政政策と公債管理政策に関する財務省の目標を記載（公共部門の構造的経常財政収支を 2018 年度に均衡）	■EU「マーストリスト基準」一般政府財政収支対 GDP 比 −3.0% 以内 一般政府総債務残高対 GDP 比 60% 以内 ■EU「財政協定」との関係で，構造的財政収支の起債（赤字）を名目 GDP の 0.35% までとする
中期財政フレーム	■行政管理予算局と議会予算局が中期的な経済財政見通しを作成	■予算責任局が中期的な経済財政見通しを作成 ■財務省が義務的経費について中期的な「歳出見通し」で管理	■「連邦予算および中期財政計画」で中期的な予算・財政状況見通しを公表
財政ルール	■ペイ・アズ・ユー・ゴ ー原則（義務的経費） ■キャップ制（裁量的経費） ■債務残高の上限の法制化（2011 年以降，上限の引上げや適用停止など）		■連邦は 2016 年度以降，州は 2020 年度以降，財政収支均衡となるよう義務づけられる ■EU「財政協定」との関係で，構造的財政収支の起債（赤字）を名目 GDP の 0.35% までとする
独立財政機関	■議会予算局	■予算責任局	
歳出削減	■2013 年 3 月に年金などを除く歳出の一律削減が発動	■福祉支出にキャップ	■長期失業者への給付削減 ■一般行政費用の抑制
税収増大	■ブッシュ減税延長にかかる富裕層への所得税減税の不延期と社会保障税減税の不延期	■付加価値税率の引上げ ■銀行税の導入と税率引上げ	■原子力発電所への課税 ■エネルギー税の優遇措置廃止

（出所）　財政制度等審議会［2014］，国立国会図書館調査及び立法考査局［2015］，前田［2016］等

第2章 財政再建の意義と課題 **41**

欧米諸国の財政再建の取り組み

フランス	スウェーデン	オーストラリア
■EU「マーストリスト基準」一般政府財政収支対GDP比 −3.0% 以内 一般政府総債務残高対GDP比 60% 以内 ■EU「財政協定」との関係で，構造的財政収支の赤字を潜在GDPの0.4% 以下とする	■一般政府財政収支対GDP比を1% の黒字とする	■景気循環を通じて平均的に予算収支を均衡させる
■「中期財政計画」で中期的な予算・財政状況見通しを公表 ■中期財政計画を定める財政計画法で管理	■政府は，マクロ経済状況の推移，歳入・歳出，借入需要額などについて現会計年度およびその後の3会計年度における見通しを示さねばならない	■財務大臣が公表する「財政戦略報告」と「年次報告」に，当該予算年度と次の3会計年度における政府の財政目標を明記
■EU「財政協定」との関係で，構造的財政収支の赤字を潜在GDPの0.4% 以下とする ■財政計画法で定めた歳出上限が設定	■一般政府財政収支対GDP比を1% の黒字とする ■支出シーリング（国の支出総額の上限）と27の支出分野ごとの支出限度枠の設定	■健全な財政運営の原則
■財政高等評議会	■財政政策委員会	■議会予算局
■年金制度改革で給付額削減 ■職業訓練助成金廃止		
■銀行税・グーグル税・退出税の導入 ■富裕税付加税と法人税付加税の導入 ■資産性所得の分離課税廃止 ■大企業法人税の利子負担額控除上限措置 ■付加価値税率の引上げ	■貯蓄年金控除の縮小 ■軽自動車税率の引上げ ■炭素税・エネルギー税の優遇措置の縮減	■財政再建特別税の導入

に基づき筆者作成。

42　第Ⅰ部　財 政 再 建

　そうしたトロント・サミット宣言前後の欧米諸国の財政再建の取り組みについては，内閣府［2010］，田中［2011］，財政制度等審議会［2014］，国立国会図書館調査及び立法考査局［2015］，前田［2016］や井手・パーク［2016］などで詳しく紹介されている。それらの取り組みでは，財政再建目標を設定するだけでなく，財政再建を実現するために財政規律を確保する仕組みや制度が法律などで整備されている。財政規律は財政の持続可能性を維持するための規律で，財政規律を確保する仕組みや制度としては，①中期財政フレーム，②財政ルール，③独立財政機関が注目されている。

　①中期財政フレームとは，単年度ベースでの予算編成を基礎にしながらも，3年程度の中期的な経済財政見通しに基づく財政運営と予算編成を行うことで財政再建を進める手法である。日本でも民主党政権下の財政再建の取り組みで不完全ながら採用された。②財政ルールは，毎年の予算編成において，財政収支・支出・収入・債務残高のいずれかを対象に規律を設けるもので，赤字ルール（財政収支ターゲット），支出ルール（歳出ターゲット），収入ルール，債務残高ルールとして類型化されている。③独立財政機関は，財政当局とは独立して中立的な立場から，経済財政運営の見通しの作成や財政政策等の分析評価を行う機関である。

　以下では，この3点を中心に，最近におけるアメリカ・イギリス・ドイツ・フランス・スウェーデン・オーストラリアの財政再建に向けた取り組みを，主として財政制度等審議会［2014］と国立国会図書館調査及び立法考査局［2015］に基づき整理する。さらに，財政再建に資する増税措置についても見ておこう。その要旨は表2-3として取りまとめているので，同表を参照しながら，以下の論述を読んでいくとよいだろう。

3-1 ア メ リ カ

　アメリカでは，2009会計年度においてアメリカ連邦政府の財政収支が対GDP比9.8％という赤字だったこともあり，オバマ政権下で「2010年ペイ・アズ・ユー・ゴー法」(Statutory Pay-As-You-Go Act of 2010) と「2011年予算管理法」(Budget Control Act of 2011) に基づき財政再建の取り組みがなされた。2010年ペイ・アズ・ユー・ゴー法も2011年予算管理法も，支出ルールによる歳出コントロールをめざしている。ペイ・アズ・ユー・ゴー原則は，新

第2章 財政再建の意義と課題　43

たな立法で義務的経費（歳出のうち支出が法律などで義務づけられ自由に縮減できない経費）の増大や減税をするときには，それを相殺するための歳出削減ないし増税を義務づけるものである。2011年予算管理法は，2012年会計年度以降10年間の裁量的経費（歳出のうち政策によって縮減できる裁量性の高い経費）に上限（キャップ）を設けることで約0.9兆ドルの支出を削減するとともに，さらなる赤字削減のための勧告案の決議を目的とした超党派の特別委員会を議会に設置し，同委員会が少なくとも1.2兆ドルの赤字削減勧告決議を成立させることができない場合に，年金などを除く歳出の一律削減（強制歳出削減）を発動するというものである。同法は，あわせて，連邦債務の法定上限を少なくとも2.1兆ドル引き上げるための手続きを規定している（財政制度等審議会［2014］11頁，国立国会図書館調査及び立法考査局［2015］11頁を参照）。

その後，同委員会の勧告決議がまとまらなかったため，「2012年アメリカ納税者救済法」（American Taxpayers Relief Act of 2012）による2カ月の発動延期を経て，2013年3月に強制歳出削減が発動された。連邦債務の法定上限については，2011年以降も，上限の引上げや適用停止もしくは延長，新たな上限を超えないような「異例な措置」（州・地方政府の資金運用のための債券の発行停止等）が繰り返され現在に至っている[4]。

アメリカにおいては，行政管理予算局（OMB：Office of Management and Budget）と議会予算局（CBO：Congressional Budget Office）が中期的な経済財政見通しを発表しているが，その見通しは拘束力をもっていない。議会予算局は，独立財政機関として，議会に対して中立的かつ客観的な経済財政予測と予算分析に関する情報を提供している。

3-2 イギリス

キャメロン政権は，「2011年予算責任及び会計検査法」（Budget Responsibility and National Audit Act 2011）を制定した。同法により，財務省は財政政策の策定および実施ならびに国債の管理に関して「予算責任憲章」（Charter for Budget Responsibility）という文書の作成と議会への提出および下院承認後の刊行を義務づけられ，そして国家財政の持続可能性について検証し報告することを任務とする「予算責任局」（Office for Budget Responsibility）が設立された。予算責任憲章には，①財政政策および国債管理政策に関する財務省の

44 第Ⅰ部 財政再建

目標，②財政政策に関する財務省の目標を達成するための手段（「財政指令」the fiscal mandate），③財務省が毎会計年度に作成しなければならない財政状況・予算報告書に含まれるべき項目，を定めなければならないとされている。そして独立財政機関として，予算責任局は，①経済財政見通しと②財政指令が達成された度合いもしくは達成されそうな度合いの評価を毎会計年度に少なくとも2回作成しなければならず，さらに③予算責任局が従前に作成した経済財政見通しの正確性の評価と④財政の持続可能性の分析を毎会計年度に少なくとも1回作成しなければならないと定められている。

　その後，2014年の予算責任憲章では，財務省の財政任務は，5年の見通し期間の末までに景気循環調整済みの構造的財政経常収支均衡を達成させることであるとした。加えて，この財政任務は，①公共部門の純債務対GDP比が2015〜16年のある時点で減少に転じるようにし，財政を持続可能な経路に戻すという目標と，②5年の見通し期間において財務省が最新の予算報告書で定めた額に福祉支出のキャップをかぶせることで補足されている。

3-3 ド イ ツ

　ドイツ連邦共和国基本法第110条で，財政収支均衡の原則が定められている。しかし，1969年の基本法第115条の改正で景気に応じて需要を創出するための起債が可能になり，起債の上限額は「予算に計上された投資総額」とされたが，「経済全体のバランスの乱れを防止するためには」，特例で「予算に計上された投資総額」以上の起債が可能であった結果，財政赤字の拡大をもたらしていた。そこで，2009年に，連邦と州の起債を厳しく制限するために，基本法の第109条と第115条の規定が改正された。第109条では，連邦と州の予算は原則として起債によらず収支均衡させねばならないとされるが，景気と関係ない構造的要素による起債は，連邦に限り，名目GDPの0.35%までは特段の理由を付さずに認められる。景気要素による起債や自然災害などの非常事態時の起債は，連邦も州も認められている。第115条は，実際の起債額が予算上の起債額を超えた場合には，超過額を監視勘定に記載し，監視勘定の赤字が名目GDPの1.5%を超えた場合には，景気の状況に応じ，翌年度予算の構造的要素による起債上限額は減額される。また基本法第143d条の規定で，連邦は2016年度以降，州は2020年度以降，財政収支均衡となるように予算編成しな

第2章 財政再建の意義と課題　45

ければならなくなった。さらに、「財政安定化評議会の設置及び財政非常事態
の関する法律」によって、連邦と州は財政非常事態を回避するために財政安定
化評議会を設置し、財政安定化評議会は、独立財政機関ではないが、連邦と州
の予算を定期的に監視し、財政非常事態のおそれを認めたとき財政再建の手続
きを執行すると定められた。

3-4 フ ラ ン ス

　フランスの財政規律は、EU（European Union：欧州連合）の財政規律と国内
の中期財政フレームに従っている。マーストリヒト条約に定められた EU の赤
字ルールで、財政赤字を対 GDP 比 3% 以下とし、債務残高を対 GDP 比 60%
以下としなければならない。さらには、イギリスとチェコを除く EU 加盟 25
カ国の調印で 2013 年 1 月 1 日に発効した「財政協定」（Fiscal Compact）とい
われる EU の「経済通貨同盟（EMU：Economic and Monetary Union）におけ
る安定、協調及び統治に関する条約」（Treaty on Stability, Coordination and
Governance in the EMU）に基づく中期財政目標として、財政収支の均衡もし
くは黒字または構造的財政収支の赤字を対 GDP 比 0.5% 以下にするという目
標を、条約締結国は国内法で定めなければならないとされた。

　この「財政協定」を受け、フランスでは「財政計画及び財政統治に関する
2012 年 12 月 17 日の組織法律第 2012-1403 号」が制定された。この法律は、
2008 年の憲法改正で 2009 年から導入されていた中期財政計画を定める「財政
計画法」（Loi de programmation des finances publiques）に「財政協定」に基
づく中期財政目標を組み込み、中期財政目標からの乖離に関する是正措置を定
めるとともに、中期財政目標の達成状況を監視する独立財政機関として「財政
高等評議会」（Haut Conseil des finances publiques）を創設した。

　2014 年の財政計画法では、2014 年から 2019 年までの中期財政目標を、構
造的財政収支の赤字を対潜在 GDP 比 0.4% 以下と定めている。財政高等評議
会は会計検査院の下に設置され、その任務は財政計画法と予算関連法の評価で
ある。財政計画法案についてはマクロ経済見通しなどとの整合性を評価して意
見表明し、予算関連法案については前文に記載されている構造的財政収支の目
標値と財政計画法で定めた構造的財政収支の複数年の方針との整合性を評価し
て意見表明し、決算法案については前文に記載されている予算執行後の構造的

46   第Ⅰ部　財 政 再 建

財政収支の値と財政計画法で定めた構造的財政収支の複数年の方針との乖離を
確認して是正措置の必要性を判断する。

3-5　スウェーデン

　スウェーデンは，財政再建を成功させた代表例といわれている。1990 年
代初めに発生したスウェーデン金融危機により財政が悪化し，一般政府債務
残高が 1996 年に名目 GDP 比 84.4% までに達していた。こうした背景のも
と，1997 年 1 月 1 日から「国の予算に関する法律」(Lag om statsbudgeten) に
基づき財政再建が図られた。さらに，2011 年 4 月 1 日から現行の「予算法」
(Budgetlag) が施行され，厳しい財政規律が法的に課されている。具体的に
は，①政府は，議会に対し，公共部門の財政節約の目標（黒字目標）につい
ての提案を行わなければならない（予算法第 2 章第 1 条），②政府は，政府予算案
において，3 会計年度先までの支出シーリングを提案しなければならない（予
算法第 2 章第 2 条），③政府は，政府予算案および春季経済政策案において，マ
クロ経済の状況の推移，国の収入および支出，国の借入需要額，支出上限のも
とでの支出並びに公共部門の収入，支出および債務について，現会計年度およ
びその後に続く 3 会計年度における見通しを提示しなければならない（予算法
第 9 章第 3 条），と規定されている。加えて，地方自治法（第 8 章第 4 条第 3 項，
同章第 5a 条第 1 項）の定めで，④地方政府予算については，毎年収入が支出を
上回るように作成しなければならず，赤字が発生したときは翌年度からの 3 会
計年度以内の黒字で補償されなければならいとされる均衡予算原則が課されて
いる。

　上記において，公共部門（国・地方政府・老齢年金制度）の黒字目標は 2014 年
末現在で GDP の 1% であり，支出シーリングは国の支出総額の上限で，国の
債務の利払い費を除く国の全支出と老齢年金制度の支出に適用される。この支
出シーリングのもと，予算を構成する 27 の支出分野について各支出限度枠が
設定され，支出シーリングと各支出限度枠は議会の予算案審議で審査され議決
される。また，独立財政機関については，「スウェーデンでは，財務省から独
立した債務管理庁が借入必要額の見積りを立てる。財政運営庁が中央政府の中
期歳入歳出見通しを提示する。経済調査研究所…（中略）…が一般政府の中期
財政見通しを発表する。そして，財政政策委員会が政府の財政政策に対する評

価を行う。これらの試みを通じて，政府は財務省による経済予測の客観性と正確性を確保することに努め」（井手・パーク［2016］202頁）ている。

3-6 オーストラリア

　オーストラリアも，ドイツやスウェーデンと同じく，健全な財政運営がなされている国である。オーストラリアの連邦政府の財政規律は，「1998年予算公正憲章法」（Charter of Budget Honesty Act 1998：正式名称は An Act to provide for a Charter of Budget Honesty）と「1999年議会事務局法」（Parliamentary Service Act 1999）の2012年2月15日版の施行で改正された議会予算局設置規定（Division 2〔Parliamentary Budget Office〕of Part 7 of Parliamentary Service Act 1999 as of 15 February 2012）を中心に定められている。

　予算公正憲章は，財政政策の成果を改善することを目的とし，財政政策に対して健全な財政運営の原則に基づくことを義務づけている（1998年予算公正憲章法附則Ⅰ第1章第1条）。そして，連邦政府の財政運営は，持続可能な中期枠組みに組み込まれなければならず，連邦政府の財政戦略は健全な財政運営の原則に基づかなければならない（同附則Ⅰ第3章第4条）。健全な財政運営の原則とは，連邦政府が負う責務で，①経済状況を考慮し政府全般の負債を含め連邦が直面する財政的リスクを慎重に管理しなければならず，②財政政策が(i)適正な国民貯蓄を達成することと(ii)必要に応じて循環的景気変動を抑えることに資することを確保しなければならず，③税負担水準の安定性と予測可能性について相当の程度一致した支出政策と課税政策を追求しなければならず，④税制の整合性を維持しなければならず，⑤政策決定が将来世代への財政的影響を考慮したものであることを確保しなければならない，ことをいう（同附則Ⅰ第3章第5条）。そして，2012年に新設された議会予算局は独立財政機関で，その目的は，予算サイクル，財政政策および諸提案の財政的影響に関する独立した党派に偏らない分析を行い，議会に情報提供を行うことと規定されている（改正1999年議会事務局法第64B条）。

3-7 各国の財政再建に資する増税措置

　財政再建を実現するために財政規律を確保する各国の仕組みや制度について法律などを中心に整理したが，財政再建に資する増税措置がなされている国も

ある[5]。

　アメリカでは，増税よりも歳出削減が中心に財政再建が目指されたが，「2012年アメリカ納税者救済法」で2000年代前半のブッシュ減税の部分的な延長に伴う富裕層への所得税減税の不延期（最高税率35%から39.6%への引上げ）や社会保障税減税の不延期（被用者負担部分の公的年金部分の税率の4.2%から6.2%への引上げ）等がなされた。

　イギリスでは，政権交代後の2010年6月に新予算見通し（緊急予算）で，2011年1月から法人税率の28%から27%への引下げ，付加価値税率の17.5%から20%への引上げ，銀行税の導入（税率2011年0.04%，2012年0.07%）の決定がなされた。その後，法人税率は2011年財政法で2011年26%に，さらに2015年20%まで毎年引き下げられる一方，銀行税率も毎年引き上げられ2015年0.21%になった。

　ドイツでは，アメリカと同じく歳出削減努力による財政再建が中核であったが，原子力発電所に対する課税やエネルギー税など環境関連税による増税や，金融安定化のための資本注入を行う金融再生基金の原資に充てられる銀行負担金の導入などが歳入増加に結びついた。

　これに対して，フランスでは増税が財政再建に寄与している。2011年銀行税・オンライン広告サービス購入税（いわゆる「グーグル税」）・退出税の導入，2012年富裕税付加税（130万ユーロ超の純資産価額に対する0.75〜1.8%の5段階の累進税率課税の1年間の時間措置）と法人税付加税（売上高2.5億ユーロ超の企業に対する法人税額の5%の2年間の時限措置，2014年に2年間延長のうえ税率10.7%に引上げ）の導入，2013年資産性所得に対する分離課税の廃止，2013-14年大企業の法人税の利子負担額控除上限（2013年利子負担の85%，2014年利子負担の75%）措置，2014年付加価値税率19.6%から20.0%（軽減税率は食料品等5.5%据え置き，他の外食等7%から10%）への引上げである。付加価値税率の引上げ分は，企業の競争力強化や雇用支援のための法人税・所得税の税額控除の財源に充てられた。

　スウェーデンでは貯蓄年金控除の縮小や軽自動車税の引上げや炭素税・エネルギー税の優遇措置の縮減等がなされ，オーストラリアでは財政再建を目的とした**財政再建特別税**（Temporary Budget Repair Levy）が導入されている。この財政再建特別税は，2014年7月1日から2017年6月30日の3年間，個人

の課税所得が 18 万豪ドルを超えるとき，その超過額に 2% の追加課税をする
ものである。

4 | 今後の財政再建

　すでに述べたように，日本の財政再建に向けた歴代政権の取り組みは，財政
再建の目標をどのように設定して，歳出削減・税収増大をいかに組み合わせ具
体的な政策対応をするかで違いがあった（表 2-1 参照）。また，リーマン・ショ
ック後における欧米諸国の財政再建の取り組みは，主として財政規律を高める
ことでなされており，表 2-3 の通りである。欧米諸国の財政再建の取り組みを
比べてみると，今後の日本の財政再建においては，社会保障関係費の膨張をコ
ントロールする仕組みを含めた財政規律の仕組みの構築，税収増大の方策につ
いての検討が必要になる。

4-1 財政規律の仕組みの構築

　中期財政フレームについては，内閣府が年に 2 回「中長期の経済財政に関す
る試算」を公表しているが，その基礎となる経済成長見通しで楽観的ともいえ
るほど高い成長率を想定しているという批判がある。前述したように，2017
年 7 月の「中長期の経済財政に関する試算」では，経済再生ケースで中長期的
に経済成長率が実質 2% 以上，名目 3% 以上となり，ベースライン・ケースで
中長期的に経済成長率が実質 0% 台後半，名目 1% 台前半程度となる，と想定
している（内閣府［2017c］）。中長期的に想定する経済成長率の数値いかんで，
将来の経済財政の姿も大きく異なる。また単年度の予算編成時においても，歳
入・歳出見積りを行うとき，当該年度における日本の景気循環，経済成長率，
税収の所得弾力性などばかりでなく世界経済状況をも含めた経済見通しをどの
ように設定するかで，税収見込み額が左右され，それに伴い歳出の要削減額や
公債発行額も異なってくる。第 1 章でも触れたが，単年度の予算編成時には，
予算編成における政治的圧力からして楽観的な経済見通しをするバイアスが生
じやすい。こうした点で，中立的な立場から客観的な経済財政見通しを行う独
立財政機関が日本においても必要であると指摘されている。

50　第Ⅰ部　財政再建

　日本の財政ルールとしては，まずもって欧米諸国（表2-3）のように財政再建目標を法律の形で規定することが必要になるが，フローの目標については，その達成が景気変動の影響によって左右されないように構造的な基礎的財政収支や財政収支で設定する必要がある。さらに，当初予算だけでなく補正予算が組まれる場合には財政再建目標への影響を考慮した補正予算ルールも必要になる。加えて，欧米諸国のようにペイ・アズ・ユー・ゴー原則やキャップ制を導入することが求められるとともに，国の2017年度予算における社会保障関係費の自然増を前年度比約5000億円増としたように単年度だけでなく，義務的経費の自然増に対処するためのルール化も不可欠になるだろう。たとえば，義務的経費の自然増を一定割合削減をするように社会保障関連の支給要件などを規定する関連法を改正することや，自然増に連動するように消費税率を引き上げたり新たな所得税付加税を導入したりすることなどをルール化する必要がある。

　独立財政機関については，Kopits［2013］，OECD［2014, 2015］，統計研究会［2015］などで議論されているように，①各国の法体系・政治システム・文化などの特殊性に合致し，②独立した中立的な立場で経済財政に関する予測・実績・政策効果についての監視・分析・評価を行い，③その執行権限が憲法や立法で与えられ，④公的資金で運営され，⑤政府情報へのアクセスが保証され，⑥その監視・分析・評価の報告については透明性を高めるために公開し，⑦その業務に関して外部評価を受けるような制度設計が望ましいとされる。日本においては，参議院事務局や会計検査院などに独立財政機関を設置することを検討することも考えられる。

　2017年1月の内閣府の「中長期の経済財政に関する試算」では，明記されていないが，半年前の2016年7月の「中長期の経済財政に関する試算」における名目GDPとは異なる数値の名目GDPが前提にされている。2015年度の名目GDPは，2016年7月の試算では500.4兆円であるのに対して，2017年1月の試算では532.2兆円と31.8兆円も増大している（内閣府［2016a, 2017a］）。これは，2016年12月に内閣府がGDP統計を国連が定める2008年新基準に対応するようにしたなどの，5年に1度の基準改定によるものである[6]。この結果，新基準による名目GDP統計に基づく基礎的財政収支の対GDP比は当然ながら縮小し，中長期の経済財政に関する試算で示される基礎的財政収支の

対 GDP 比の将来見通しも縮小している。この改定は，国民経済計算について
は「国際連合の定める国民経済計算の体系に関する基準に準拠」するものと規
定されている統計法第 6 条に基づくとされるが，政府の財政健全化目標を達成
するうえできわめて有利な GDP 統計改定という見方も出てくる。この点，同
じ統計改定であったとしても，独立財政機関が存在し改定を行っていれば，財
政健全化目標とは切り離されたものと理解されただろう。

4-2 税 収 増 大

　日本の財政再建の取り組みで，消費税率の引上げなどで税収増大を実施した
のは橋本政権と第 2 次安倍政権であったが，第 2 次安倍政権は消費税率 10%
への引上げを延期し，第 3 次安倍政権でも再延期した。今後の財政再建の取り
組みでは，再延期され 2019 年 10 月 1 日から実施されることになった消費税
率 10% を必ず実現することが不可欠になる。

　消費税が軽減税率制度とともに 10% に引上げされたとしても，2017 年 1
月の「中長期の経済財政に関する試算」では，2020 年度における国・地方の
基礎的財政収支の対 GDP 比は，経済再生ケースで −1.4%（−8.3 兆円）程度，
ベースライン・ケースで −1.9%（−11.3 兆円）程度になり，さらなる消費税率
引上げが必要になる（内閣府 [2017a]）。消費税率 1% の税収については，名目
GDP に関係する最終消費額に左右されるが，2014 年度決算で消費税収（国税
分）は 16.029 兆円で消費税率（国・地方）8% のうち国税分は 6.3% であるの
で消費税率 1% で約 2.54（16.029 ÷ 6.3）兆円の税収，2016 年度予算で消費税
収（国税分）は 17.185 兆円なので消費税率 1% で約 2.73（17.185 ÷ 6.3）兆円の
税収である。消費税率を 8% から 10% に引き上げたときの軽減税率制度によ
る減収分は 1 兆円との政府見解に基づけば，税率 1% の引上げによる軽減税率
制度による減収額は 0.5 兆円になる。したがって，軽減税率制度のもとでの消
費税率 1% の増収額は，2.04（もしくは 2.23）兆円程度と見込める。こうした
単純計算で，2020 年度における国・地方の基礎的財政収支黒字化を達成する
ために必要な消費税率のさらなる税率アップ分を求めると，経済再生ケースで
8.3 兆円 ÷ 2.04（2.23）兆円 ＝ 4.1（3.7）%，ベースライン・ケースで 11.3 兆
円 ÷ 2.04（2.23）兆円 ＝ 5.5（5.1）% となる。

　2020 年度で基礎的財政収支黒字化という財政再建目標を達成するためには，

消費税率のさらなる引上げ分として 4〜5% の税率アップが必要になり，消費税率 15% が 1 つの財政再建案になる。上記の内閣府の試算において「歳出面では，社会保障歳出は高齢化要因や賃金・物価上昇率等を反映して増加し，それ以外の一般歳出は物価上昇並みに増加する」と想定されているので，義務的経費の自然増を一定割合削減をするように法律改正がなされるならば，必要とされる消費税率アップ分は低下できる。さらに，フランスの富裕税付加税やオーストラリアの財政再建特別税のように，財政再建のために期間限定の付加税方式で所得税や相続税の税収増大をしたり，ドイツやスウェーデンのエネルギー税の優遇措置廃止のように租税特別措置を縮減したりすれば，消費税率での必要税率アップ分を低下できる。

　これらのことから，小泉政権のもとで明記されたように，財政再建のために歳出削減または税収増大が必要となる対応額を数値化したうえで，税収増大額を絶対額でルール化し，成長戦略の法人税減税も含め増減税セットで，税収増大額一定のもとでのペイ・アズ・ユー・ゴー原則を課すことが，今後の日本の財政再建策となりうる。

お わ り に

　橋本政権以降の歴代政権は，財政再建よりも景気対策や構造改革や経済成長を優先した政策運営を行ってきている。これは，日本の有権者の政策選択に基づく優先順位でもあり，その民意の反映ともいえる。しかし，なぜ有権者はこうした政策選択を行うのか。有権者が情報の非対称性から目先の利益追求をめざす近視眼的な行動をとった結果の政策選択だとすれば，財政再建への政治的支持を高めるためには，情報の非対称性をなくす必要がある。

　フローの構造的な基礎的財政収支を均衡させることは，過去のツケである借金をいまの有権者に負わせることではなく，新たなツケを将来の有権者に負わせないことでありストックの債務残高を積み増さない点を有権者に明確に伝える必要がある。債務残高を減らす以前に，債務残高を積み増さないためには，すなわち構造的な基礎的財政収支を均衡させるためには，具体的にどのような政策対応ができるのかを，議会とりわけ参議院が超党派の特別委員会で検討し中立的にかつ客観的な裏づけを行い有権者に示すように期待したい。こうした超党派の特別委員会の検討の中で，日本独自の独立財政機関を誕生させることが，日本の財政再建への第一歩となるだろう。

第2章 財政再建の意義と課題 53

注

1) 総務省統計局の消費者物価指数 (CPI) http://www.stat.go.jp/data/cpi/sokuhou/ tsuki/index-z.htm〈最終アクセス 2018.10.13〉

2) 内閣府 [1997] 第1章第5節3を参照。

3) 消費税の軽減税率制度に関する詳しい内容については，本書第8章を参照のこと。

4) 2011年以降の債務上限の経緯については，財政制度等審議会 [2014] 16頁，Austin [2015] pp. 24-27, US. House of Representatives [2015], US. Department of the Treasury [2017] を参照のこと。

5) 以下の記述は，財政制度等審議会 [2014] と財務省財務総合政策研究所 [2010-2016] の「欧米主要国における最新の税制改革の動向」等を参照した。

6) 内閣府 [2016b] によれば，2015年（暦年）において国連の 2008SNA 基準対応以外の「その他」要因が改定差の 23% あり，2008SNA 基準改定対応の改定差の 79% が「研究・開発 (R&D) の資本化」に関するものである。

◆ 課　題

《第1節》

公平基準に関して，所得ではなく消費が応能的公平における支払能力・経済力の尺度となることと，公債発行の負担が将来世代に転嫁される判断基準との関係について，本書第1章第3節で論述している世代間負担の不公平を参考に考察しなさい。

《第2節》

「財政構造改革の推進に関する特別措置法」において，どのような補助金等の見直しが規定されているかを調べて，その見直しを評価しなさい。

《第3節》

イギリスの予算責任局の主要任務について，国立国会図書館調査及び立法考査局 [2015] を手掛かりに，英文の原典で調べなさい。

《第4節》

日本の財政再建のための取り組みで消費税率を 10% に引き上げたとき，その地方消費税率分の引上げが地方の財政力格差にどのような影響を与えるかについて，検討しなさい。

◆ 文 献 案 内

《第1節》

財政赤字の問題点と財政再建の意義については，井堀 [2004] 第1・4章，アタリ [2011] 第5-7章が参考となる。

《第2節》

各政権下の財政再建の取り組みについては，前田 [2016] と内閣府ホームページの下記 URL が参考となる。

内閣府「経済財政諮問会議の取りまとめ資料・政策の実施状況」

〈http://www5.cao.go.jp/keizai-shimon/kaigi/cabinet/cabinet-index.html〉
内閣府の「中長期の経済財政に関する試算」
〈http://www5.cao.go.jp/keizai2/keizai-syakai/shisan.html〉
《第 3 節》
　本章ではリーマン・ショック以降の財政再建の取り組みを整理したが，それ以前の
欧米諸国の取り組みも含めて田中［2011］が参考となる。さらに，財政制度等審議会
［2014］，国立国会図書館調査及び立法考査局［2015］を読み，その参考文献や脚注の
一次資料も参照するとよい。
《第 4 節》
　日本の財政規律を構築するために参考になるのは，田中［2011］，統計研究会
［2015］，Anderson and Minarik［2006］，Kopits［2013］である。日本の租税に
関する情報は，財務省財務総合政策研究所ホームページの下記 URL が便利である。
「財政金融月報：租税特集」
〈http://www.mof.go.jp/pri/publication/zaikin_geppo/hyou03.htm〉
なお，上記の URL 情報は，すべて 2017 年 7 月 31 日現在のものである。

◆ 参 考 文 献

Anderson, B. and J. J. Minarik [2006] "Design Choices for Fiscal Policy Rules," *OECD Journal on Budgeting*, 5(4): 159-208.

Austin, D. A. [2015] "The Debt Limit: History and Recent Increases," Congress Research Services. 〈https://fas.org/sgp/crs/misc/RL31967.pdf 最終アクセス 2017.3.27〉。

Kopits, G. (ed.) [2013] *Restoring Public Debt Sustainability: The Role of Independent Fiscal Institutions*, Oxford: Oxford University Press.

OECD [2014] "Recommendation of the Council on Principles for Independent Fiscal Institutions," 〈http://www.oecd.org/gov/budgeting/OECD-Recommendation-on-Principles-for-Independent-Fiscal-Institutions.pdf 最終アクセス 2017.3.22〉。

OECD [2015] "Evaluating the Performance of Independent Fiscal Institutions: Towards a Common Evaluation Framework for Independent Parliamentary Budget Offices and Fiscal Councils," 〈https://www.parlament.gv.at/ZUSD/BUDGET/Towards_a_Common_Evaluation_Framework_xBudgeting_and_Public_Expenditures_Divisionx_OECDx.pdf 最終アクセス 2017.3.22〉。

US. Department of the Treasury [2017] "Description of the Extraordinary Measures, March 16, 2017," 〈https://www.treasury.gov/initiatives/Documents/Description_of_Extraordinary_Measures_2017_03_16.pdf 最終アクセス 2017.3.28〉。

US. House of Representatives [2015] "Bipartisan Budget Act of 2015: Section-by-Section Summary," 〈http://docs.house.gov/meetings/RU/RU00/CPRT-114-RU00-D001.pdf 最終アクセス 2017.3.28〉。

アタリ，J.［2011］『国家債務危機──ソブリン・クライシスに，いかに対処すべきか？』（林昌宏訳）作品社。

井手英策，パーク，G. 編［2016］『財政赤字の国際比較——民主主義国家に財政健全化は可能か』岩波書店。

井堀利宏編［2004］『日本の赤字財政』岩波書店。

国立国会図書館調査及び立法考査局［2015］『外国の立法』(263)：3-174「特集 財政ガバナンス」〈http://www.ndl.go.jp/jp/diet/publication/legis/index.html 最終アクセス 2017.1.23〉。

財政制度等審議会［2014］『財政制度分科会海外調査報告書』（平成 26 年 7 月）〈http://www.mof.go.jp/about_mof/councils/fiscal_system_council/sub-of_fiscal_system/report/kaigaichyosa2607/00.pdf 最終アクセス 2017.3.22〉。

財務省財務総合政策研究所［2010-2016］『財政金融月報 租税特集』第 696, 712, 722, 735, 745, 759, 769 号。

首相官邸［2006］「経済財政運営と構造改革に関する基本方針 2006」〈http://www.kantei.go.jp/jp/singi/keizai/kakugi/060707honebuto.pdf 最終アクセス 2017.1.23〉。

首相官邸［2010］「財政運営戦略」〈http://www.kantei.go.jp/jp/kakugikettei/2010/100622_zaiseiunei-kakugikettei.pdf 最終アクセス 2017.3.13〉。

田中秀明［2011］『財政規律と予算制度改革——なぜ日本は財政再建に失敗しているか』日本評論社。

統計研究会［2015］「特集 独立財政機関を考える」『Eco-Forum』第 31 巻第 1 号。

内閣府［1997］『平成 9 年 年次経済報告』（平成 9 年 7 月）〈http://www5.cao.go.jp/keizai3/keizaiwp/wp-je97/wp-je97-00105.html#sb1.5.3.1 最終アクセス 2017.1.23〉。

内閣府［2006］「経済財政運営と構造改革に関する基本方針 2006」〈http://www5.cao.go.jp/keizai-shimon/cabinet/2006/decision060707.pdf#page=1 最終アクセス 2017.1.23〉。

内閣府［2010］『世界経済の潮流 2010 年 II』「財政再建の成功と失敗——過去の教訓と未来への展望」〈http://www5.cao.go.jp/j-j/sekai_chouryuu/sa10-02/index-pdf.html 最終アクセス 2017.3.22〉。

内閣府［2012］「経済財政の中長期試算」〈http://www5.cao.go.jp/keizai3/econome/h24chuuchouki.pdf 最終アクセス 2017.3.22〉。

内閣府［2013］「経済財政運営と改革の基本方針——脱デフレ・経済再生」〈http://www5.cao.go.jp/keizai-shimon/kaigi/cabinet/2013/2013_basicpolicies.pdf 最終アクセス 2017.3.22〉。

内閣府［2015a］「経済財政運営と改革の基本方針 2015——経済再生なくして財政健全化なし」〈http://www5.cao.go.jp/keizai-shimon/kaigi/cabinet/2015/2015_basicpolicies_ja.pdf 最終アクセス 2017.3.22〉。

内閣府［2015b］「中長期の経済財政に関する試算」（平成 27 年 7 月 22 日経済財政諮問会議提出）〈http://www5.cao.go.jp/keizai3/econome/h27chuuchouki7.pdf 最終アクセス 2017.3.22〉。

内閣府［2016a］「中長期の経済財政に関する試算」（平成 28 年 7 月 26 日経済財政諮問会議提出）〈http://www5.cao.go.jp/keizai3/econome/h28chuuchouki7.pdf 最終アクセス 2017.3.22〉。

内閣府［2016b］「平成 27 年度 国民経済計算年次推計（支出側系列等）（平成 23 年基準改定値）の参考資料」〈http://www.esri.cao.go.jp/jp/sna/data/data_list/kakuhou/gaiyou/pdf/point20161208_2.pdf 最終アクセス 2017.3.25〉。

内閣府［2017a］「中長期の経済財政に関する試算」（平成 29 年 1 月 25 日経済財政諮問会議提出）〈http://www5.cao.go.jp/keizai3/econome/h29chuuchouki1.pdf 最終アクセス 2017.3.22〉。

内閣府［2017b］「経済財政運営と改革の基本方針 2017——人材への投資を通じた生産性向上」〈http://www5.cao.go.jp/keizai-shimon/kaigi/cabinet/2017/2017_basicpolicies_ja.pdf 最終アクセス 2017.7.28〉。

内閣府［2017c］「中長期の経済財政に関する試算」（平成 29 年 7 月 18 日経済財政諮問会議提出）〈http://www5.cao.go.jp/keizai3/econome/h29chuuchouki7.pdf 最終アクセス 2017.7.31〉。

前田泰伸［2016］「我が国財政再建に向けた課題」『立法と調査』（375）：46-58。

第Ⅱ部

社 会 保 障

　第Ⅰ部では，日本の財政状況の厳しさと財政再建が論じられた。財政支出の中で大きな割合を占めているのが社会保障支出である。したがって，財政再建を検討するにあたって社会保障のあり方は重要となる。財政再建のためには，社会保障支出を抑制していくか，それとも国民の負担（税・社会保険料）を引き上げていくか，そのどちらかの手段しかない。しかし，そうした選択を行うためには，その前提として，社会保障の定義・理念や社会保障制度の現状と課題を十分に理解しておく必要がある。そこで，第Ⅱ部では，そのことに資する内容を論ずる。3つの章から構成されるが，最初の章では，社会保障に関する基本的な事柄を説明する。続く2つの章では，社会保障制度の中からいくつかの制度を取り上げて，具体的に現状と課題について論ずる。

　第3章では，社会保障を検討する際に必要な基本的な事柄についての説明を行う。社会保障とは何か，社会保障にかかる費用を示す社会保障費用，社会保障体系，公的扶助と社会保険に関する説明，社会保障における資金の流れ，社会保障の財源，そして，社会保障と税の一体改革に関して触れる。

　続く2つの章，第4章と第5章では，日本の社会保障制度の中からいくつかの制度を取り上げて，それらに関して具体的に論ずる。第4章では医療保険と介護保険について論ずる。前半では，医療保険を扱う。医療保険の機能について

説明した後，医療保険制度の体系を示す。さらに，75歳以上の高齢者を対象とする後期高齢者医療制度，被用者医療保険に加入できなかった人々を対象とする市町村国民健康保険に関して現状と課題を説明する。

　後半では，介護保険を扱う。介護保険の機能を説明した後，介護保険制度の体系を示し，現状と課題を説明する。どうしてこれらの制度を取り上げたか。社会保障は所得再分配によって成り立っているが，高齢化を進める日本において，とくにこれらの制度を通して後代世代に及ぶ負担が増えてきている。当該制度によって恩恵を受ける人々に対する十分な保障と後代世代への負担増加を抑えること，この2つの視点が重要となる。このことを考えてもらうために，それらの制度を取り上げた。

　第5章では，公的年金制度と生活保護制度に関して論ずる。日本の所得保障と公的年金制度の体系を示す。高齢期のリスクを軽減させるという公的年金制度の役割に関して述べる。公的年金制度は1階部分と2階部分から構成されている。そこで，それぞれに関して説明を行う。1階部分に相当する基礎年金の機能と問題点について論じ，続けて2階部分に相当する厚生年金保険に関して，リスクへの対応という視点に立ち，論ずる。その際に，積立方式と賦課方式という財政方式の違いについても説明する。公的年金も世代間所得再分配によって成り立っている。そもそも1階部分と2階部分とは役割が異なっている。その役割の違いを理解した上で，ここでも，当該制度によって恩恵を受ける人々に対する十分な保障と支える人々の負担増加を抑えるという2つの視点が重要となる。今後の公的年金制度のあり方に関する筆者なりの考えを述べる。

　公的年金制度の次に生活保護制度に関して説明する。最後のセーフティネットとしての役割を果たす同制度の重要性を示した上で，その現状と課題を明らかにする。

　第5章の最後に，第Ⅱ部の内容を踏まえて，改めて将来に向けての日本の社会保障に対する筆者の考えを示す。

第**3**章

社会保障の考え方と制度

　第3章では，社会保障を考察する際に必要な基本的な事柄について説明する。そもそも社会保障とは何か。第1節では，社会保障制度審議会の勧告を参考にして社会保障の考え方を明らかにする。第2節では，その社会保障にかかる費用を示す指標である「社会保障費用」について説明する。第3節では，次章以降に具体的に論ずる日本の社会保障制度について，全体で見た体系，および，公的扶助と社会保険について説明する。第4節では，社会保障における資金の流れ，さらには，社会保障の財源ということについて説明する。最後の所で，今後の日本にとって重要な課題となる社会保障と税の一体改革について触れる。

1 ｜ 社会保障制度審議会とそれによる社会保障の考え方

1-1 社会保障制度審議会

　現在，厚生労働省には社会保障に関して審議をする社会保障審議会という機関がある。以前，名称が似てはいるが，それとはまったく別の審議会が総理府に存在していた。それが，社会保障制度審議会である。1949年に設置され，2001年に省庁再編に伴い廃止されたので，いまはもう存在してはいないが，戦後の日本の社会保障制度の展開において同審議会が果たした役割はきわめて大きい。同審議会はどのような活動を行ったのか。

　「本審議会の活動には，大きく分けて2つのものがある。1つは，本審議会が自ら社会保障制度に関する立法及び運営の大綱を研究し，その結果を内閣総理大臣や各関係大臣に対する勧告，建議，申入れなどに取りまとめることであり，他の1つは，社会保障に関する企画，立法又は運営の大綱（多くの場合，法案の形をとる）について内閣総理大臣又は各関係大臣からの諮問を

60 第Ⅱ部 社会保障

受け，意見を述べる（答申）ことである。どちらも重要な任務であるが，本審議会の特色は何といっても前者の活動にあり，他の審議会には類例をみない活動である」（総理府社会保障制度審議会事務局監修［2000］336 頁）。

他の審議会には類例をみない独特な活動は前者にあり，いくつかの勧告が提出されたが，その中からとくに重要な 2 つの勧告に注目したい。1 つは，1950 年の「社会保障制度に関する勧告」であり，もう 1 つは，1995 年の「社会保障体制の再構築に関する勧告——安心して暮らせる二十一世紀の社会を目指して」である。

1-2 社会保障の定義

社会保障制度審議会は創設直後の 1950 年に，「社会保障制度に関する勧告」を内閣総理大臣に提出した。その原文を読めば理解されるように，同審議会の社会保障に対する情熱と識見を感じることができる。

この勧告は決して短いものではないが，その中でとくに重要なのは，この勧告が示した社会保障に関する定義である。日本における社会保障の定義が公にされたのは，この勧告に始まる。読者には是非に原文を直接に読まれたいが，ここにその一部を引用しておこう。

「いわゆる社会保障制度とは，疾病，負傷，分娩，廃疾，死亡，老齢，失業，多子その他困窮の原因に対し，保険的方法又は直接公の負担において経済保障の途を講じ，生活困窮に陥った者に対しては，国家扶助によって最低限度の生活を保障するとともに，公衆衛生及び社会福祉の向上を図り，もってすべての国民が文化的社会の成員たるに値する生活を営むことができるようにすることをいうのである。このような生活保障の責任は国家にある」（「社会保障制度に関する勧告」の原文より引用）。

この勧告は，社会保障の定義を示すとともに，経済保障の手段として，「保険的方法」と「直接公の負担による方法」という 2 つがあり，そのうちの後者は国家扶助による最低限度の生活保障であり，すべての国民が文化的社会の成員たるに値する生活を営むことができるようにすることは国家の責任であると述べている。さらに，この勧告は社会保障の具体的な制度案を示している。提案された社会保障制度は，次のようなものである。

（1）社会保険

　　①　医療，出産，葬儀に関する保険（被用者／一般国民）

　　②　老齢，遺族および廃疾に関する保険（被用者／一般国民）

　　③　失業に関する保険

　　④　業務災害に関する保険

（2）国家扶助

（3）公衆衛生

（4）社会福祉　　　　　　　　　　　（「社会保障制度に関する勧告」の原文に基づく）

　これは，現在の日本の社会保障制度の体系となっている。社会保障を行う方法としては，「社会保険」と「公的扶助」という2つがある。現在の日本の社会保障制度において，社会保険で行われているものは，医療保険，公的年金，雇用保険（失業保険），労働者災害補償保険，介護保険である。介護保険は新しい制度であるが，それ以外の4つの社会保険はすでにこの勧告に提案されている。一方の「公的扶助」，すなわち「国家扶助」で行われているものは，生活保護である。現在の日本の社会保障制度はこの勧告が提案した案にそって構築された。

1-3 社会保障理念の見直し

　社会保障制度審議会が提出した1950年勧告は，それ以降の日本の社会保障制度の礎になるものであった。しかし，戦後，日本は社会的にも経済的にも大きく変化し，国民の意識も変わってきた。そうした社会保障制度を取り巻く環境変化に応じて，社会保障制度の総合的な見直しが必要となってきた。そのことを踏まえて，社会保障制度審議会は，検討・審議を行い，1995年に「社会保障体制の再構築に関する勧告——安心して暮らせる二十一世紀の社会を目指して」を提出した。同勧告の冒頭で次のように記している。

　　「わが国は，高齢化の一層の進展，国民のニーズの多様化・高度化，経済の低成長化など，社会・経済の構造変化に直面する一方，人権を基底に置く福祉社会形成への要望も強力となるものと予測される。したがって，社会保障制度についても，このような変化に対応するとともに，構想を新たにした理念と原則に立って，体系的・整合的な再構築が行われなければならない」

（「社会保障体制の再構築に関する勧告」の原文より引用）。

この勧告は，理念・原則について改めて考え直し，取り巻く環境変化に応じた社会保障制度の再構築の方向性を打ち出している。この勧告も長いものであるが，読者には是非に原文を読んでいただきたい。ここでは，理念に関して書かれている部分を引用しておく。

「二十一世紀に向けて社会保障体制を充実させるためには，はっきりと，広く国民に健やかで安心できる生活を保障することを，社会保障の基本的な理念として掲げなければならない。

給付の対象が日本社会を構成するすべての人々に広がっただけでなく，社会保険料の拠出や租税の負担を含め，社会保障を支え，つくり上げていくのもまたすべての国民となる。そのためには，国民が社会保障についてよく知り，理解し，自らの問題として受けとめ，社会保障に積極的に参画していくことが大切である。それは，何らかの形ですべての人に訪れる困難に，助け合って対処していくという精神に基づいた，社会に対する協力でもある。その意味で，社会保障制度は，みんなのためにみんなでつくり，みんなで支えていくものとして，二十一世紀の社会連帯のあかしとしなければならない。これこそ今日における，そして，二十一世紀における社会保障の基本理念である」（「社会保障体制の再構築に関する勧告」の原文より引用）。

社会保障制度審議会が行った2回の勧告に対しては次の点に意義があると言える。すなわち，まず社会保障の定義や理念を明らかにし，社会保障制度を支える社会・経済構造の変化を把握し，将来の社会像を示した上で，社会保障制度のあり方を提示し，その内容を国民に啓蒙しようと努めた点である。

2 ┃ 社会保障費用

2-1 社会保障費用統計

社会保障にはどのくらいの費用がかかっているのか。その大きさを知ることは重要である。社会保障に関する費用（社会保障費用統計）は，毎年，国立社会保障・人口問題研究所から公表されている。

第3章 社会保障の考え方と制度　63

「社会保障費用統計は，年金や医療保険，介護保険，雇用保険，生活保護など，社会保障制度に関する1年間の支出を，OECD（経済協力開発機構）基準による『社会支出』とILO（国際労働機構）基準による『社会保障給付費』の2通りで集計する。『社会支出』（OECD基準）は『社会保障給付費』（ILO基準）と比べ，施設整備費など直接個人に渡らない支出まで集計範囲に含んでおり，国際比較の観点から重要な指標であることから，多くの国々で活用されている。『社会保障給付費』は日本では戦後まもなくから現在に至るまで集計され，政策議論に欠かせない統計である」（国立社会保障・人口問題研究所［2017］1-2頁の内容からまとめた）。

2-2 社会保障費用

表3-1は，2014年度と2015年度の社会保障費用を示したものである。2015年度の社会支出は119兆2254億円，対GDP比は22.40％，2015年度の社会

表 3-1　社会保障費用の推移

社会保障費用	2014 年度	2015 年度	対前年度比	
			増加分	伸び率（%）
社会支出（億円）	1,165,175	1,192,254	27,079	2.3
1人当たり（千円）	915.8	938.1	22.3	2.4
対 GDP 比（%）	22.50	22.40	−0.10	—
対 NI 比（%）	30.80	30.69	−0.11	—
社会保障給付費（億円）	1,121,672	1,148,596	26,924	2.4
1人当たり（千円）	881.6	903.7	22.2	2.5
対 GDP 比（%）	21.66	21.58	−0.08	—
対 NI 比（%）	29.65	29.57	−0.08	—

（注）　社会支出には，社会保障給付費に加えて，施設整備費等の個人に帰着しない支出も集計範囲に含む。

（出所）　国立社会保障・人口問題研究所［2017］5頁表1，表2，表3に基づく。

表 3-2　社会支出の国際比較（2013 年度）

社会支出	日本 （2015 年度）	日本	アメリカ	イギリス	ドイツ	スウェーデン	フランス
社会支出 　　対 GDP 比	22.40%	22.69%	19.10%	22.76%	26.11%	27.81%	31.75%
（参考）　対 NI 比	30.69%	30.79%	24.13%	31.43%	35.70%	43.55%	45.46%

（出所）　国立社会保障・人口問題研究所［2017］8頁表6。

図 3-1 部門別社会保障給付費の推移

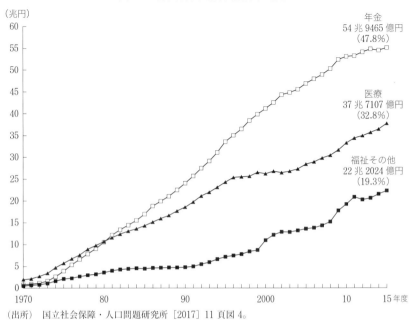

(出所) 国立社会保障・人口問題研究所［2017］11 頁図 4。

保障給付費は 114 兆 8596 億円，対 GDP 比は 21.58% であった。

表 3-2 は，2013 年度の社会支出の対 GDP 比を国際比較したものである。日本の数値（日本のみ 2015 年度）は，アメリカよりは大きいが，ヨーロッパ諸国（イギリス，ドイツ，スウェーデンおよびフランス）よりは小さい。しかし，日本の数値は今後いっそう大きくなっていくことが予想される。

図 3-1 は，日本の社会保障給付費を 3 つの部門，すなわち「年金」「医療」「福祉その他」に分けた場合の各部門の社会保障給付費がどのように推移してきたかを示している。2015 年度の数値を見ると，年金が 54 兆 9465 億円，47.8% で，社会保障給付費の半分近くを占めている。医療は 37 兆 7107 億円，32.8%，福祉その他は 22 兆 2024 億円，19.3% となっている。

2-3 社会保障関係費

社会支出と社会保障給付費という指標以外に，第 1 章では国の一般会計における項目として「社会保障関係費」というものを示した。これも社会保障費用

第3章　社会保障の考え方と制度　65

の1つの指標である。これに関しては本章の4-1項において，さらにこれと「社会保障給付費」との関係については4-2項において説明する。

3 ｜ 社会保障制度の現状

3-1 社会保障の財源調達

（1）社会保険と公的扶助

社会保障の方法としては，「社会保険」と「公的扶助」がある。前者は原則として社会保険料を財源とし，社会保険料という拠出を前提としたもので，その拠出との関連で社会保障給付を捉える方法である。一方，後者は税を財源とし，最低生活水準に満たない者に社会保障給付を行い，それを保障するものである。公的扶助は，社会保険のように，拠出─給付関係を前提としないが，税財源を使用することもあって，その者の生活水準が最低生活水準以下であることや自らの資力でそれを支えられないといったことを把握するための「資力調査」（ミーンズ・テスト）を行う。

（2）社会保険方式と公費負担方式・税方式[1]

社会保障に関する文献を読むと，その財源調達方法の箇所で，「社会保険方式」と「公費負担方式」「税方式」とをそれぞれ対比させているものがある。ここで言われている「公費負担方式」「税方式」は，必ずしも「資力調査」を要件としていないため，上記の「公的扶助」とは異なる。「社会保険方式」と「公費負担方式」「税方式」との対比がとくに議論されているのが，公的年金の基礎部分に関する部分である。

注意を要する点が2つある。1つは，「公費負担方式」と「税方式」の解釈である。厳密に言うと，「税方式」は，財源として税だけを使用し，公債を発行して得た資金（公債金収入）や税外収入などは使用しないという方式である。それに対して，「公費負担方式」は主として税を財源とするが，それだけではなく，公債金収入や税外収入を含む一般会計・普通会計全体の歳入を財源とする方式である。しかし，「税方式」という用語を前記の「公費負担方式」の意味で使用する研究者もいるので，その点に注意しておく必要がある。

66　第Ⅱ部　社会保障

　もう1つは，「公的扶助」あるいは「公費負担方式」「税方式」と対比される「社会保険方式」に関することである。「社会保険方式」は社会保険料だけを財源としていて，公費（税を含む）には一切依存しないように捉えられるかもしれない。しかし，決してそうではない。「社会保険方式」にとって重要なことは，事前に保険料という拠出を行ったという要件のもとで給付が行われるということであり，財源の一部が公費（税を含む）に依存することを否定するものではない。財源は，社会保険料を主とするが，税を含めた公債金収入などにも依存している。

　(3)　社会保険とは何か[2]

　ここで，「社会保険」に関してもう少し説明しておこう。「社会保険」という言葉は，「社会」と「保険」という言葉が結合されてできている。したがって，その構成要素である「保険」と「社会」という意味を理解しておく必要がある。

　まず，「保険」である。リスクを念頭において，そのリスクを軽減させるために人々が資金を持ち寄って形成するのが保険である。リスクに備えて資金をプールするが，それはリスクをプールすることになる。事前に資金を出した人にリスクが生じた場合に，プールされた資金からの給付がその人に行われ，リスク軽減されるというものである。保険とは必ずリスクを念頭においたもので，給付を受けるためには，そのリスクを減らすために事前に資金を出しておくこと，すなわち保険料を拠出するという要件が必要となる。事前に拠出した保険料とリスクが生じて受給する給付とが対応していることが重要である。各人が保険に加入しようと思うには，その者が自分あるいは自分に関わる者に関係するリスクの存在を認識して，そのリスクを軽減させたいと思う必要がある。もちろんリスクの発生確率は人によって異なってくるが，たとえ小さくとも，その者に直接に関わってくるリスク軽減という便益があるからこそ，保険料を拠出しようということになる。事前に拠出する保険料の大きさは，その者に生ずるリスクの発生確率とリスクが生じて受給することになる給付額とに依存して決まってくる。

　こうしたリスクを軽減させる保険は，私的企業でも行うことができる。民間の損害保険会社や生命保険会社が運営しているものがそれにあたる。私的企業によって運営されている保険の場合には，保険料額はその者のリスクの発生確

率と給付額とによって厳密に計算される。これを「保険数理的にフェアな保険」と呼ぶ。各人は，私的企業が運営する保険に加入することも脱退することも自由にできる。

　ここで，一例として，医療保険の場合を考えてみる。各個人は疾病への罹患確率を自分のことであるからある程度わかっているが，もしも保険を運営する保険会社がその確率を正確に把握できないとなると，平均的な確率を前提にして保険料を計算し，被保険者に求めることになる。確率の高い人は積極的に加入するであろうが，確率が低い人は請求される保険料額が割高になるので，加入しないか，もしも加入していたら脱退するであろう。その結果，保険には罹患確率が高い人だけが残り，保険が成立しなくなる。これが，逆選択（adverse selection）である。保険はさまざまな確率の人が集まるから成立するのである。逆選択の状況ではそれができなくなるので，保険は運営できなくなる。

　次に，保険会社が被保険者の罹患確率を把握できる場合を想定しよう。この場合には，確率に応じた保険料額が設定されるから，確率の低い人も前記の理由での非加入や脱退はない。一方で，確率の高い人は当然大きい保険料額を求められることになる。

　ここで，上記のいずれのケースにおいても，確率の高い人，たとえば高齢者などに高い確率を厳格に反映させた保険料ではなくて，それよりも安い保険料で保険適用させるということを政策的に求めようとするならば，前記の「保険数理的にフェアな保険」のやり方でない保険料の設定が必要となってくる。所得再分配を実施し，確率の高い人の保険料不足分を確率の低い人の保険料で賄えば可能となる。このような所得再分配は民間レベルでは行うことができない。公的に，すなわち政府が強制加入という手段を用いて行うことになる。これが，「社会」という言葉に意味されていることである。これが，私的保険ではない，公的保険の1つの意味である。

　「社会保険」は，根本に「保険」の原理があること，加えて，民間だけでは任せられない，公的に関与する必要のある政策的必要性を合わせ持ったものとして存在している。

68　第Ⅱ部　社会保障

◆ コラム 3　「こども保険」は保険か

　2017 年 3 月に，自民党の 2020 年以降の経済財政構想小委員会［2017］から「『こども保険』の導入」という報告書が出された。表題にもなっているように，「こども保険」を導入するというものである。その報告書は，「『こども保険』は子どもが必要な保育・教育等を受けられないリスクを社会全体で支える」と説明している。また，「子育てを社会全体で支え合う仕組み」とも記している。

　子育てには私的要素もあるが，子どもは成長後，経済・社会を支える存在になる。子どもが必要な保育・教育等を受けられないことで社会に外部不経済的な損失をもたらすことがある。だから，子どもが必要な保育・教育等を受けられないことに対しては社会全体で対応した方がよい。社会内の全員で支え，資金面でも援助するのである。そのための財源としては，公的負担，すなわち税や公債金収入を充てる。次の時代を背負う子どもの養育や教育のために社会を構成する人々に応分の負担をしてもらうのである。

　しかし，だからといって，その財源を「こども保険」で調達することは適切だろうか。リスクの発生確率は人によって異なってくるが，保険に加入するすべての者，もっと正確に述べるならば，強制的に保険料を徴収させられるすべての者には，たとえ小さくとも，その者に直接に関わってくるリスク軽減という本人が認識できる便益がなければならない。それがあるからこそ，保険料拠出に同意するのである。

　子どもが必要な保育・教育等を受けられないことによって社会に外部不経済的な損失が生ずるが，それらに対しては社会全体で対応する必要があるが，そのことをすべての者が自分や家族のリスクとして直接的に認識しているかというと，そうとは言えないであろう。子どものいない家庭ではなおさら認識できない。次の時代を背負う子どもの養育や教育の費用の一部を社会内の人々に税や公債金収入という形で求めることには賛意を示すが，それを強制的な保険料徴収を行う「こども保険」という方法で行うことには理屈の上で無理があると言わざるを得ない。

3-2　社会保障制度の体系

　表 3-3 を参照されたい。同表は，最近の日本の社会保障制度の全体像を示したものである。「社会保険」「公的扶助」「公衆衛生・医療」，そして「社会福祉」である。最近では，広義の社会保障として，それらに，「住宅」や「その他」も含まれているが，ここでは，「社会保険」と「公的扶助」に注目する。

　表 3-3 の 2 列目を見てほしい。「社会保険」は「医療保険」「年金保険」「労働保険」および「介護保険」から構成されている。3 列目に，各々の保険の具体的な制度名が書かれてある。

第3章　社会保障の考え方と制度　　69

表3-3　日本における社会保障の全体像

概　念	制度区分	具体的制度・施策
社会保険	医療保険	健康保険（組合健保・協会けんぽ） 共済組合 国民健康保険 後期高齢者医療制度
	年金保険	国民年金（基礎年金） 厚生年金保険
	労働保険	雇用保険 労働者災害補償保険
	介護保険	介護保険
公的扶助		生活保護
公衆衛生・医療		保健所設置，医療提供体制整備等 看護・介護従事者確保
社会福祉	児童福祉	保育所，児童養護施設等 放課後児童対策等
	高齢者福祉	各種手当 生きがい就労等
	障害者福祉	各種手当 自立支援等 障害者等就労支援
住　宅		公共賃貸住宅家賃対策補助
その他	恩　給	恩　給
	戦争犠牲者援護	戦争犠牲者援護
	他の社会保障施策	就学援助制度 被災者生活再建支援事業等他

(出所)　厚生労働統計協会［2016b］4頁，表1に基づく。
　　　　ただし，順番を少し変え，一部省略している。

　日本の場合，「社会保険」として行われているものには，表3-3に記された
ものがある。
　まず「医療保険」であるが，これは，医療，出産，葬儀に関する保険であ
る。それには，被用者を対象とした「健康保険（組合健保，協会けんぽ）」と
「共済組合」，その他に被用者以外を対象とした「国民健康保険」がある。2008
年以降は，75歳以上の高齢者を対象とした「後期高齢者医療制度」がある。
　次に「年金保険」であるが，これは，老齢，遺族および廃疾に関する保険で
ある。全国民を対象とした1階部分の国民年金（基礎年金）と，被用者だけを
対象にした基礎年金に上乗せされる2階部分の厚生年金保険から構成されてい
る（図5-1参照）。

70 第Ⅱ部 社会保障

続けて「労働保険」であるが、これには、失業に関する保険（「雇用保険」）と労働災害に関する保険（「労働者災害補償保険」）がある。

最後に、以上のものに加えて、1950年勧告がまだ想定していなかった保険が2000年から施行されている。「介護保険」である。これは、高齢になって介護サービスを必要とするときのための保険である。

再び表3-3の1列目を見てほしい。「公的扶助」がある。これについてもすでに述べたが、公費（税や公債金収入）を財源とし、「資力調査」（ミーンズ・テスト）を行い、最低生活水準に満たない者に給付を行い、それを保障するものである。日本の社会保障制度の根幹部分には、公的扶助という方法で行われている生活保護制度がある。それは、国民に対して最低生活を保障するという最後のセーフティネットの役割を果たし、貧困・困窮に陥った国民を救済する制度である。

4 社会保障に関する資金の流れ

4-1 国の一般会計と社会保障関係費

財政と言ったときに、すぐに頭に浮かぶのが、国の一般会計である。図3-2の右側を参照されたい。これは、2016年度の国の一般会計の歳出と歳入を示した図である。それとは図の形は異なるが、すでに第1章においても図1-7として、国の一般会計の歳出と歳入、そして、社会保障の占める割合を示した。改めて図3-2の右側を参照されたい。歳出総額96.7兆円において大きな割合を占めているのが「社会保障関係費」である。32.0兆円という額で、一般会計歳出の33.1%、一般歳出の55.3%となっている。これらの数値を見て認識してほしい点は、国の一般会計における社会保障の占める割合が大きいという事実である。1990年度からその社会保障関係費がいかに増大したかということは第1章の図1-7が示している。

4-2 社会保障関係費と社会保障給付費の関係

財政再建というと、イメージとして、国の財政を頭に思い浮かべる。いまも

第3章 社会保障の考え方と制度　71

図 3-2　社会保障関係費と社会保障給付費

| 社会保障給付費（2016 年度予算ベース） | 国　一般会計（2016 年度予算） |

給付費　118.3 兆円　財源 111.7 兆円＋資産収入 　　　　歳出　96.7 兆円　　　　歳入　96.7 兆円

福祉その他 23.7 兆円（20.0%）（うち介護 10.0 兆円）	資産収入等			
医療 37.9 兆円 (32.0%)	地方負担 13.1 兆円		国債費 23.6 兆円	特例公債 28.4 兆円
	国庫負担 32.2 兆円		地方交付税交付金等 15.3 兆円	建設公債 6.1 兆円　その他収入 4.7 兆円
			その他 9.5 兆円	その他の税収 10.2 兆円
年金 56.7 兆円 (47.9%)	保険料 66.3 兆円（保険料の例 年金 国民年金 1万 6490 円(2017.4-) 厚生年金 18.182%(2016.9-) 医療保険 協会けんぽ 10.0%(2016.4-) 介護保険 1 号保険料 平均（月額） 5514 円 (2015-17 年度)）		防衛関係費 5.1 兆円　文教および科学振興費 5.4 兆円　公共事業関係費 6.0 兆円 社会保障関係費 32.0 兆円	法人税 12.2 兆円　所得税 18.0 兆円　消費税 17.2 兆円

直近の実績値（2015 年度）
・社会保障給付費 114.9 兆円（NI 比 29.6%）
・財源構成　保険料 66.9 兆円，公費 46.1 兆円
　　　　　　（ほか資産収入など）

一般会計歳出の 33.1%
一般歳出の 55.3%

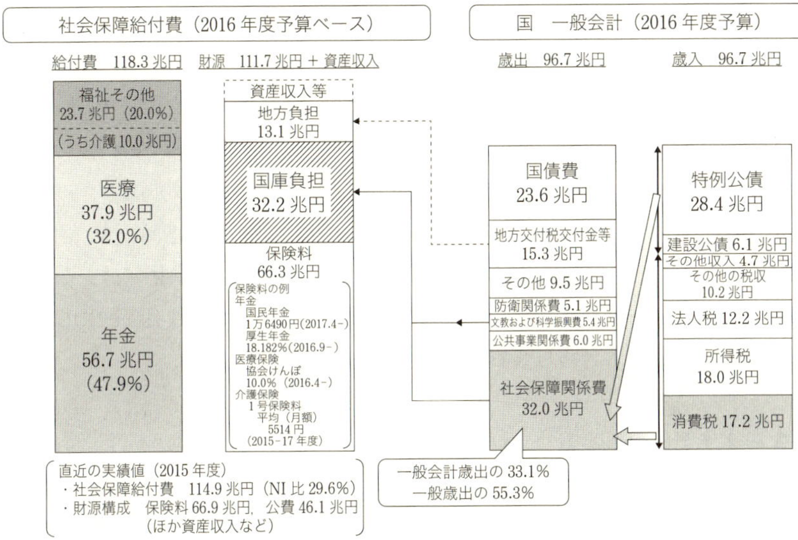

（出所）厚生労働省資料。

　確認したように，たしかにその範囲だけでも社会保障の占める割合は大きいの
で，今後の財政再建を考えるにあたって，社会保障関係費に関する部分の社会
保障のあり方は重要となる。しかし，国民が担う負担という視点から社会保障
のあり方やその負担の大きさを考えるならば，社会保障関係費だけに目を向け
るのでは十分ではない。

　すでに社会保障費用を示すものとして社会保障給付費というものがあること
を説明した。そして，表 3-1 において，日本の社会保障給付費として 2014 年
度と 2015 年度の数値を紹介した。それでは，その社会保障給付費と国の一般
会計における社会保障関係費はどのような関係になっているのだろうか。

　改めて図 3-2 を参照されたい。同図は，厚生労働省が 2016 年度予算ベース
で示した社会保障関係費と社会保障給付費との関係である。前に概念を説明し
た社会保障給付費であるが，同じ 2016 年度予算ベースで 118.3 兆円となって
いる。社会保障給付費は社会保障関係費よりも広い概念となっている。今後の
社会保障制度のあり方を検討するにあたって，国民の負担という視点から見る
ならば，社会保障関係費だけではなく，それを含めた社会保障給付費の財源と
いうことが重要となってくる。

72　第Ⅱ部　社 会 保 障

　図3-2 の右側に描かれた国の一般会計を見ればわかるように，社会保障関係費は国税か公債金収入でもって賄われている。それに対して，同図の左側に描かれた社会保障給付費は，国庫負担，地方負担，そして，保険料によって賄われている。日本の社会保障は 5 つの社会保険と公的扶助の生活保護などで行われている。図3-2 の左側の社会保障給付費における保険料というのは，それら 5 つの社会保険の保険料を示している。社会保障給付費 118.3 兆円のうち 66.3 兆円，56.0% が社会保険料によって賄われている。残る約 4 割が公費（国・地方）等によって賄われている。社会保障給付費における国庫負担には，公的扶助としての生活保護に当てられる国庫負担だけではなく，各社会保険に投入されている国庫負担も含められている。

4-3　一般会計と特別会計[3]

　4-1 において国の一般会計に言及した。「財政法」の規定で，一般会計の他に，特定の歳入・特定の歳出をもって一般会計とは経理を別にする特別会計を設置することができる。特別会計の設置には要件があるものの，実際にいくつかの特別会計が設けられている。社会保障関係では，年金特別会計と労働保険特別会計がある。これらは，前記の社会保険関係のための特別会計であり，被保険者が納付する保険料がこれらの特別会計の歳入になり，また，支給される給付はこれらの特別会計の歳出になる。4-2 で言及した社会保険に投入される国庫負担であるが，国の一般会計の歳出として出ていき，特別会計の歳入として入ってくるという資金の流れになっている。

　一般会計と特別会計の関係は国に留まらない。地方政府，とくに市町村の会計においても同様のことが見られる。一般会計（普通会計）の他に特定の歳入・歳出を行うための特別会計（事業会計）が設けられている[4]。第 4 章において取り上げる市町村国民健康保険や介護保険のための会計がそれにあたる。

4-4　社会保障を実施するための負担

　これまで，社会保障の考え方，社会保障制度の現状，そして，社会保障に関する資金の流れについて説明してきた。社会保険という方法で実施されようが，公的扶助という方法で実施されようが，社会保障が行われるためには必ず財源が必要となる。図3-2 を使い，社会保障が保険料，国庫負担，地方負担に

よって賄われていることを示した。各個人は，社会保険の被保険者として社会保険料を納付し，国税を国に，地方税を地方政府に納付している。したがって，私たち1人ひとりが社会保険料，国税，地方税という形で社会保障の財源を負担しているのである。

　何をどの程度行うかによって社会保障の規模は異なってはくるが，どのような規模の社会保障であれ，それは社会を構成している個人間で強制的に行われる所得再分配によって成り立っている。社会の中の誰かが社会保障で恩恵を受けるとするならば，当然その一方には，その財源を支えている誰かがいる。社会保障は，社会内の誰かの負担によって支えられている。社会保障のあり方は，その経済と社会の影響を受ける。その社会の経済力とともに，その社会を構成している人口構成や，各個人の意識・考え方に依存する。社会が経済的にも順調に成長し，人口も成長しているような社会では，社会保障のための所得再分配によって各個人が担う負担もそれほど大きなものとはならない。しかし，経済成長が伸び悩み，少子高齢化が進展するような社会の場合には，社会保障を実施するための所得再分配を行うことによって，とくに後代世代の個人により大きな負担が及ぶようになってくる。そういう状況に至った場合には，社会保障について改めて検討を行い，社会保障が果たすべき役割と各個人が担う負担とを斟酌した上で，社会としての適切な社会保障のあり方を求めるべきである。

4-5 進展する少子高齢化のもとで求められる適切な社会保障のあり方

　本書の第Ⅰ部において，日本の財政状況の悪化についての説明があった。その財政を立て直すこと，すなわち財政再建を行うためには何が必要かを考えなければならないが，そうした検討の中にあって，当然，社会保障のあり方についても検討する必要が出てくるだろう。財政再建ということを単純に考えるならば，歳出を抑制するか，それとも歳入を増大させるか，そのどちらかしかない。

　おそらく多くの人々の共通認識となっていることだろうが，日本は著しい少子高齢化に直面している。図3-3は，厚生労働省の資料だが，日本の人口の推移を示している。過去の実績値と将来に向けての推計値があわせて示されている。棒グラフの高さは総人口を表しているが，それが減少してきている。2065

図 3-3 日本の人口の推移

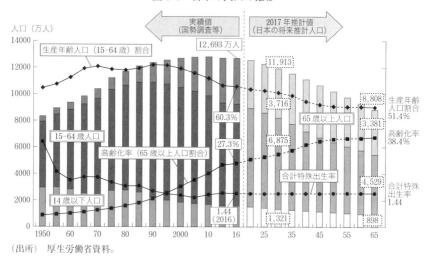

(出所) 厚生労働省資料。

年には 9000 万人を割り込むことが予想されている。一方，総人口に占める 65 歳以上人口を示した高齢化率は徐々に上昇し，2065 年には 40％近い水準になると予想されている。

4-4 で述べたように，社会保障を取り巻く環境が変化するならば，とくに少子高齢化によって負担が増加していくことも考えなければならない。それならば，社会保障支出を抑制すればすむのか。そのように単純な話ではない。社会保障制度審議会の勧告に記してあったように，社会保障の重要性を改めて確認しなければならない。高齢化が進むということは，それだけ社会保障の必要性が高まることである。したがって，社会保障支出を単純に抑制するということはできない。それでは，少子高齢化によって増えていく後代世代の負担増加をそのままにしてもよいのか。それも許されない。このトレードオフの中で適切な社会保障のあり方を求めていかなければならないのである。

4-6 社会保障と税の一体改革[5]

社会保障制度審議会が廃止されて以降，社会保障制度のあり方を検討する会議がいくつか作られ，報告書も出されている。たとえば，2008 年 11 月 4 日に社会保障国民会議から出された「社会保障国民会議最終報告」，2013 年 8 月 6 日に社会保障制度改革国民会議から出された「社会保障制度改革国民会議報告

第3章 社会保障の考え方と制度 75

書——確かな社会保障を将来世代に伝えるための道筋」などである。後者は，社会保障と税の一体改革のための報告書である。

「社会保障と税の一体改革」は，社会保障の充実・安定化と，そのための安定財源確保と財政健全化の同時達成を目指した改革である。2012年2月17日に社会保障・税の一体改革大綱が閣議決定された。その後，関連法案が審議され，関連8法案が成立した。社会保障制度改革推進法に基づき，2012年11月に，上記した社会保障制度改革国民会議が作られ，2013年8月6日に報告書が出されている。この報告書に基づき，改革の全体像や進め方を明らかにする法案が提出され，2013年12月に社会保障制度改革プログラム法が成立し，公布・施行されている。2014年以降，順次，個別法改正案が提出され，成立している。

第I部第2章では，もっぱら消費税率の引上げという財政健全化という点で社会保障と税の一体改革に注目したが，この第II部では，消費税率を引き上げることによって社会保障財源を安定的に確保して，年金，医療，介護，子育てといった社会保障を充実させる社会保障改革という点で，社会保障と税の一体改革に注目する。

おわりに

　本章では，第II部の本章に続く2つの章の内容をより理解するための社会保障に関する基本的な事柄を説明した。すでに廃止されてしまって，いまはない社会保障制度審議会を紹介し，それが示した社会保障の定義に言及した。社会保障制度審議会は，社会保障の定義・理念を明らかにし，社会保障制度を支える社会・経済構造の変化を把握して，将来の社会像を示した上で，社会保障制度のあり方について提示して，その内容を国民に啓蒙しようと努めた。筆者はそのような点で社会保障制度審議会が行ったこと，とくに発表された勧告を高く評価している。それらの勧告が発表されてから時間が流れたが，日本は少子高齢化・低成長という新たな状況に直面し，限られた財政状況の中で将来に向けての社会保障制度のあり方を検討しなければならなくなった。社会・経済状況がさらに変化したため再検討しなければならなくなったが，同時にたとえ状況が変化したとしても，社会保障のあり方として私たちが大切にしなければならない事柄もある。私たちはそうした点に留意して，2つの勧告に改めて目を向ける必要があるだろう。

76　第Ⅱ部　社 会 保 障

　第Ⅰ部との関連で財政再建という視点で社会保障を見ると，国の一般会計の社会保障関係費が重要となってくる。もちろんそれは重要であるが，今後の日本の社会保障のあり方を考える場合には，国の一般会計における社会保障関係費だけではなく，それを含めた社会保障給付費という概念にも目を向けなければならない。その点から社会保障の財源を考えると，国，地方政府，社会保険というそれぞれにどのような役割分担させることがよいかということを考えなければならない。

注────────

1)　ここを執筆するに際して，一部分，宮島［2004］を参考にした。
2)　保険の考え方については，牛丸［2004］や小塩［2013］を参照されたい。
3)　ここの叙述において，財務省のホームページ〈http://www.mof.go.jp〉を参考にした。
4)　第 10 章の図 **10-4** を参照されたい。
5)　社会保障と税の一体改革に関する解説および展開については，各省庁のホームページを参考にするとよい。厚生労働省のホームページ〈http://www.mhlw.go.jp〉，財務省のホームページ〈http://www.mof.go.jp〉，そして，内閣官房のホームページ〈http://www.cas.go.jp〉である。本項における叙述は，それらのホームページにある内容を参考にした。

◆ 課 　　題
《第 1 節》
　社会保障制度審議会は 1949 年に設置されて，2001 年に廃止された。本書も参考にしたが，総理府社会保障制度審議会事務局監修［2000］が有益であるが，それを参考にして，この審議会が日本の社会保障の展開においてどのような役割を果たしてきたかを考え，将来の社会保障のあり方に役立つ点を明らかにしなさい。
《第 2 節》
　社会保障費用は 2 つの基準によって集計されている。「社会支出」と「社会保障給付費」である。国立社会保障・人口問題研究所［2017］を参考にして，「社会支出」と「社会保障給付費」の内容をもっと詳しく具体的に比較しなさい。
《第 3 節》
　社会保障の方法には，「社会保険方式」と「公費負担方式」「税方式」がある。日本以外の主要な国から 1 国を選び，その国の社会保障が主としてどちらの方式に依存しているかを明らかにし，なぜそのような方式を採用するに至ったかについて考えなさい。
《第 4 節》
　・身近な社会保障制度の中から任意に 1 つの制度を選び，それの財源調達の

第3章　社会保障の考え方と制度　　**77**

あり方を明らかにしなさい。厚生労働省のホームページや厚生労働統計協会編
[2016a][2016b] を参考にしなさい。
　・日本の社会保障制度に関して，その財源の面で見た場合，国，地方政府，そして
社会保険の保険者がどのような関係になっているのかということを資金の流れを示し
ながら明らかにしなさい。
　・社会保障と税の一体改革とはどういうことなのか。厚生労働省のホームページ
〈http://www.mhlw.go.jp〉，財務省のホームページ〈http://www.mof.go.jp〉，
そして，内閣官房のホームページ〈http://www.cas.go.jp〉を参考にして，明らか
にしなさい。

◆ 文 献 案 内

《第1節》
　社会保障制度審議会に関する内容は，総理府社会保障制度審議会事務局監修 [2000]
を参照するとよい。この1冊の中に社会保障制度審議会のすべての事柄が記してあ
る。
《第2節》
　本文でも述べたように，社会保障費用に関しては，国立社会保障・人口問題研究所
[2017] を参照するとよい。
《第3節》
　社会保障の考え方や日本の社会保障制度に関する説明として西村編 [2016] および
椋野・田中 [2017] が役に立つ。古い本であるが，堀編 [2004] も参考になる。

◆ 参 考 文 献

牛丸聡 [2004]「社会保障の機能」堀勝洋編『社会保障読本（第3版）』東洋経済新報社，所収。
小塩隆士 [2013]『社会保障の経済学（第4版）』日本評論社。
厚生労働統計協会編 [2016a]『国民の福祉と介護の動向（2016/2017）』厚生労働統計協会。
厚生労働統計協会編 [2016b]『保険と年金の動向（2016/2017）』厚生労働統計協会。
国立社会保障・人口問題研究所 [2017]『平成27年度 社会保障費用統計』国立社会保障・人口問
　　題研究所。
国立社会保障・人口問題研究所編 [2017]『社会保障統計年報（平成29年版）』法研。
社会保障国民会議 [2008]「社会保障国民会議最終報告」11月4日。
社会保障制度改革国民会議 [2014]「社会保障制度改革国民会議報告書——確かな社会保障を将来
　　世代に伝えるための道筋」8月6日。
社会保障制度審議会 [1950]「社会保障制度に関する勧告」10月16日。
社会保障制度審議会 [1995]「社会保障体制の再構築に関する勧告——安心して暮らせる21世紀
　　の社会を目指して」7月4日。
総理府社会保障制度審議会事務局監修 [2000]『社会保障制度審議会五十年の歩み』法研。
西村淳編 [2016]『入門テキスト　社会保障の基礎』東洋経済新報社。

78 第Ⅱ部 社 会 保 障

2020 年以降の経済財政構想小委員会［2017］「『こども保険』の導入——世代間公平のための新た
　なフレームワークの構築」。
堀勝洋編［2004］『社会保障読本（第 3 版）』東洋経済新報社。
宮島洋［2004］「社会保障の財源政策」，堀勝洋編［2004］『社会保障読本（第 3 版）』東洋経済新
　報社，所収。
椋野美智子・田中耕太郎［2017］『はじめての社会保障（第 14 版）』有斐閣。
厚生労働省ホームページ〈http://www.mhlw.go.jp〉
国立社会保障・人口問題研究所ホームページ〈http://www.ipss.go.jp〉
財務省ホームページ〈http://www.mof.go.jp〉
内閣官房ホームページ〈http://www.cas.go.jp〉

第**4**章

医療保険制度と介護保険制度

　高齢化が進む日本において，高齢者に十分な医療・介護を保障するためには多額の財源が必要とされる。財源は，若年者が納める保険料と公費に大きく依存している。公費は税や公債金収入によって賄われるので，いずれにしても後代世代による多くの負担によって支えられることになる。高齢者に対する十分な医療・介護保障を行うことと，後代世代に多くの負担をかけないことを併せて考えなければならない。そこで，本章では，後代世代による多くの負担によって成り立っている後期高齢者医療制度と介護保険制度の仕組みと課題を取り上げる。被用者医療保険に加入できなかった人々に対する医療保障を担っているのが，市町村国民健康保険である。同保険も公費に大きく依存している。被用者医療保険に加入できなかった人々への十分な医療保障と，後代世代を含めた他の人々に多くの負担をかけないことを併せて考えなければならない。

　第1節では，医療保険制度の体系を述べる。第2節では後期高齢者医療制度を，第3節では市町村国民健康保険を論ずる。以上の叙述を踏まえた上で，第4節では医療保険の今後のあり方を検討する。

　第5節では，介護保険の機能を説明し，介護保険制度の体系を述べる。第6節では，今後の介護保険制度のあり方を検討する。

1 　医療保険の機能と医療保険制度の体系

1-1 医療保険の機能

　公的医療保険があることによって，私たちは病気になったときにも，自分の置かれた経済力に制約されずに，医療機関や医師にアクセスでき，診療を受けることができる。これが，公的医療保険の機能である。

　このことを経済学の視点で考えてみる。まずは，経済力が小さい人も診療を

受けられるという「公平性」[1] で評価される。また，上記したように，公的医療保険によって，リスクの大きい者でも必ずしもその大きいリスクに対応した保険料ではなく，安い保険料で加入でき，わずかな自己負担でもって診療を受けられるようになる。その典型は高齢者である。公的医療保険においてこの公平性は最も重要であるが，民間保険の論理である「保険数理的にフェア」という公平性にも留意しておく必要がある。これは，保険料を当該個人のリスクの発生確率と厳密に関連づけるというものである。たしかに，社会を構成する多くの人々は前記の公平性の根拠でもって，リスクの高い人々（代表的には高齢者）のために自らのリスクに比して割高な保険料を課せられたとしても，公的医療保険制度の存在に同意するであろう。しかし，その所得再分配の程度がきわめて著しいものとなって，あまりにも過大な負担が課せられるようになるならば，人々は公的医療保険制度の存在に同意しながらも，併せて不満も持つようになるのではないか。公的医療保険を運営する上において，その点には十分に注意しなければならない。

　次に，公的医療保険を資源配分の効率性の視点から考えてみよう。事前的に考えるならば，病気になったとしても，費用面での心配が軽減されるので，不確実性というリスクが軽減されることになる。リスクの軽減という「効率性」でも評価される[2]。公的医療保険によって自己負担分が軽減され，容易に受診できることが早期発見早期治療を可能にするので効率性を高める。しかし，ここでも留意しておく必要のあることがある。自己負担率を下げることは，いま指摘したように容易に診療を受けられることによって資源配分上よい効果をもたらすが，同じく自己負担率を下げたことが安易な受診や過剰な治療をもたらすのではないかという指摘もある。効率性を侵害するモラル・ハザードというよくない効果をもたらすという指摘である。給付率を上げること，すなわち自己負担率を下げることは，人によって異なる効果をもたらすので，社会全体で見るならば，いま指摘した2つの逆の効果が併存するということになる。したがって，公的医療保険における望ましい給付率は，できるだけよくない効果が起こらないように留意しながら，よい効果および公平性を見ながら定められる必要がある。

　公平性および効率性の面において公的医療保険が果たす機能は，同制度を通してどのような所得再分配がどの程度行われるかということに依存する。

1-2 医療保険制度の体系

(1) 日本の医療保険制度の体系

図4-1を参照されたい。同図は，日本の医療保険制度の体系を示したものである。65歳と75歳という年齢が記してある。75歳以上の者（「後期高齢者」と称す）は，「後期高齢者医療制度」の適用になる。75歳未満の者は，その者の置かれた職種に応じて，適用される医療保険制度は異なっている。被用者は，図4-1の該当部分に記してあるように，「健康保険組合」「共済組合」「協会けんぽ」のいずれかが適用される。自営業者，年金生活者，非正規雇用者等は「国民健康保険」が適用される。65歳以上75歳未満の者（「前期高齢者」と称す）は65歳未満の者と同様に職種に応じて該当する医療保険に属するが，医療保険制度間で財政調整がある。

(2) 医療保険の仕組み

図4-2を参照されたい。同図は，日本の医療保険の仕組みを示したものである。(1)で示したように，各人にはいずれかの医療保険が適用される。「被保険者」ということになるが，該当する保険者に保険料（掛金）を納めることを強制される。保険料を納めた者が病気になり，患者となって医療機関で診療（医療サービス）を受けた場合には，かかった診療費の一部（一部負担金）を支払うだけでよい。わずかな自己負担で十分な診療を受けられる。これが，公的医療保険の機能である。

かかった医療費のうち，医療機関は患者の一部自己負担分以外の部分をどのように回収するのか。医療機関は残る部分の診療報酬請求書（レセプト）をその患者が所属する医療保険の保険者に審査支払機関を通して請求する。請求を受けた医療保険者は，自らのところに納められて蓄積された保険料からそれに応じて審査支払機関を通して支払う。これによって，医療機関はかかった診療費の全額を回収できる。

(3) 医療保険の給付内容

(2)で示したように，各人はいずれかの医療保険に加入し，保険料を支払う。医療保険に加入していることによって，どのような給付を得られるのか。

日本の公的医療保険は，診療を受けた際にかかった医療費のうち自己負担分を除いた分を給付してくれる。

診療を受けた際に，かかった医療費のうちどの程度の割合を公的医療保険

図 4-1 医療保険制度の体系

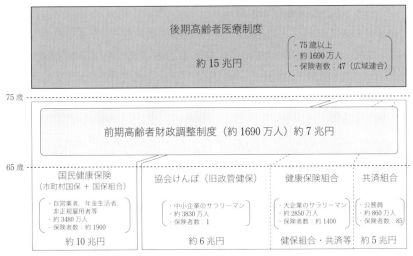

(出所) 厚生労働省資料。

で給付してくれるのか。一般に給付率とも呼ばれる。その逆で，かかった医療費のうちどの程度の割合を一部自己負担しなければならないのかというのが，「患者負担」である。現在の患者負担は，図 4-3 のようになっている。年齢と

図 4-2 保険診療の概念図

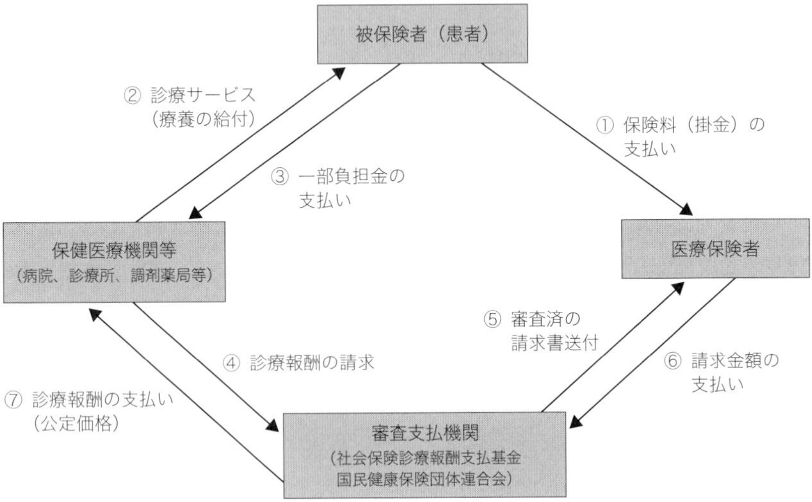

(出所) 厚生労働省資料。

第 4 章 医療保険制度と介護保険制度　83

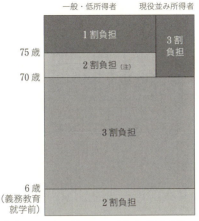

図 4-3　医療費の患者負担

(注)　2008 年 4 月から 70 歳以上 75 歳未満の窓口負担は 1 割に据え置かれていたが，2014 年 4 月以降新たに 70 歳になる被保険者等から段階的に 2 割となる。
(出所)　厚生労働省資料。

経済状態に応じて異なっている。義務教育就学前 6 歳未満の者は 2 割負担，すなわち 8 割の給付率，6 歳以上 70 歳未満の者は 3 割負担，すなわち 7 割の給付率となっている[3]。75 歳以上の者は，1 割負担（9 割の給付率），ただし，現役並みの所得者は 3 割負担（7 割の給付率）となっている。

2　後期高齢者医療制度

2-1　高齢化と高齢者向けの医療保障制度

　高齢になると，誰であれ，病気になりやすい。高齢者が増えることに対して高齢者向けの医療保障制度をどのようにしていくかということが，日本において高齢化の兆しが見えてきた頃より検討されてきた。
　増える高齢者にできるだけ十分な医療保障を提供しようとすることは重要である。しかし，それが招く国民への負担も考えなければならない。

図 4-4 医療費の動向

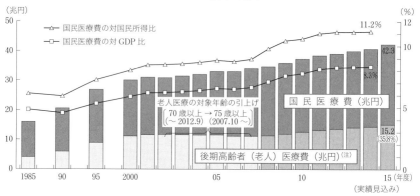

(注) ( ) 内は後期高齢者（老人）医療費の国民医療費に占める割合。
(出所) 厚生労働省資料。

　第 3 章において指摘したように，日本は少子高齢化に直面している。少子高齢化は，日本の今後の社会保障制度のあり方に大きな影響を与える。医療や介護のあり方にとっては，とくに高齢化の影響が大きい。診療を受けると当然そこには費用が発生する。国民が 1 年間に医療に費やした費用の合計を「国民医療費」と呼ぶ。図 4-4 を参照されたい。これは，国民医療費の動向を示したものである。絶対額の国民医療費とそれの国民所得に対する比率および GDP に対する比率が示してある。どの指標で見ても，徐々に増加している。

　高齢者に関する定義にはいくつかのものがあるが，75 歳以上という年齢で区分けする分類がある。75 歳以上の者を「後期高齢者（老人）」と名づけた。その後期高齢者が医療に費やした医療費を「後期高齢者（老人）医療費」と呼ぶ。老人の定義が 2002 年に引き上げられた。したがって，現在の老人医療費と過去のそれとを比較するときにはその点に注意をされたい。図 4-4 における「後期高齢者（老人）医療費」の大きさを見てほしい。2015 年度で 35.8％ となっている。医療費は国民によって負担されなければならない。高齢化の進展は国民医療費を大きくさせ，財政を通して国民の負担を大きくする。

　これまで，高齢者向けの医療保障制度はいくつかの制度を経てきている。老人医療費支給制度（1973～83 年），老人保健制度（1983～08 年），そして，現在の後期高齢者医療制度（2008 年以降）である。老人医療費支給制度では，高度成長のもと，高齢化もあまり進んでいなかったこともあり，高齢者の自己負担

第4章 医療保険制度と介護保険制度　85

は公費で肩代わりされていたので，高齢者自身は無料であった。しかし，その後，低成長と高齢化の進展のもと，次の制度である老人保健制度では自己負担が課せられ，それが徐々に引き上げられてきた。高齢化が進展するなかで，国民に及ぶ負担のことを考えながら，高齢者にできるだけ十分な医療保障を提供する道を探っていく必要があった。そして，現在の後期高齢者医療制度が創設され，2008年4月1日以降存在している。

2-2 後期高齢者医療制度の仕組み

　高齢者にとっての医療保障制度を考えるとき，重要となってくるのは高齢者自身の自己負担分を小さくするならば，当然その分をどこからか調達してこなければならないということである。その必要となってくる財源をどこから調達するのか。政府は，後期高齢者医療制度の前の制度であった老人保健制度においても同じことで頭を悩ませた。

　図4-1を改めて参照されたい。それぞれの医療保険制度に加入していた人々は75歳を超えると後期高齢者（75歳以上ではなくとも65歳以上で寝たきり等の一定の障害があると認定された者は含まれる）として扱われ，それまでに入っていた医療保険を脱けて，後期高齢者医制度に個人ごとに加入することになり，その被保険者となる。したがって，後期高齢者は保険料を1人ひとりで納めることになる。保険料を納めている後期高齢者が病気になり，患者となって医療機関で診療を受けた場合，図4-3に示してあるように，かかった診療費の1割を負担するだけでよい。ただし，現役並み所得者は，3割負担となる。後期高齢者が自己負担しない分は別の誰かが負担することになる。それはどのように調達されるのか。

　後期高齢者医療制度の運営は都道府県ごとに設立された後期高齢者広域連合が行い，それに市町村が協力する。図4-5を参照されたい。図4-5は，後期高齢者医療制度の仕組みを示したものである。2017年度予算ベースで見ると，日本全体で後期高齢者医療費は16.8兆円になっている。これがどのように調達されるのか。16.8兆円のうち，後期高齢者自身による自己負担は1.3兆円である。同図において，それは「患者負担」として示されている。それを除いた15.4兆円がどのように財源調達されるかに関して説明しよう。公費と保険料で賄われるが，その割合は約5割ずつとなっている。「公費」と描かれた矩形

図 4-5　後期高齢者医療制度

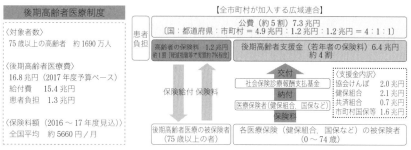

(出所)　厚生労働省資料。

がある。公費は，税や公債発行による財源で賄われる。公費は，4：1：1の割合で国，都道府県，市町村で分担される。残る約5割の「保険料」に目を向けよう。それは，後期高齢者自身によって納付された保険料1.2兆円と後期高齢者医療制度以外の各種医療保険の被保険者（若年者）によって納付された保険料を財源とする6.4兆円から構成されている。

　図を見れば理解されるように，後期高齢者医療制度以外の各種医療保険の被保険者（若年者）は自らが所属する医療保険に保険料を納付している。各医療保険は自分の保険に属している若年者によって納付された保険料を財源として社会保険診療報酬支払基金を介して後期高齢者の医療費の財源のための資金を提供するようになっている。これが，「後期高齢者支援金」と称されるものである。これは，後代世代が現在の後期高齢者の医療費のために保険料という形で支える資金ということになる。後期高齢者医療制度の前の老人保健制度では，「高齢者自身によって納付された資金（高齢者の保険料）」と「保険料として後代世代が支援する資金（若年者の保険料）」の割合が明確にされていなかった。それに対して，後期高齢者医療制度では，「後期高齢者自身によって納付された保険料」と後代世代が保険料という形で支援する資金「後期高齢者支援金」との分担ルールが明確にされた。現在時点で，高齢者の保険料は全体の約1割，若年者の保険料は全体の約4割となっている。この比率は，高齢者と若年者の人口の割合に留意した上で2年ごとに見直されている。今後高齢化がさらに進展するならば，それに応じて，後期高齢者が納める保険料の割合がさらに上昇するだろう。高齢化によって増加する後代世代の負担を若干でも抑制し，世代間の不公平を少しでも是正しようとする仕組みである。

第4章 医療保険制度と介護保険制度　87

2-3 保険料の決め方

　後期高齢者各人に求められる保険料の算定に関して述べておこう。後期高齢者広域連合はまず自らが管轄する後期高齢者医療費を推計し，約1割にあたるところの後期高齢者から徴収しなければならない保険料総額を求める。それを，均等割額（1人当たり同額）と所得割額（所得に依存して異なる額）の両方の要素に依存させて振り分けていくのである。その2つにどのように依存させるかについては各広域連合に委ねられているが，保険料額の上限（賦課限度額）は定められている。

　一方の医療保険が若年者の保険料を財源として提供する後期高齢者支援金はどのように定められるのか。全体の後期高齢者医療費のうち約4割にあたる後期高齢者支援金として必要な総額が求められる。それを医療保険に振り分けていくのである。その必要な総額を若年者人口で除して1人当たりの金額を求め，それに基づいて提供する支援金を定める。国保の場合には均等割で，被用者医療保険の場合には所得割で各人の保険料を算定する。

　後期高齢者医療制度では，老人保健制度のときよりも若年者が納める保険料の後期高齢者医療費に占める割合が明確になったうえに，その割合が人口構成の変化に対応しているので評価できる。しかし，後期高齢者医療費の約4割が若年者が納めた保険料で賄われているという実態に注目しなければならない。若年者は自分と家族の自己負担が小さくなるために保険料を拠出していると思っているであろうが，実態としては，その保険料は自分や家族の自己負担が小さくなるために使われるとともに，日本全体の後期高齢者医療費を支えるためにも使われているのである。さらに，後期高齢者医療費の半分は公費に依存しているため，ここにも若年者によって納められた税金が用いられている。高齢者に十分な医療保障を行うことは大切なことであるが，同時に後代世代に多くの負担をかけないことも併せて考えなければならない。現在はまだよいとして，高齢化がさらに進む将来において，このような財源調達がどこまで続けられるだろうか。

88　第Ⅱ部　社会保障

3 ｜ 市町村国民健康保険

3-1 市町村国保

再び図 4-1 を参照されたい。同図の左下に描かれているのが，「国民健康保険」である。75 歳未満の者で被用者医療保険に入っていない者が加入する医療保険制度であるが，市町村国民健康保険（以下，「市町村国保」と略称する）と国民健康保険組合（以下，「国保組合」）という 2 つから構成されている。国保組合とは，開業医や建設関係等，同業同種の者を対象に行われているものであるが，国保というと，自営業者，年金生活者，非正規雇用者等を対象とした市町村国保が中心である。

市町村国保は，加入者 3303 万人（2015 年 3 月末）を占め，現在では日本の医療保険制度体系の一翼を担った制度となっている。

3-2 市町村国保の創設

制度創設の歴史を少し辿ってみたい。戦後，政府は昭和 30 年代に国民皆保険の達成を求め，1958 年 3 月に新国民健康保険法案を提出した。それは，1958 年 12 月に成立し，1959 年 1 月から施行された。その結果，1961 年 4 月に国民皆保険体制が実現した。（厚生労働統計協会［2016b］197-198 頁）

被用者医療保険に加入できなかった自営業者等にも医療保険が適用されるようにと作られたのが市町村国保である。したがって，日本の医療保険において市町村国保の創設はきわめて意義あることであった。とはいえ，自営業者等を被保険者として市町村単位で医療保険を形成することには創設当初より難しさがあった。被保険者が拠出する保険料だけで保険を運営することに難しさがあったのである。そのため，創設当初から国の支援（国庫支出金）が入れられていたのである。

それ以降，いくどか改正を重ねて，今日の市町村国保となった。現在の市町村国保を他の医療保険制度と比較してみよう。

第4章　医療保険制度と介護保険制度　89

3-3 市町村国保の特徴

　表4-1を参照されたい。日本における各医療保険を比較したものである。こ
れから，市町村国保の特徴が把握できる。まず，加入者平均年齢と65〜74歳
の割合を見ると，他の制度より著しく大きい。このことから，①高齢者の占め
る比率が他の制度より大きいという特徴が把握できる。高齢者は若年者よりも
病気にかかりやすいゆえ，このことから当然の結果が把握できる。②加入者1
人当たりの医療費が他の制度より大きい，という特徴である。一方で，③加入
者1人当たりの平均所得は他の制度よりも低いという特徴が把握できる。これ
らの特徴から市町村国保の運営が財政的に厳しいということが推察される。創
設当初からの難しさが続いていることがわかる。④公費負担の割合が他の制度
よりも大きくなることも以上の特徴から頷ける。

　第3章で指摘したように，市町村国保は各市町村の普通会計においてではな
く，国民健康保険特別会計という特別会計を設けて独立に経理が行われて
いる。その国民健康保険特別会計の歳入と歳出を見れば，国保の内容が理解さ
れる。ここで注目したいのは，被保険者から徴収する保険料（税）[4] に加えて，
公費が多い点である。原則として財源の50%，結果的には60%くらいが公費
に依存している。大きいのは国からの支援である国庫支出金で，たとえば，療
養給付費負担金や財政調整交付金のようなものがある。都道府県からの支援で
ある都道府県の支出金もある。さらに，当該市町村の普通会計からの繰入れも
ある。

　市町村国保の置かれている位置からして，普通の保険として成立させること
はなかなか難しい。日本の医療保険の歴史から考えたとき，被用者医療保険に
加えて市町村国保を作り，皆保険を成立させたことには意義がある。被用者で
ない人々にも医療保険を適用させようとしたことには意義があった。しかし，
原理的には公費による支援なしに保険だけで成立させることは現実的ではな
い。

3-4 市町村国保の保険料の決め方

　医療保険は保険であるから，当然被保険者は保険料を納めなければならな
い。表4-1に各医療保険の保険料負担率が示してある。それは，各制度におけ
る加入者1人当たりの平均保険料の平均所得に対する比率を示したものであ

90　第Ⅱ部　社会保障

表4-1　各保険者の比較

	市町村国保	協会けんぽ	組合健保	共済組合	後期高齢者医療制度
保険者数（2015年3月末）	1,716	1	1,409	85	47
加入者数（2015年3月末）	3303万人（1981万世帯）	3639万人［被保険者2090万人 被扶養者1549万人］	2913万人［被保険者1564万人 被扶養者1349万人］	884万人［被保険者449万人 被扶養者434万人］	1577万人
加入者平均年齢（2014年度）	51.5歳	36.7歳	34.4歳	33.2歳	82.3歳
65〜74歳の割合（2014年度）	37.8%	6.0%	3.0%	1.5%	2.4%
加入者1人当たり医療費（2014年度）	33.3万円	16.7万円	14.9万円	15.2万円	93.2万円
加入者1人当たり平均所得（2014年度）	86万円	142万円	207万円	230万円	83万円
加入者1人当たり平均保険料（2014年度）〈事業主負担込〉	8.5万円	10.7万円〈21.5万円〉	11.8万円〈26.0万円〉	13.9万円〈27.7万円〉	6.9万円
保険料負担率	9.9%	7.5%	5.7%	6.0%	8.3%
公費負担	給付費等の50%＋保険料軽減等	給付費等の16.4%	後期高齢者支援金等の負担が重い保険者等への補助	な し	給付費等の約50%＋保険料軽減等
公費負担額（2017年度予算ベース）	4兆2879億円（国3兆552億円）	1兆1227億円（全額国費）	739億円（全額国費）		7兆8490億円（国5兆382億円）

（出所）厚生労働省資料。

る。市町村国保 9.9%，協会けんぽ 7.5%，組合健保 5.7%，共済組合 6.0% となっている。この数値は，各被保険者が実際に課せられている保険料（率）の大きさではないが，各制度の平均保険料負担を把握することができる。市町村国保の保険料負担は明らかに被用者医療保険各制度よりも大きくなっている。

　市町村国保の被保険者に課せられる保険料（率）の決め方は他の医療保険の被保険者に課せられている保険料（率）の決め方とは違う。他の制度の場合は，保険料率が決められて，それを当該被保険者の所得に掛けて保険料が決められる。しかし，市町村国保の場合は，異なっている。大雑把ではあるが，説明しておこう。まず市町村は次年度の国保の支出額を予想する。市町村国保には，国からの補助（国庫支出金），その市町村が属する都道府県からの補助，そして，当該市町村の一般会計からの繰入れなどの資金提供がある。定率国庫負担のように市町村に関係なく給付費の一定割合が補助されるものもあるが，市町村によって異なってくる補助もある。しかし，各市町村はこれまでの実績にしたがって次年度の補助，すなわち公費を予測するのである。そして，その予測した公費を前記の予想支出額から控除して，実際に保険料で徴収しなければならない賦課総額を求める。各市町村は，その賦課総額を，いくつかの要素[5]ごとに被保険者に按分して保険料を決めるのである。こうした保険料の決め方からわかるように，市町村国保の保険料（率）はその地域の状況を反映したものとなっている。その市町村国保の支出額やどのような経済状況の人々がいるか，また高齢者の占める比率によって保険料（率）が異なってくる。たしかに保険であるのだから，その地域の状況を反映させて保険料（率）が異なってくることはそれなりの理屈があると言えるが，著しい医療費の地域格差のために保険料に格差が生じることには批判もある。

3-5 予定されている国保の改正

　3-4 において説明したように，市町村国保の保険料はその国保の状況が反映されるので，地域によって異なったものになる。これは，被用者保険とは異なる。このことに関して，公平の視点で批判する者もいる。著しい医療費の地域格差のために保険料に差が生じている場合には批判がある。このことを是正するために公費が用いられている面もある。また，3-3 において説明したように，そもそも市町村国保は純粋に保険では成り立たない。構造的に低所得者が

92　第Ⅱ部　社会保障

多いところもある。そこで，公費を導入する必要がある。

　こうした理由のために，これまでもいっそうの公費の導入といった改正が行われてきた。しかし，その状況はなかなか厳しい。2015年5月27日に「持続可能な医療保険制度を構築するための国民健康保険法等の一部を改正する法律」が成立した。施行日は，2018年4月1日である。内容は，市町村国保の安定化を目的としたもので，以下の2つの内容からなる[6]。

・国保への財政支援の拡充により，財政基盤を強化する。2015年から約1700億円，2017年度以降は毎年3400億円。

・2018年度から，都道府県が財政運営の責任主体となり，安定的な財政運営や効率的な事業の確保等の国保運営に中心的な役割を担い，制度を安定化させる。

　公費のさらなる拡充と運営の責任を従来の市町村から都道府県に移行させるということである。保険料の決め方に見られるように，各地域の状況を反映させる面は残しながらも，従来ある公費に加えてさらに公費を拡充することによって，その部分の支え合いは全国的に行い，また単位を市町村から都道府県に拡大させることによって，その部分の支え合いは狭い市町村単位ではなく，もう少し広げて都道府県単位で対応させようとするものである。

4 ｜ 医療保険のあり方を考えるにあたってのポイント

4-1　高額療養費制度

　すでに図4-3に患者負担を示したが，それは年齢と経済状態に応じて異なっていた。6歳未満の者は2割負担，6歳以上70歳未満の者は3割負担，現役並みの所得者ではない75歳以上の者は1割負担となっている。このように記すと，かかった医療費の大きさとは関係なく，患者は必ずその割合の医療費を自己負担しなければならないと思われるかもしれない。しかし，実際はそうではない。高額療養費制度というものがある。「高額療養費制度」とは，「家計に対する医療費の自己負担が過重なものとならないよう，月ごとの自己負担限度額を超えた場合に，その超えた金額を支給する制度」[7]である。それは，保険者

第4章 医療保険制度と介護保険制度　93

が負担する。それは被保険者の所得に応じて設定されている。今後それが引き上げられる可能性もある。

4-2 社会における適切な医療費の財源負担の振り分け

日本の公的医療保険制度の中で発生した医療費は，次に示した①から④のいずれかによって負担される。①「窓口一部自己負担」②「高額療養費制度」③「保険料」そして④「公費」である。「窓口一部自己負担」は実際に診療を受けた患者本人あるいはその家族が負担する患者負担である。毎月の自己負担の限度額を超える部分については，「高額療養費制度」によって賄われる。それは当該医療保険者が負担するが，結局は当該医療保険に蓄積された保険料か公費が財源となる。被用者医療保険では，患者の自己負担以外の部分は当該医療保険に蓄積された保険料によって賄われる。後期高齢者医療制度では，高齢者の自己負担以外は保険料と公費で賄われる。市町村国保では，患者の自己負担以外の部分は保険料と公費で賄われる。

「保険料」は，言うまでもなく，被保険者が事前に保険料という形で拠出した財源である。公費は税あるいは公債発行によって得た財源である。実際にかかった医療費がこれら4つにどのように振り分けられるかが重要になってくる。また，その振り分け方いかんによって，医療費の大きさも変わってくる可能性がある。どのように振り分けられるかに応じて，私たちが診療を受けやすくなる程度も異なってくる。患者となった者も被保険者として事前に保険料を拠出はしているだろうし，税も納めているであろうが，窓口一部自己負担以外の3つは主として患者以外の他者によって支えられていると解釈できる。すなわち，所得再分配に基づいているのである。患者の視点から考えるならば，他者によって支えられる部分は大きい方がありがたい。だが，それとは違った視点がある。それは，患者や家族以外の者，つまり，所得再分配を通して財源を支えている人々の視点である。その者たちにどのくらいの負担が及ぶのか。私たちが考えなければならないのは，病気になった者本人およびその家族が診療の際に生じた医療費のうちどの程度を負担することがよいのかということである。言い換えるならば，どの程度を社会内の他者にどのような制度を通して支えてもらうことがよいのかということである。患者負担を減らせば，他者が担う負担が大きくなる。政府が負担することはない。社会保険料負担であれ，公

94　第Ⅱ部　社会保障

┌───┐

　　◆ コラム 4　公的医療保険の積立方式化の提案をどう考えるか ──

　公的年金制度に関する議論で必ず出てくるのが，「積立方式」と「賦課方式」の
比較である。その比較は公的年金の分野だけでなく，公的医療保険の分野でも行わ
れている。日本の公的医療保険制度では，若年者が高齢者を支える構造になってい
る。これはまさに賦課方式である。将来に向けて少子高齢化がいっそう進むとなる
と，現在の賦課方式の構造では後代世代になるほど不公平になると心配する人々が
いる。そこで，世代間格差を是正する方法として提案されているのが，公的医療保
険の積立方式化である[8]。積立方式というと，すぐに個人単位で保険料を積み立て
て，それで自分が診療を受けた際の費用を賄っていくと解釈してしまうだろう。し
かし，提案されているのは，個人単位ではなく，現行制度下で予想される世代間格
差を是正することが目的であるため，世代ごとで積立を行い，診療を受けた際の費
用を同一世代内で賄わせようとする方法である。保険という手法を用いるが，診療
を受けた際にかかる費用というリスクに対して，社会全体で対処する保険ではなく，
世代ごとで対処する保険ということになる。

　少子高齢化のもと，現行制度では著しい世代間格差が生ずる可能性があるので，
それを防ごうとする意図からこうした提案が出てきたことは十分にわかる。したが
って，筆者は公的医療保険の積立方式化を提案している人々が抱く心配は共有して
いる。しかし，診療を受けた際にかかる費用というリスクへの対応を世代内に押し
込めてしまい，その世代の中で処理させようとすることには懸念を抱く。著しい世
代間格差は是正しなければならないが，だからといって，病気になったときに十分
な診療を受けられるかどうかという問題を，限られた世代という中で処理する程度
のものに限定してしまうことには懸念を抱く。

└───┘

費負担であれ，負担するのは政府ではなく，社会保険における被保険者であ
り，税を納めている国民である。もしもそれらの負担を減らそうとするなら
ば，患者の一部自己負担を大きくしなければならない。そのことは，診療への
アクセスや利用する診療量を制限することになる。

　私たちは，両方の視点に立ち，社会としての適切な負担の振り分けを考えな
ければならない。このことは，公的医療保険における重要なポイントとなる。
これまでに述べてきたように，若年者が納めた保険料が後期高齢者医療制度を
通して後期高齢者支援金という形で後期高齢者の医療費を支えている。また，
半分が公費によるものだということは，若年者は税金という形でも後期高齢者
の医療費を支えていることになる。筆者は，現在は病気にかからずに支える側
に位置している若年者の多くが，いつかは支えられる側に位置する可能性があ

第4章 医療保険制度と介護保険制度 95

ることを踏まえて公的医療保険制度を捉えるだろうと推察する。

社会を構成する多くの人々は，公平性の根拠によって，リスクの高い人々（代表的には高齢者）のために自らのリスクに比して割高な保険料を課せられたとしても，公的医療保険制度の存在に同意するであろう。しかし，その所得再分配の程度がきわめて著しいものとなって，あまりにも過大な負担が課せられるようになるならば，人々は公的医療保険制度の存在に同意しながらも，併せて不満も持つようになるのではないか。現に，後期高齢者支援金の負担のため，健保を解散するに至ったところも散見される。

4-3 医療費を構成する診療報酬と薬価

図4-2に示したような資金の流れがあるが，診療が行われたときの医療費はどのように決められるのだろうか。

1つの診療行為が行われた際に，それに費やされた医師等の技術やサービスに対する評価やその際に使用されたモノの価格評価（医薬品は別）を定めたものが「診療報酬」であり，1点が10円というように点数化されて評価されている。

その「診療報酬」は，保険医療機関（診療所・病院）および保険薬局が診療に際して提供した保険医療の対価として受け取る報酬ということになる。医薬品の場合には，薬価制度というルールがあり，その中で算定される。

「診療報酬」「薬価」は，厚生労働大臣が中央社会保険医療協議会（通称，中医協）の議論を踏まえて決定する。中医協は，1号側委員（支払い側）7名，2号側委員（診療側）7名，公益委員（公益代表）6名から構成されている。この20名の委員の他に専門委員もいる。中医協において，2年に一度，診療報酬・薬価が改定される。

日本の医療保険制度において，中医協の役割は重要である。診療報酬にしても，薬価にしても「公定価格」ということになり，これによって診療が行われたときの医療費が決まるということになる。4-2において，「社会における適切な医療費の財源負担の振り分け」ということを論じたが，負担が振り分けられる医療費というのは，「診療報酬」「薬価」によって決まってくるのである。技術・サービスやモノおよび研究開発された医薬品に対して適正な評価を行いながらも患者が診療を受けやすく，しかも大きな負担とならないような価格を

96　第Ⅱ部　社会保障

定めることが求められる。また，点数のつけ方によって，医療の方向性が定ま
る。この決定も医療保険において重要なポイントとなる[9]。

5 | 介護保険の機能と介護保険制度

5-1 介護保険制度創設の背景

　介護保険制度が創設されるにあたっての背景を見ておこう。

　高齢化が進み，要介護高齢者が増加してきた。高齢者に対する介護は，それ
までは家族を中心に，主として私的に行われてきた。しかし，必要とされる介
護期間が長くなり，介護内容も質的に変化し，負担の大きいものが多くなって
きた。結果，そのことが要介護者か介護者のどちらかに影響を及ぼすようにな
った。前者への影響としては虐待を受けるといったようなことであり，後者へ
の影響は心身の健康を損なうことや家庭崩壊である。

　また，家庭で対応できなくなると医療保険のなかで病院に入院させるという
行動がとられるようになり，いわゆる「社会的入院」が増え，医療保険財政に
も影響を与えるようになっていた。

　介護保険制度創設以前にも措置制度があり，所得の低い高齢者の場合には，
公費で施設に入ることもできた。しかし，措置制度のもとでは，選択に関して
本人の意思は認められずに役所から指示された通りに行われていた。

5-2 介護保険の機能

　5-1 で述べたような背景のもと，高齢者介護に私的に対応するだけではな
く，公的にも対応することが求められるようになった。すなわち，公的介護保
障制度の創設が求められたのである。色々な案が検討された結果，保険制度で
行う介護保険制度が提案された。1997 年 12 月に法案が国会で可決され，2000
年 4 月 1 日から介護保険制度が実施されている。

　要介護高齢者が介護サービス（居宅および施設）を利用した際に，利用者本人
あるいはその家族に介護費用の全額を負担させるのではなく，その一部だけを
負担させて，介護サービスを利用した高齢者やその家族が負わなかった費用に

ついては，他の者が負うような仕組みを作り上げたのである。それが，介護保険制度である。強制的に各人から保険料を徴収して，保険料を支払ったという拠出要件を満たした者が介護サービスを利用した際には介護に要した費用の一部を代わりに担うというものである。強制加入ということと，民間ではできない所得再分配を行っているためリスク発生確率が大きくとも保険料を高くせずに，自己負担率も小さくできるというのが公的介護保険の特徴である。措置制度とは異なり，保険であるゆえ，役所の指示に従うのではなく，被保険者として介護サービスに関して自由に選択できる。

介護サービスを必要とするリスクは，誰にでも直接関係するリスクである。自分の将来か，あるいは自分の親や祖父母が直面するものであるゆえに，すべての個人が自分に直接関係したリスクと認識している。したがって，こども保険と異なり，介護保険は公的保険として十分に成り立つ。

介護保険があることによって，私たちは要介護状態になったときにも，自分の置かれた経済力に制約されずに，介護サービスを利用できる。これが，介護保険の機能である。

このことを経済学の視点で考えてみる。まずは，経済力が小さい人も介護サービスを受けられるという「公平性」で評価される。さらに，事前的に考えるならば，要介護状態になったとしても，費用面での心配が軽減されるので，不確実性というリスクが軽減されたことになる。すなわち，リスクを軽減するという「効率性」でも評価される。

介護保険の機能の程度は，その制度を通して行われる所得再分配の程度に大きく関わってくる。

5-3 介護保険制度の概要[10]

被保険者は，65歳以上の第1号被保険者と40歳以上65歳未満で各医療保険に属している第2号被保険者から成り立っている。保険であるから，被保険者は事前に介護保険料を納付する。第1号被保険者は市町村に，第2号被保険者は，所属の医療保険に医療保険の保険料に加えて納付する。

65歳以上の第1号被保険者が要介護・要支援状態となり，介護サービス（居宅および施設）を利用した場合に，自己負担は1割でよく，残りの9割はその保険で賄ってくれる。ただし，一定以上の所得者の場合には，自己負担は2割

98　第Ⅱ部　社会保障

となり，残りの8割をその保険で賄うというものである。40歳以上65歳未満の第2号被保険者の場合は，加齢に伴って生ずる心身の変化に起因する疾病（「特定疾病」ということで条文に記載されている）が原因で介護サービスを利用した場合に限られている。

　介護保険の場合，医療保険と異なり，要介護度ごとに保険から給付される支給限度額が違っているので，まずは市町村に申請をして，要介護・要支援・非該当（自立），のどれに該当するか，また，要支援ならば1か2か，要介護ならば1から5のどれに該当するかの認定を受けなければならない。前記の1割（2割）というのは，その支給限度額の範囲内の適用であるため，支給限度額を超えた部分は全額自己負担となる。

6　介護保険のあり方を考えるにあたってのポイント

6-1　介護保険の財源調達

　図4-6を参照されたい。この図は介護保険の財源調達の仕組みを表したものである。右に描かれている矩形全体が介護給付費（ある年の日本全体の自己負担分を除いた介護保険が保障する介護費用の総額）を表している。その半分，50%が公費，つまり税をはじめとした公費負担で賄われている。もっと詳しく言えば，国が25%，都道府県と市町村がそれぞれ12.5%負担する。後の50%は，上記した被保険者（第1号と第2号被保険者）が納付する保険料で賄われる。

　各被保険者に対する保険料はどのように決められるのか。保険料で賄われる50%の総額を高齢者（第1号被保険者）と若年者（第2号被保険者）との人口比率で分ける。図に示されている数値は2014年度のものである。その数値で分けると，22%分は第1号被保険者が納付する保険料で，28%分は第2号被保険者が納付する保険料で賄われる。これは3年ごとに見直され，今後の人口の変化に応じて変更される。

　第1号被保険者の保険料がどのように決められるかは，次の6-2で説明することにして，ここでは第2号被保険者の保険料の決め方に目を向けよう。

　第2号被保険者からの介護保険料は医療保険の保険料と一緒に徴収される。

第4章 医療保険制度と介護保険制度　99

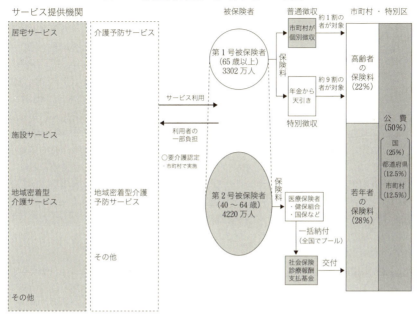

図4-6　介護保険制度の体系図（2014年度）

（出所）厚生労働省［2016］。

　すなわち、若年者（第2号被保険者）が属している医療保険が当該被保険者から医療保険の保険料と一緒に介護保険料を徴収するのである。図4-6の下半分を見てほしい。「医療保険者（健保組合・国保）」という表記がある。介護保険の第2号被保険者が属している医療保険である。介護保険の第2号被保険者は自分が属しているそれらの医療保険に医療保険の保険料と介護保険の保険料の両方を納付するのである。

　図4-6に示されたように、介護給付費（自己負担分を除いた介護保険が保障する介護費用の総額）の28％を若年者（第2号被保険者）が納めた保険料で賄うことになる。その額は、図4-6における「若年者の保険料」という矩形の面積で表される。それを第2号被保険者数で除して、第2号被保険者1人当たりの保険料を計算する。その値と被保険者数に応じて市町村国保と被用者医療保険に振り分けられる。各市町村は振り分けられた額を自らの市町村国保の被保険者に振り分けるのである。これによって、市町村国保に属する第2号被保険者の保険料が決められるのである。一方、被用者医療保険の方は、これまでは被用者

100   第Ⅱ部　社会保障

◆ コラム5　介護保険における拠出と給付の対応関係

　介護給付はその拠出（保険料）を要件として受けられる。拠出と給付の関係を考えてみたい。高齢者（第1号被保険者）の場合はわかりやすい。その年の介護保険料を納付していれば，その年に介護サービスを利用した際に自己負担が1割（2割）で済む。

　ここで，考えたいのは若年者（第2号被保険者）の場合である。その年に介護保険料を納付していれば，加齢に伴って生ずる心身の変化に起因する疾病（「特定疾病」）が原因で介護サービスを利用した場合に限り，介護給付を受けられる。第2号被保険者は保険料を拠出することで何が得られるかを正確に知っているだろうか。知っているならば，問題はない。しかし，第2号被保険者の中には，公的年金のように，現在の介護保険料の納付を将来の自分の介護給付のための拠出要件と考えている者がいるのではないか。その考えは正しくない。現在の保険料拠出は現在の自分の介護給付のためであって，将来の自分の介護給付のためではない。それゆえに，第2号被保険者が納付した介護保険料を継続的に記した公的年金のような公的な記録は一切作成されていないのである。第2号被保険者にこのことをしっかりと説明しておく必要がある。

　現在の財源調達の仕組みを見ると，第2号被保険者が納付した保険料は全額現在の高齢者の介護費用に使われている。この仕組みから，次のような拠出と給付の関係を考えることもできる。介護リスクという共通リスクを念頭において，前の世代が必要とするそのための費用を自分たちが支えることによって，今度は自分たちがその費用を必要とするようになったときに後代世代によって支えてもらうという考え方である。このような拠出と給付の対応関係も考えられるのではないか。第2号被保険者の中にはこのように考えている人がいるかもしれない。

医療保険間で被保険者数に応じて振り分けられていた（加入者割）。

　しかし，制度が変わり，報酬額に比例させて振り分けるようになった（総報酬割）。現在は移行段階なので加入者割と総報酬割が併用されているが，2020年度にはすべて総報酬割となる。各医療保険は振り分けられた額を自らの第2号被保険者1人ひとりに振り分ける。これによって，被用者医療保険に属する第2号被保険者の保険料が決められるのである。

6-2 市町村の介護保険財政

　介護保険を運営している保険者は各市町村である。前記の市町村国保と同様に，市町村介護保険は各市町村の普通会計においてではなく，介護保険特別会計という特別会計を設けて独立に経理が行われている。その介護保険特別会計

第4章 医療保険制度と介護保険制度 **101**

の歳入と歳出を見れば，市町村介護保険の財政内容が理解される。

図4-7を参照されたい。これは，市町村の介護保険の財政を理解するのに役立つ。各市町村は，国保の場合と同様に，まず保険から出ていく支出総額を見積もる。図4-7では，一番右側で網がかかっている縦長の矩形（これは実績値が見積額よりも増えた額を示す）を除いた他の全部がそれに当たる。市町村はその額の財源調達を行わなければならない。その50％分は公費で賄われる。28％分は社会保険診療支払基金から第2号被保険者が拠出した保険料を財源とした交付金が交付される。したがって，市町村としては，残る22％分を自分の管轄下の第1号被保険者である高齢者に保険料として求めることになる。

第1号被保険者の保険料がどのように決められるかを説明しよう。各市町村は，22％分の額を厚生労働省が提示している市町村民税の課税状況等に応じた9段階をモデルにしながら保険料基準額を定めた上で段階ごとの保険料を決めるのである。このように，第1号被保険者の保険料は，市町村に任せられている。

市町村国保と似ているところがある。保険料基準額はその地域の状況を反映したものとなっている。市町村の介護支出額によって保険料が異なってくる。各々の地域の支出額に依存して保険料が異なるという点で介護保険と市町村国保は似ている。たしかに保険であるのだから，その地域の状況を反映させて保険料が異なってくることにはそれなりの理屈もあるが，介護費用の地域格差のために保険料に差が生ずることには批判もある。市町村国保の保険料の地域格差に向けられる批判と同じである。

市町村が財政面で苦労をしない工夫が考えられている。まず，第1号被保険者からの保険料徴収の面である。第1号被保険者が納める保険料は，年金を受給している場合は，年金受給の際に源泉徴収され，それが市町村に回ってくる（特別徴収）ことになっている。この時点では，約88％を占めている。それ以外の者の場合は，各人が市町村に直接納めることになる（普通徴収）。約12％を占めている。普通徴収の場合には，未納という事態もあるが，そうした場合に備えた基金も用意されている。

先ほど図4-7から一番右側の網かけの矩形を除いたが，実はこれは事後的に実績値が見積もった額よりも大きくなった場合の額を示している。こうした増加があっても，公費，第2号被保険者からの交付金は定められた割合分がその

102 　第Ⅱ部　社会保障

図 4-7　介護保険制度の財政状況

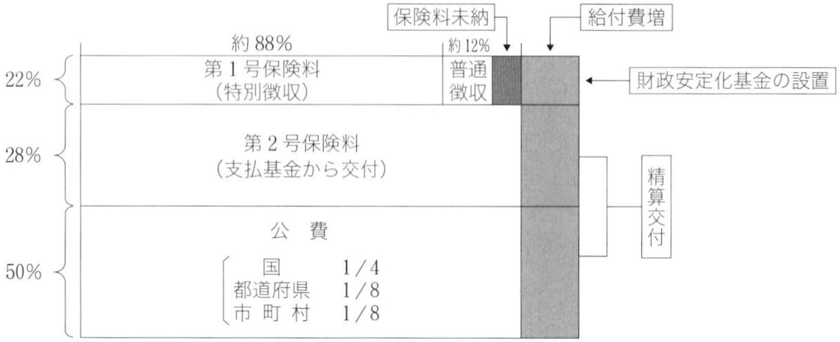

（注）　22％ と 28％ という数値は 2015～17 年度における第 1 号被保険者と第 2 号被保険者の
　　　推計人口比率に基づく割合である。
（出所）　厚生労働省［2016］。

市町村に提供されることになっている（精算交付）。しかし，増えた分で第 1 号
被保険者の保険料として徴収できない分が生ずるが，これについては，それに
備えた財政安定化基金が設置されている。市町村国保の場合，市町村が大変な
苦労をしているので，かなりの公費を投入している。介護保険の場合も，市町
村が財源調達の面で苦労をしないように，いくつもの工夫がなされているので
ある。

6-3 高額介護合算療養費制度

　すでに高額療養費制度に関しては説明した[11]。それに加えて，「高額介護合
算療養費制度」というものがある。これは，「1 年間の医療保険と介護保険にお
ける自己負担の合算額が著しく高額になる場合に，基準額を超えた金額を払い
戻すことで負担を軽減する仕組みである[12]」。高齢者の場合，医療保険におけ
る自己負担に加えて，介護保険における自己負担においても限度額があるとい
うことである。

6-4 社会における適切な介護費の財源負担の振り分け

　日本の介護費用は，以下の①から④のどれかによって負担される。①「窓
口一部自己負担」，②「高額介護合算療養費制度」，③「保険料」，そして，「公
費」である。
　「窓口一部自己負担」は，介護サービスを利用した本人および家族が負担す

第4章 医療保険制度と介護保険制度　103

るものである。毎月の自己負担の限度額を超える部分については「高額介護合算療養費制度」によって賄われる。それは当該介護保険者が負担するが，結局は蓄積された保険料か公費が財源となる。「保険料」は被保険者が事前に保険料という形で拠出した財源である。「公費」は，税あるいは公債発行によって得た財源である。実際にかかった介護費用がこれら4つにどのように振り分けられるかが重要になってくる。その振り分けいかんによって，介護費用の大きさも変わってくる可能性がある。どのように振り分けられるかに応じて，高齢者が介護サービスを受けやすくなる程度も異なってくる。

　高齢者も被保険者として保険料を拠出してはいるだろうし，税も納めているであろうが，窓口一部自己負担以外の3つは主として介護サービスの利用者以外の者によって支えられていると解釈できる。すなわち，所得再分配に基づいている。介護サービスの利用者の視点から考えるならば，他者によって支えられる部分は大きい方がありがたいが，財源を支えている人々の視点も重要である。その人たちにどのくらいの負担が及ぶのか。このことは重要であると同時に，私たちが考えなければならない事柄である。要介護者が介護サービスを受ける際に生じた介護費用のうち，どの程度を自身に負担させるのがよいのか，また，どの程度を社会内の他者にどのような制度を通して支えさせるのがよいのか。自己負担を減らせば，他者が担う負担が大きくなる。その場合，政府が負担することはない。社会保険料負担であれ，公費負担であれ，負担するのは政府ではなく，社会保険における被保険者であり，税を納めている国民である。もしもそれらの負担を減らそうとするならば，介護サービスの利用者の一部自己負担を大きくしなければならない。そのことは，介護サービスへのアクセスや利用量を制限することになる。

　私たちは，両方の視点に立ち，社会としての適切な負担の振り分けを考えなければならない。このことは，介護保険における重要なポイントとなる。その際に，現在は要介護者になっていないで支える側に位置している者も，いつかは，支えられる側に位置する可能性があることを踏まえて考える必要がある。

6-5 介護費を構成する介護報酬

　6-4において，介護費をどのように振り分けるかという視点を示したが，そもそもその介護費はどのように決められるのか。もちろんそれは要介護者が介

104　第Ⅱ部　社会保障

護サービス（居宅・施設）を利用した数量に基づいていることは間違いないが，それではその単価はどのように決められているのか。すでに医療保険制度における診療報酬に関して説明したが，それと同様に，介護保険制度においても，保険における単価が決められている。医療保険における診療報酬に対応するものが「介護報酬」である。それは，「介護給付費単位数表」として定められている。介護報酬は，原則として3年に1度改定される。社会保障審議会介護給付費分科会の意見を聞いて定められる[13]。診療報酬が医療費の大きさや医療の方向性に影響を及ぼすと同様に，介護報酬は介護費の大きさや介護の方向性に影響を及ぼす。

おわりに

　本章では，日本の公的医療保険制度と介護保険制度に関して説明した。どちらもリスク軽減を目的にした公的保険で運営されている。とくに高齢者の場合，公的保険で所得再分配が導入されているため，民間の保険よりもリスク発生確率が大きいにもかかわらず，安い保険料で，小さな自己負担で利用できる。このことは政策目標として大切なことではあるし，多くの人々の同意を得るであろう。しかし，両制度を通して行われる所得再分配によって後代世代の負担が大きくなっていくことは間違いない。そこで，日本が今後直面するいっそうの少子高齢化の中にあって，本章で論じた社会における適切な医療費の財源負担の振り分け，適切な介護費用の財源負担の振り分けということがきわめて重要となってくる。

注───────

1）　社会保障に関する公平性の考え方は，牛丸［2004］を参照されたい。

2）　社会保障に関する効率性の考え方は，牛丸［2004］を参照されたい。

3）　子どもの自己負担は，原則は本文に書いた通りだが，地方自治体によって，それよりも自己負担率を下げているところもある。

4）　国民健康保険は国民健康保険法に規定されているように，「保険料を徴収しなければならない」が，そこにはただし書きがあり，「地方税法の規定により国民健康保険税を課するときは，この限りではない」となっている。これは，過去において税で徴収していたところもあり，その経緯によって今日では保険料として徴収しているところと保険税として徴収しているところが併存している。

5）　賦課総額を被保険者に按分していく場合の要素として，4つある。応益割としては，被保険

第4章　医療保険制度と介護保険制度　　105

者1人当たりいくらと算定する均等割と1世帯当たりいくらと算定される平等割がある。応能割としては，所得に応じて算定する所得割と固定資産税額に応じて算定する資産割がある。

6) 厚生労働省資料。
7) 厚生労働省ホームページ。
8) 医療保険の積立方式化に関しては，本章末の課題（第4節）において紹介した文献を参考にされたい。
9) 診療報酬の仕組みに関しては，池上 [2017] が参考になる。
10) 介護保険の内容に関しては，健康と年金出版社 [2017]，中央法規 [2017] を参考にした。
11) 本章，第4節 4-1 を参照。
12) 厚生労働省ホームページ。
13) 厚生労働統計協会 [2016b] 119 頁を参考。

◆ 課　　題
《第1節》
　医療保険の機能を確認し，少子高齢化と低成長という制約のもと，今後日本の医療保険制度はどのようにしていくべきなのか。たとえば，池上 [2017] を参考にして，過去の制度変化を理解した上で検討しなさい。
《第2節》
　後期高齢者医療制度の仕組みを明らかにしなさい。そこで行われている世代間所得再分配に対する自分の意見を述べなさい。
《第3節》
　市町村国民健康保険における保険料の算定方法を明らかにしなさい。現行制度では，地域によって保険料の大きさは異なっている。それを「公平性」の視点から検討しなさい。
　現行市町村国民健康保険では，多額の国庫負担が充てられている。このことを「公平性」の視点から検討しなさい。
《第4節》
　公的医療保険を積立方式で行う提案があることを指摘した。小黒 [2006]，西村 [1997] を参考にして，積立方式で行うことのメリットとデメリットをさらに検討しなさい。
《第5節》
　介護保険と前章で指摘したこども保険を「保険」という視点で比較しなさい。
《第6節》
　社会における適切な介護費用の財源の振り分けについて検討しなさい。

◆ 文 献 案 内
《第1節》
　本文で説明したような医療保険の公平性や効率性に関しては，筆者が以前に執筆し

106 第Ⅱ部 社会保障

た牛丸［2004］が参考になる。また，経済学の視点から医療保険の基礎理論を説明した小塩［2013］第7章も参考になる。日本の医療保険制度の体系に関しては，厚生労働省のホームページおよび厚生労働統計協会［2016b］が参考になる。さらに，西村［2016］第5章，椋野・田中［2017］第1章も参考になる。

日本の医療および医療保険に関しては，次の文献が参考になる。池上［2010］，島崎［2011］，吉原・和田［2008］。

《第2節》

後期高齢者医療制度に関しては，厚生労働省のホームページおよび厚生労働統計協会［2016b］が参考になる。さらに，椋野・田中［2017］第1章も参考になる。

《第3節》

市町村国民健康保険に関しては，厚生労働省のホームページおよび厚生労働統計協会［2016b］が参考になる。

《第4節》

診療報酬・薬価に関しては，厚生労働省のホームページおよび厚生労働統計協会［2016b］が参考になる。さらに，西村［2016］第5章，椋野・田中［2017］第1章も参考になる。コラム4で扱った「医療保険の積立方式化」の議論に関しては，西村［1997］，小黒［2006］が参考になる。

《第6節》

介護保険制度に関しては，厚生労働省のホームページおよび厚生労働統計協会［2016a］，さらに，小塩［2013］第9章，西村［2016］第6章，椋野・田中［2017］第3章も参考になる。

◆ 参 考 文 献

池上直己［2010］『医療問題（第4版）』日本経済新聞出版社。

池上直己［2017］『日本の医療と介護——歴史と構造，そして改革の方向性』日本経済新聞出版社。

牛丸聡［2004］「社会保障の機能」堀勝洋編『社会保障読本（第3版）』東洋経済新報社，所収。

小黒一正［2006］「世代間格差改善のための医療保険制度モデル私案とその可能性——賦課方式と積立方式の補完的導入」『フィナンシャル・レビュー』第6号。

小塩隆士［2013］『社会保障の経済学（第4版）』日本評論社。

健康と年金出版社［2017］『社会保険ブック（2017年度）』健康と年金出版社。

厚生労働省［2016］『厚生労働白書（平成28年度版）』。

厚生労働統計協会［2016a］『国民の福祉と介護の動向 2016/2017』厚生労働統計協会。

厚生労働統計協会［2016b］『保険と年金の動向』2016/2017 厚生労働統計協会。

島崎謙治［2011］『日本の医療——制度と政策』東京大学出版会。

中央法規［2017］『社会保障の手引（平成29年版）』中央法規出版。

西村周三［1997］「長期積立型医療保険制度の可能性について」『医療経済研究』第34巻。

西村淳編［2016］『入門テキスト社会保障の基礎』東洋経済新報社。

堀勝洋編［2004］『社会保障読本（第3版）』東洋経済新報社。

椋野美智子・田中耕太郎 [2017]『はじめての社会保障（第 14 版）』有斐閣。
吉原健二・和田勝 [2008]『日本医療保険制度史（増補改訂版）』東洋経済新報社。
厚生労働省ホームページ 〈http://www.mhlw.go.jp〉

第5章

公的年金制度と生活保護制度

　所得保障において大きな役割を果たしているのが，公的年金制度と生活保護制度である。今後，いっそう高齢化が進む日本にとって，公的年金制度のあり方を考えることは，また，最後のセーフティネットの役割を期待されている生活保護制度のあり方を考えることは重要である。そこで，本章では，その2つの制度の現状を説明し，今後に向けての筆者なりの考えを示す。
　第1節においては，公的年金制度の体系を述べる。日本の公的年金制度は，1階部分（国民年金〔基礎年金〕）と2階部分（厚生年金保険）に分けて捉えることができる。各々の概要を説明する。第2節においては，高齢期のリスクを軽減させるという公的年金の役割に関して述べる。第3節においては，基礎年金の機能と問題点について説明する。第4節においては，リスクへの対応という視点から厚生年金保険に関して説明する。その中で，積立方式と賦課方式という財政方式の違いについても説明する。第5節においては，それまでの内容に基づいて今後の公的年金制度のあり方に関する筆者の考えを示す。第6節においては，生活保護制度の現状と課題，今後のあり方に関して述べる。最後の第7節においては，今後の社会保障全体のあり方に関する筆者の考えを示す。

1 ｜ 公的年金制度の体系

1-1 公的年金制度の体系

　図5-1を参照されたい。同図は，現在の日本の公的年金制度の仕組みを示したものである。図の左側に「1階部分」「2階部分」という表記がある。日本の公的年金制度としては，1階部分として，全国民を対象とした基礎部分の「国民年金（基礎年金）」が存在する。被用者の場合には，それに加えて，2階部分の「厚生年金保険」が存在する。過去何度かの改正を経て，こうした現在の制度に至ってきた。これまでの変遷に関しては，後で触れる。

図5-1 公的年金制度の仕組み

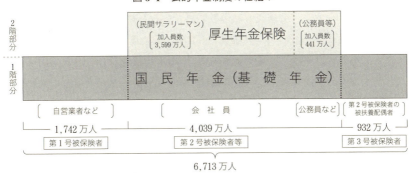

(注) 数値は2015年3月末。
(出所) 厚生労働省資料。

1-2 国民年金（基礎年金）

　図5-1の国民年金（基礎年金）の下に記されているように，3種類の被保険者で構成されている。同図の一番左側に描かれている「第1号被保険者」は，自営業者，農業者，非正規雇用者，および学生などが該当する。次の「第2号被保険者」は，被用者年金の被保険者であり，民間サラリーマンや公務員などが該当する。2015年10月1日以降は，公務員および私学教職員も厚生年金保険の被保険者となっている。図の一番右側に描かれているのが「第3号被保険者」である。第3号被保険者は，第2号被保険者の被扶養配偶者が該当する。

　20歳以上の者はすべて国民年金（基礎年金）の被保険者となり，保険料を納めなくてはならない。第1号被保険者は定額の保険料を自分で納付しなくてはならない。第2号被保険者の場合は，所得に定率の保険料率を掛けて計算された保険料を給与から源泉徴収される。第3号被保険者は，手続きさえ行うならば，保険料を納付する必要はない。どの被保険者も65歳になると，拠出期間に応じて，基礎年金が支給される。以前は25年という長さの受給資格期間が必要であったが，社会保障と税の一体改革の一環として，2017年8月1日から受給資格期間が10年に短縮された。40年間拠出した者はフル・ペンションの基礎年金を受給できるが，拠出期間がそれより短い者はその期間に応じて減額される。

110　第Ⅱ部　社会保障

1-3 厚生年金保険

　民間サラリーマン，公務員，私学教職員といった被用者は，1-2 で述べた 1 階部分の国民年金（基礎年金）に加えて，2 階部分の被用者年金に加入することになっている。以前は，民間サラリーマンは厚生年金保険，公務員は国家公務員共済か地方公務員共済，私学教職員は私学共済という被用者年金の被保険者であったが，2015 年 10 月 1 日以降は，すべて厚生年金保険に加入することになった。

　1-2 において，第 2 号被保険者の場合は，所得に定率の保険料率を掛けて計算された保険料を給与から源泉徴収される，と記した。しかし，この説明に補足をしておきたい。源泉徴収されるのは，被用者年金の保険料である。つまり，厚生年金の保険料である。その中に国民年金（基礎年金）の保険料も含まれているとみなされるのであるが，被保険者からすれば，徴収される保険料のうち，どこまでが国民年金（基礎年金）のための保険料であり，どこからが被用者年金の保険料であるかの区別はまったくわからない。

　65 歳になると，拠出期間とその者の拠出期間中の報酬額に応じて算定される 2 階部分の被用者年金が支給される。したがって，被用者の場合には，1 階部分の国民年金（基礎年金）と 2 階部分の厚生年金の合計が支給される年金額となる。

2 | 公的年金の役割

2-1 公的年金のリスク軽減機能[1]

　第 1 節において，現在の公的年金制度の体系を説明したが，ここでしばらく実際の制度から離れて，公的年金というものをどのように捉えるかということを考えてみたい。

　公的年金は，老齢，障害，および家計支持者の死亡によって貧困状態（最低生活水準以下）に陥らないようにするために行われる所得保障であり，老齢年金，障害年金，そして，遺族年金によって構成されている。いずれも重要ではあるが，最も関心を寄せるのは老齢年金である。したがって，公的年金という

第5章 公的年金制度と生活保護制度　**111**

場合には，老齢年金を意味することが多い。そこで，以下では，老齢年金を念頭に議論を行う。

公的年金制度は高齢期の生活費を充足するものであり，視点を変えれば，年金を給付することによって，高齢に伴うリスクを軽減するものである。

「高齢に伴うリスク」とは何か。それを2つに分けて捉えてみる。

(1) 高齢期の生活費それ自体に関連するリスク

　　・「長生きリスク」

　　　　長生きすれば，それに伴って必要となる「高齢期の生活費」は大きくなる。

　　・「要診療状態や要介護状態に伴うリスク」

　　　　こうした状態になると，必要となる「高齢期の生活費」はいっそう大きくなる。

　　・「インフレや生活水準の上昇による実質生活水準の低下というリスク」

　　　　言うまでもなく，予測されなかったインフレや一般生活水準の上昇が起こると事前に期待していた高齢期の実質生活水準を維持できないことになる。

(2) 高齢期の生活費を調達することに関連するリスク

　　・「高齢期に自ら働いて所得を得ることが難しくなるというリスク」

　　・「身内である家族・親族が当該高齢者を資金的に支えてくれるとは限らないというリスク」

　　・「資産運用に伴うリスク」

　　　　積み立てられた資金を運用して高齢期の生活費を賄おうとする場合に，その運用に伴うリスクがある。

2-2 公的年金の役割

高齢に伴うリスクに関しては上記した。それらのリスクを軽減するといっても，その「リスク」には私的対応で対処できるものから公的に対処しなければならないものまで多様である。公的年金制度のあり方を検討するにあたって重要な視点は，前記したリスクのうちのどのようなリスクに関して，どの程度まで公的年金制度の役割として公的に軽減を行うことが望ましいかを定めることである。リスクを軽減させるためには所得再分配を行わなければならない。リ

112　第Ⅱ部　社会保障

スク軽減が目的であるが，そのことを達成するために行われる所得再分配が世代間の不公平やその他の問題を招かないかどうかを考慮することが大切である。

3 ｜ 基礎年金の機能と問題点

3-1 全国民共通の基礎年金

すでに第1節において，現行制度における国民年金（基礎年金）の内容に関して説明した。

この第3節では，国民年金（基礎年金）が創設された経緯とそれに求められている機能を説明した上で，あわせて指摘されている問題点を述べる。さらに，公的年金制度の1階部分のあり方に関して論じたい。

基礎年金制度は，1985年に改正法が成立し，公布されて，創設された。図5-2を参照されたい。同図は，公的年金制度がその改正によってどのように変化したかを示している。改正前は，公的年金制度は，自営業者等を対象とした「(旧)国民年金」と被用者を対象とした被用者年金から構成されていた。被用者年金は，一般被用者を対象とした「厚生年金保険」，船員を対象とした「船員保険」，公務員等を対象とした「共済年金」から成り立っていた。

被用者に対しては早い時期から公的年金制度が整備されていたが，自営業者や農業者等に対する公的年金制度はなかった。そこで，1959年に国民年金法が成立し，公布されて，1961年に自営業者や農業者等に対する年金制度（旧国民年金制度）が実現した。その結果，全国民が公的年金制度に適用される「国民皆年金」が確立された。

その後，その旧国民年金制度の財政の安定化が求められた。また，国民皆年金となったものの，実態は職種に応じて適用される公的年金が異なっていたので，少なくとも基礎的部分だけでも職種に関係なく同じ対応が求められるようになった。さらには，長期的に安定し，公平な公的年金制度が求められるようになった。そこで，これらのことを踏まえた上での検討が行われるようになり[2]，その結果，1985年に基礎年金制度が創設されたのである。これによっ

第5章 公的年金制度と生活保護制度

図5-2 1985年改正による公的年金制度の再編

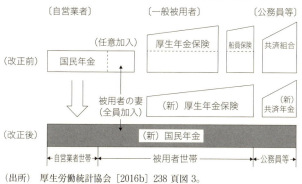

(出所) 厚生労働統計協会 [2016b] 238頁図3。

て, 全国民共通の基礎年金が導入されたのである。

改めて図5-2を参照されたい。改正前の被用者年金は2段階になっている。下段は, **定額部分**と呼ばれ, 給付額は拠出期間には依存するものの, 当該個人の拠出保険料額 (それは報酬で捉える) に依存しない部分である。上段は, **報酬比例部分**と呼ばれ, 給付額は拠出期間に加えて, 当該個人の拠出保険料額 (それは報酬で捉える) に依存する部分である。1985年改正は, 基礎的部分に関して全国民共通の年金を導入しようとしたもので, 具体的には改正前の自営業者の旧国民年金をベースに, それと被用者年金の定額部分とを統合して,「基礎年金」, すなわち,「(新) 国民年金」を創設したのである。

1985年改正は, 基礎年金を導入したことによって, 大きな貢献を行っている。改正前は, 被用者の夫から離婚した妻には公的年金の支給はなかったが, 基礎年金を個人単位で支給するようにしたため, たとえ離婚したとしても, 妻にも公的年金が支給されるようになった。その意味で, **女性の年金権**が保障されるようになったということである。

3-2 基礎年金の財源調達

基礎年金のためだけの特別な勘定,「基礎年金勘定」が独立に作られ, 基礎年金の収支はその勘定に統一されるようになった。基礎年金の財源調達を説明しよう。まず, その年に必要とされる基礎年金総額が求められる。次に, それを算定対象者数 (前記した第1・2・3号被保険者の合計人数) で除して1人当たりの額を求める。各年金制度 (自営業者等の国民年金制度, 民間サラリーマンの厚生

年金制度，公務員等の共済制度の3つ）は，その1人当たりの額に当該制度が擁する第1・2・3号被保険者数を乗じた額（基礎年金拠出金）を基礎年金勘定に拠出するのである。したがって，毎年の基礎年金は各年金制度から拠出される基礎年金拠出金によって賄われているのである。各年金制度が提供する基礎年金拠出金の財源であるが，それは当該制度に拠出された保険料だけによるのではなく，国庫（一般会計から回される分）によっても賄われている。2003年度までは，前者の割合は3分の2，後者の割合は3分の1であったが，それ以降少しずつ変化し，2009年度以降は各々2分の1となった。

この財源調達方法は，人々から社会保険料を徴収し，それを記録させて，拠出要件を満たした者に給付するという社会保険方式に基づきながらも，税にも依存するといった，国民全員で基礎年金を支えようとした方式であると把握できる。

3-3 基礎年金の機能と問題点

高齢期になったときに，誰であれ，それまでに属していた制度とは関係なく，個人ごとに基礎年金が支給されることによって，高齢期のリスクに対して最低限対処できて，高齢期の生活の基礎部分を支えることができる。このことが，基礎年金の機能と言えるだろう。

一方，現行基礎年金制度の問題点として，3つのことが指摘されている。

（1）未　納

国民年金（基礎年金）の被保険者には3種類あった。そのうち，自営業者や非正規雇用者を対象とした第1号被保険者は保険料を自ら納めることになっている。そのため，基礎年金制度に不信感を持っている者や所得の低い者の中には納めない者もいる。納付率が低い（未納率が高い）ことが指摘されている[3]。第1の問題は，「未納」である。所得が低い者に対しては，免除制度という免除の扱いもある。しかし，所得がありながらも納付しない者に対してはより厳しい対応が要請されている。

（2）無年金・低年金

所得が低くて保険料を納めることができなかったり，拠出期間が短くて拠出要件から基礎年金が支給されなかったり，支給されても年金額が低くなってしまうことがある。第2の問題は，「無年金・低年金[4]」である。この場合，基

礎年金は前記した機能を果たしていないことになる。

　最近になり，このことに対処するため，1つは，短時間労働者への被用者保険の適用拡大の促進が行われた。すなわち，厚生年金保険の加入対象を広げ，第1号被保険者から第2号被保険者に移動させることが行われた。もう1つは，受給資格期間を短縮することである。これまでは受給要件として25年の拠出期間を必要としたが，2017年8月1日から10年に短縮された。

　(3) 第3号被保険者問題

　1985年改正は，年金支給を個人単位にすることによって女性の年金権を保障した。しかし，保険料の徴収では個人単位にせずに，それまでの方式が続けられた。すなわち，被用者の夫は保険料を納め，被扶養配偶者であるその妻は保険料を納める必要がなかった。改正前は夫が納めた保険料でもって，夫婦分の年金が支給されていた。1985年改正によって，夫婦2人分の基礎年金が作られたわけだが，そのからくりは，改正前に夫に妻がいる場合として支給されていた年金総額を夫の基礎年金と報酬比例部分，そして妻の基礎年金という3つに分割するというものであった。改正前後で比較すると，被用者の夫が納めた保険料でもって支給されていた額とほぼ同じ額が改正後に分割されたのであるから，その一部である基礎年金を第3号被保険者となった妻が保険料を納めずに65歳以降受給できるようにしたのもこうした経緯があったためだと思われる。

　しかし，それを違った視点から考えてみる。少なくともその改正によって基礎年金の支給に関しては個人単位となった。その個人という視点で見てみると，65歳以降基礎年金を受給する女性の中に，第2号被保険者の被扶養配偶者という立場で保険料納付をしないでよい者と，第1号被保険者あるいは第2号被保険者として保険料をしっかりと徴収される者がいることは，公平という基準から捉えると明らかに不公平ではないか。また，第2号被保険者の被扶養配偶者になることによってこうした優遇が得られるならば，第2号被保険者の被扶養配偶者であり続けようと，女性は働くことを抑制するのではないかという懸念も指摘されている。これが，第3の問題であり，**第3号被保険者問題**と呼ばれているものである。その問題の解決に向けての検討は続いているが，全員が納得する解決策はまだ得られていない。

116　第Ⅱ部　社会保障

◆ コラム6　社会保障単位と課税単位

　社会保障を行う際に，その単位を個人にするか，それとも夫婦あるいは家族にするかということが議論になる。

　本文で見たように，基礎年金創設前は，所得のある被用者の夫が保険料を納付し，拠出要件を満たすと，その夫に夫婦を念頭においた額の年金が支給されていた。しかし，基礎年金創設後は，本文で説明したような経緯もあって，保険料に関しては，改正前と同様に所得のある夫だけが納付するが，給付に関しては，妻にも個人としての基礎年金が支給されるようになった。こうした非整合が第3号被保険者問題をもたらすことになる。基礎年金の創設によって，給付は個人単位に切り替えたものの，保険料徴収に関しては，個人単位を徹底しないで，扶養する者と扶養される者で構成される夫婦という単位を捉えて，保険料は所得のある者，すなわち扶養する者からのみ徴収するというやり方を行ってきた。もしも保険料徴収に関しても完全に個人単位に切り替えていれば，この問題は起こらなかったであろう。本書，第6章第4節において，配偶者控除に関して説明をしている。これは，課税単位として個人単位を徹底せずに，扶養する者と扶養される者で構成される夫婦単位を捉えて，扶養される者が存在するならば，所得のある者，すなわち扶養する者の所得課税に際して控除を設けるというものである。配偶者控除や配偶者特別控除も第3号被保険者と似たような問題をもたらす。

　年金における単位や課税における単位を完全に個人としないために，以上のような難しい問題が起こっている。できれば完全な個人単位とする方がすっきりとする。しかし，すべてを個人単位にすれば，問題は起こらないのか。現在，公的医療保険では，保険料を所得のある，扶養する者からのみ徴収しているが，所得のない，扶養されている者，すなわち，配偶者はもちろんのこと，子どもにも適用されている。もしも社会保障を完全な個人単位にするならば，子どもたちをどのように扱ったらよいかという課題を検討する必要がある。

3-4　今後の基礎年金のあり方

　1985年改正によって導入された基礎年金の機能は，高齢期になったときに，誰であれ，職種とは関係なく，個人ごとに基礎年金が支給されることによって，高齢期のリスクに対して最低限対処できて，高齢期の生活の基礎部分を支えることができるようにすることにあった。たしかに，その点から基礎年金の創設は評価されるようにも見える。しかし，実態が重要である。現行基礎年金制度は社会保険方式によって運営されているため，給付額は保険料の拠出期間に依存している。そのため，保険料納付が難しい状況にあった者は，当然無・

第5章　公的年金制度と生活保護制度　　117

低年金者となる。理由によって，保険料を免除され，国庫負担分に相当する分
だけ給付される者もいるが，現行基礎年金制度ではすべての人々の高齢期の生
活の基礎部分を支える機能が十分に果たされているとは言い難い。そこで，今
後の基礎年金制度に求められることは，このことを解決することである。短時
間労働者への適用拡大や受給資格期間の短縮など，実際に行われた施策につい
てはすでに紹介したが，それだけでは十分な解決とはならない。さらなる施策
を考えなければならない。

　まず，年金制度内部での解決策を考えよう。抜本的に違う運営方式を採用す
る解決策である。それは，第3章において紹介したように[5]，社会保険方式で
はなく，公費負担方式・税方式で運営する方式である。つまり，税を財源とす
る方式である。この方式に関しては，過去に社会保障国民会議[2008]でも言及
され，それを実施した場合の定量的シミュレーションも公表されている。しか
し，この方式に関しては，社会保険方式ほど支持は広がってはいない。財源を
多く必要とすることが理由の1つだが，それだけでなく，社会保険方式が支持
されるのは，国民が社会保険方式における拠出と給付との連動性を重視してい
るからではないか。

　基礎年金の負担と給付の連動性に関しては，最終的には国民の判断に従うこ
とになるが，国民が社会保険方式のような厳格な拠出と給付との連動性を重
視するならば，現行の社会保険方式を継続させなければならない。その場合に
は，前記した施策に加えて，残された人々を救済するための施策を考えなけれ
ばならない。しかし，国民が認めるならば，基礎年金に関して公費負担方式・
税方式での運営も可能である。その場合に，支給要件を課すこともできる。
それは，公的扶助のように所得水準ではなく，たとえば，日本に居住していた
年数といったような居住要件である。

　年金制度内部の別の解決策としては，「高所得高齢者の基礎年金の税財源部
分の支給停止や年金課税を強化し，それらの財源をもとに低所得高齢者に向け
て基礎年金に年金加算をただちに行うことである」[6]。

　年金制度以外の解決策も考えられる。最終的には，後述する生活保護制度で
救済する方式もあるが，生活保護に頼らせる前に高齢者に限定した方式も考え
られる。「ドイツの基礎保障制度のように，年金というかたちでの最低生活保
障ではなく，低所得高齢者に限定して，公費財源で最低保障を行う選択肢であ

118　第Ⅱ部　社会保障

る」[7]。

4 ┃ リスクへの対応から見た厚生年金保険[8]

4-1　公的年金の財政方式

　公的年金制度に関する検討を行う際に必ず出てくる概念が財政方式である。財政方式には，「積立方式」と「賦課方式」という2つがある。この2つに関しては，論者によって捉え方が少しずつ異なっている。筆者も牛丸［1996］において示しているが，他にも多くの文献が両財政方式を数式で比較して，その優劣を論じている[9]。数式による比較の詳細は該当文献を参照されたいが，その結論はいくつかの前提のもとで比較された結果であり，それはそれで正しいものではあるが，筆者は現実の公的年金の財政方式を考える場合には，より大切な視点であるリスクへの対応ということから比較する必要があると思っている。そこで，本節では，リスクへの対応という視点から積立方式と賦課方式を比較する。

4-2　リスクへの対応の視点から比較した積立方式と賦課方式

　図5-3は，公的年金制度の積立方式の仕組みを示したものである。図5-4は賦課方式の仕組みを示したものである。どちらも，人の生涯を若年期（勤労期）と高齢期（退職期）という2期間で捉えている。破線で囲まれた部分を見てほしい。公的年金制度では，高齢期には老齢年金が給付され，若年期には年金のための税あるいは保険料が強制徴収される。図5-3，図5-4を見ればわかるように，このことは財政方式に関係ない。公的年金制度とは若年期の者から強制的に資金を徴収し，高齢期の者に老齢年金を給付するという所得再分配を行っている制度である。この点では，財政方式による違いはない。ならば，両者の違いはどこにあるのか。

　図5-3を参照されたい。積立方式の場合，高齢期に給付される老齢年金の財源は，自分の若年期に行われた拠出額に求められる。徴収されたものは積立金となり，資産運用される。高齢期に必要とされる年金額に向けて，若年期から

第 5 章 公的年金制度と生活保護制度　119

図 5-3　積立方式の場合の資金の流れ

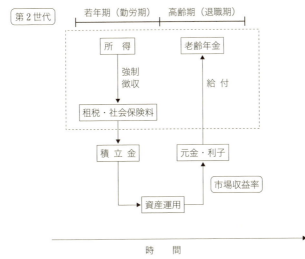

（出所）筆者作成。

高齢期にわたって物価、賃金、一般生活水準および金利等の予測が行われ、それに基づいて算定された拠出額を拠出させ、それをその時々の金利で運用し、その成果の元利合計分が高齢期に老齢年金として支給されるのである。これが、積立方式という財政方式である。諸々の経済変数が予測通りに実現すれば、算定された拠出額でもって高齢期に必要とされる実質生活費に対応した年金額を十分に確保できる。しかし、物価・一般生活水準が予測通り変動せずに、しかもその予測に反した変動分を金利が補うような形で変動してくれないならば、拠出額の元利合計額でもって高齢期に必要とされる実質生活費に対応した年金額を確保できなくなる。この場合、前記した「インフレや生活水準の上昇による実質生活水準の低下というリスク」に対応できない。これが、リスク対応の視点から見た積立方式のデメリットである。リスク対応面で限定されるということである。これは、積立方式が限定した所得再分配だけに依存しているためである。こうしたリスクへの対応は、世代間所得再分配を行うことによってはじめて可能となる。

次に図 5-4 を参照されたい。図 5-4 は、図 5-3 と異なって、3つの世代が描かれている。世代間で資金が移転されている。世代間所得再分配である。「賦課方式」というのは、拠出した資金が将来の自分の老齢年金に用いられるのでは

図 5-4　賦課方式の場合の資金の流れ

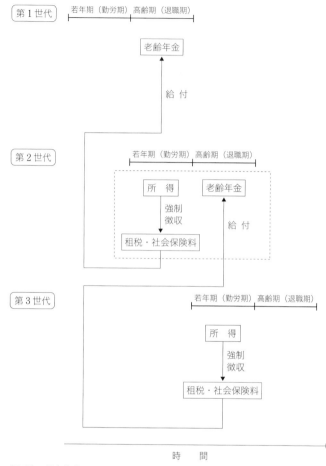

（出所）筆者作成。

なく，現在の高齢者に諸々のリスクに対応した年金額を給付するための財源として用いられる。そうすることによって，自分が高齢になったときに，今度は次の世代が負担することによって広範なリスク軽減をした老齢年金額を受給できるのである。インフレや一般生活水準の上昇による実質価値の低下というリスクを軽減させることを含めた広範なリスク対応が，リスク対応の視点から見た賦課方式のメリットである。そうした広範なリスク軽減は，世代間所得再分配が行われることによってはじめて可能となる。しかし，世代間所得再分配は

第5章 公的年金制度と生活保護制度 **121**

社会・経済状況によっては後代世代に著しい負担をもたらすようになり，世代
間の不公平等を含めたいくつかの問題をもたらすようになる。これが，賦課方
式のデメリットである。一方の積立方式は世代間所得再分配を必要としないた
め，世代間所得再分配がもたらす問題を発生させることはない。これが，積立
方式のメリットとなる。賦課方式と積立方式には一長一短がある。

4-3 リスクへの対応から見た厚生年金保険

(1) 1973 年改正

高齢期における基礎的生活は，これまでに述べてきた基礎年金で保障され
る。被用者には，その基礎年金に加えて，過去の拠出額（報酬額で把握する）に
依存した報酬比例部分，すなわち厚生年金保険が存在する。この厚生年金保険
の今日までの改正の変遷と同保険の問題点および今後のあり方をリスクへの対
応という視点で論ずる。

今日に至るまで，日本の公的年金制度は何度も改正されてきている。その中
でも大きな意義を持つと言えるのが，1973 年改正である。

1973 年改正とは，公的年金制度が果たすリスク軽減の役割に関して，それ
以前とは異なった，より広範なものを採択したものと位置づけられる。

1973 年改正以前は，年金額を現役勤労者の所得（生活）水準と関連させて捉
えることはしなかった。また，物価や一般生活水準が変化しても，その変化を
年金額にすぐに反映させるようなことまでは考えていなかった。1973 年改正
以降，年金額を現役勤労者の所得（生活）水準と関連させて捉えるようになっ
た。その改正によって，「物価スライド制」が導入され，年金額が物価変動に
合わせてスライドされるようになった。さらに，「再評価率制度」が導入され，
一般生活水準が変動した場合には，5 年に一度の改正時に年金額を算定する基
本となるベースが再評価（賃金スライド）されるようになった。これらの改正
内容を前述したリスクへの対応の視点で捉えると，公的年金制度が果たすリス
ク軽減という役割として，物価や一般生活水準の変動によって生ずる生活水準
の上昇による実質生活水準の低下というような，広範なものまで考慮するよう
になったということである。そのような広範なリスク軽減を行うことをも公的
年金の役割と捉えるようになった。

公的年金制度に広範なリスク軽減を求めるならば，大きな所得再分配を行わ

なければならない。1973 年改正が，公的年金制度に対して広範なリスク軽減を求めたということは，当然そのことを可能にさせる公的年金制度を通した所得再分配を認めたということである。物価や一般生活水準の変動といった広範なリスクへの対応を行うためには，どうしても世代間の所得再分配を必要とする。したがって，1973 年改正は，日本の公的年金制度の役割として物価や一般生活水準の変動といった広範なリスクへの対応を認め，それを可能にさせるような世代間所得再分配を行わせることを認めたものであった。それが，1973 年改正の意義であった。このことは，それ以降における日本の公的年金制度の変遷にとって重要な事柄であった。筆者は日本の公的年金制度が 1973 年改正で賦課方式に大きく基づくようになったと認識している。

　しかし，1973 年改正以降の日本は，経済面では低成長による厳しい財政状況，社会面では進む少子高齢化を経験するようになった。そのような状況下で賦課方式で運営することによっていくつかの問題が生じてきた。

　1973 年改正以降，将来に向けて，さまざまな手段を考えて年金給付総額を抑制する試みを行いながらも，他方で保険料を徐々に引き上げていく。年金給付総額を抑制する試みを行うが，1973 年に導入された広範なリスク軽減機能は何とか守ろうとした。

　(2) 1999 年改正

　日本の公的年金制度は，1973 年改正によって，リスク軽減として，物価・一般生活水準の上昇による実質生活水準の低下といった広範なものまでをも対象とするようになった。広範なリスク軽減のための具体的手段として，その改正で導入された「物価スライド制」と「再評価率制度」という措置がきわめて重要な役割を果たしている。

　1999 年改正における「65 歳以降の基礎年金・厚生年金の改定方式の変更」に注目したい。65 歳以上の人の既裁定[10] 年金については，年金改正の時期になっても，その者の基礎年金を前改正以降の経済変化を反映させて変更することも，老齢厚生年金を前改正以降の賃金変化を反映させて再評価することも行わずに，消費者物価の変化だけに合わせて改定するというように変更したのである。

　この措置を 2 階部分に限定してみると，1973 年改正時に導入された「再評価率制度」の適用を一部限定するものであり，それは，65 歳以上の者に対し

第5章 公的年金制度と生活保護制度　123

て物価スライド制でインフレに対する実質価値の維持を保障し続けるものの，一般生活水準の上昇による実質生活水準の低下といったリスクに対してはもはや対応する必要はないということを表明したと解釈できる。1973年改正以降，日本の公的年金制度は1973年改正で導入されたリスク軽減に対する基本姿勢を維持しながらも，賦課方式という公的年金制度を通した世代間所得再分配のもとで社会・経済変化によって生じてきたいくつかの考慮すべき事柄に対処する努力を重ねてきた。1999年改正は，1973年改正で導入された広範なリスク軽減という考え方を一部限定するという改正であったと筆者は認識している。

　ここでは2階部分のあり方に関して論じているゆえ，1階部分の事柄は別の話になるが，1999年改正で導入された「65歳以降の基礎年金・厚生年金の改定方式の変更」に対して，筆者は1階部分の役割の視点から苦言を呈しておきたい。社会・経済状況の変化に応じて公的年金制度を通した所得再分配のあり方についての見直しを行い，公的年金制度が果たすリスク軽減の程度も限定していかざるを得ないにしても，1階部分と2階部分とが果たす役割の違いということを考慮するならば，1階部分の基礎年金と2階部分の老齢厚生年金の両方に同じような形でリスク軽減の程度の限定を行うことが果たして適切であっただろうか。

(3) 2004年改正

　2004年改正では，今後当面保険料を増加させはするものの，ある水準に到達した後は，その水準に固定させ，被保険者数や余命に変化が生じたとしても，その変化に対しては保険料を見直すことで対応させないで，給付額の方で対応させるようにした。「保険料水準固定方式」と名づけられているものである。給付水準を自動的に調整する仕組みは「マクロ経済スライド」と呼ばれ，それは，経済変動に応じて年金額を改定する際に，従来から使われてきた年金改定率をそのまま用いるのではなく，「スライド調整率」（「公的年金全体の被保険者数の減少率に平均余命の伸びを勘案した一定率を加えたもの」）分だけ従来の年金改定率から減らすというものである。ただし，給付水準は被用者の標準的な年金額の所得代替率で見て50%を確保するように下限が設定されている。もしも「マクロ経済スライド」によって，その下限を割るような事態に至った場合には，その時点で改めて対応を検討することになっている。

　マクロ経済スライドによる給付水準の調整は，賃金や物価が上昇し，それに

応じて年金額が増額改定されるときに，その改定率を抑制することによって行われることになっている。賃金や物価が低下した場合には，賃金や物価に応じた年金の減額改定は行うが，マクロ経済スライドによる給付水準の調整は行わないこととされている。また，賃金や物価が上昇した場合でも，機械的にスライド調整率を適用すると年金改定率がマイナスとなってしまう場合には改定率がマイナスにならないようにスライド調整を行う[11]。

　2004年改正以降の公的年金制度は，1973年改正で導入された広範なリスク軽減機能を基本部分で維持はするものの，人口等被保険者面でさらなる減少が生じた場合には，その分を「マクロ経済スライド」という手法で限定しようとするものである。2004年改正は，1999年改正よりもリスク軽減機能をさらに限定するものとなっている。しかし，さらにといっても，依然として賦課方式という世代間所得再分配に依拠しているゆえ，積立方式に切り替えることまでは求めていない。

　低成長と著しい少子高齢化に直面している状況下で物価や一般生活水準の変化に対応したリスク軽減を完璧に行おうとするならば，前記したような諸問題が生じてくる。そこで，1973年改正で導入された広範なリスク軽減機能の趣旨を失わずに，それでいて生じてくる諸問題に何とか対処しようとする道を模索していく必要があった。1999年改正がまずそのための第一歩であり，それをさらに進めたものが2004年改正であった。2004年改正の意義はそこにあったと言える。

　(4)　過去の物価スライド特例への対応とマクロ経済スライドの発動[12]

　2004年改正前でも，物価が低下した場合は，それに応じて年金額を引き下げることが原則であったが，2000年度，2001年度，2002年度は，物価が低下したにもかかわらず，年金額を引き下げずに据え置く特例措置が設けられた。その結果，本来よりも高い水準に据え置かれたままとなった。2004年改正は，この分について，賃金や物価が上昇した場合に，年金水準を据え置かせることによって，解消することにした。また，その物価スライド特例が解消されるまでは，マクロ経済スライドは発動されないこととされた。そのように定められたが，実際は賃金や物価が低下する経済環境であったため，特例措置の解消は進まず，マクロ経済スライドは導入後10年経過しても一度も発動されることはなかった。2012年の社会保障と税の一体改革によって，2013年10月から

特例措置を 3 年かけて段階的に解消させることになった。このことによって，2015 年 4 月に物価スライド特例は解消され，はじめてマクロ経済スライドが発動されたのである。

(5) 2016 年改正

2016 年 12 月 14 日に年金改革法が成立した。その内容の 1 つが，年金額の改定ルールの見直しである。制度の持続可能性を高め，将来の給付水準を確保するため，年金額の改定に際して次の 2 つの措置が取られるようになった。

(i)前年度までの景気後退期にマクロ経済スライドを完全に行えなかった場合，年金の名目下限は維持させながらも，景気回復期になってから物価・賃金上昇の範囲内で前年度までの未調整分も含めて調整を行うという措置である。2018 年施行。

(ii)賃金・物価スライドについて，賃金変動が物価変動を下回る場合には賃金変動に合わせて改定することを徹底するという措置である。2021 年 4 月施行。

(6) 今後の 2 階部分のあり方

日本の公的年金制度の 2 階部分に相当する厚生年金保険の変遷を高齢期のリスクへの対応という視点で見てきた。1973 年改正は，物価や一般生活水準の変動によって生ずる実質生活水準の低下のような広範なリスク軽減も公的年金の役割と捉えたものであった。そうしたリスク軽減を果たすことを可能するためには，賦課方式，すなわち，世代間所得再分配を必要とする。しかし，日本が直面する低成長と少子高齢化[13] という状況下で行われる著しい世代間所得再分配は当然後代世代への負担増加をもたらす。公的年金がこうした広範なリスク対応まで肩代わりすることは意義深いことではあるが，2 階部分は 1 階部分とは役割が違うのである。したがって，低成長・少子高齢化という事実を前に，後代世代に及ぶ著しい負担増加を避けるために，広範なリスク軽減機能をもっと限定してよいと思う。

5 今後の公的年金制度のあり方

第 3 章の図 3-1 を改めて参照されたい。日本の社会保障給付費は著しく増大

126 第Ⅱ部 社会保障

してきており，その半分近くが年金に費やされている。この費用は当然国民に
よって負担されている。本章において説明してきたように，公的年金制度はリ
スク軽減というその役割を果たすために所得再分配を行っている。軽減しよう
とするリスクの種類とその程度に応じて所得再分配の内容も程度も異なってく
る。

　公的年金のあり方を考えるに当たって，1階部分と2階部分とはその役割が
異なっているので，別々に考えなければならない。財政検証のような報告書に
おいては，基礎年金と厚生年金の合計額の現役勤労者の所得に対する所得代替
率を示して検討が行われている。それも大切であるが，厚生年金のない者，厚
生年金が少ない者もいる。したがって，1，2階を合計して検討するのではな
く，1階部分の基礎年金を独立させて検討しなければいけない。1985年改正で
導入された基礎年金であるが，それは職種に関係なく，同じ社会においてとも
に生活している者同士の広い連帯に基づいて，基礎的な生活を送れるように支
給される年金と位置づけられる。だとするならば，まずはその水準の妥当性を
検討することが大切である。2017年度の40年加入の者の基礎年金の月額は6
万4941円である（厚生労働省資料）。この数値は40年間拠出した者が受給でき
る額なので，拠出期間が短ければ，その比率で減額される。生活保護の場合に
は，いくつかの基準が加算されて最低生活費が計算されるので，比較のために
ここに具体的な1つの数値を示すことは控えるが，基礎年金の額は当然生活保
護基準を見ながら考えなければならない。実際に，十分な基礎年金を受給でき
ない人がいるのである。拠出が十分にできないため，無・低年金者という問題
が生じてきている。それに対して，受給資格期間の短縮や短時間労働者への被
用者保険の適用拡大といった施策で処理しようとしている。たしかに，その施
策で救済される人もいるだろうが，現行制度下ではすべての人が基礎年金を支
給されるわけではない。本当に必要としているそうした人々への施策が必要で
ある。

　被用者には，1階部分に加えて，2階部分がある。日本の公的年金制度の変
遷を辿ったが，1973年改正以降，世代間所得再分配に大きく依存するように
なったが，その後はさまざまな方法を用いて，1973年改正の考え方を残しな
がらも，リスク対応の程度を抑制してきている。筆者としては，1973年改正
で導入された考え方や具体的方法を評価し，その後に展開されてきているリス

ク軽減を限定してきている施策に対しても理解を示している。広範なリスク軽減はたしかに大切ではあるが，2階部分は1階部分ではないこと，しかもその財源が後代世代に大きく依存するということを考えるならば，日本が現在から将来に向かって直面する低成長・少子高齢化のもとでは，リスク軽減に対する抑制はやむを得ない。広範なリスク軽減機能をもっと限定してよいと思う。加えて，世代間公平に向けての施策としては，給付額そのものを制限するだけでなく，給付した後，高額の所得者に対しては課税徴収することも必要である。本書第6章第5節で取り上げる公的年金に対する課税の改革がそれにあたる。

6 | 生活保護制度[14]

6-1 公 的 扶 助

公的扶助は，社会保険とは異なり，事前の拠出とは関係なく，その時点で困窮に陥っている者に対して公費財源を用いて最低生活保障を行うものであり，本当に困窮状態にあるかということをチェックする資力調査（ミーンズ・テスト）を行う。現在の日本において，公的扶助の役割を果たしているのが「生活保護制度」である。社会保障制度の中にあって，最後のセーフティネットということで大変に重要なものである。

2016年3月時点の生活保護受給者数は約216万人となっている。保護世帯を世帯類型別に見ると，2016年3月時点で，高齢者世帯[15]は51%，母子世帯[16]6%，傷病・障害者世帯27%，その他の世帯16%となっている。高齢者世帯は世帯数でも構成割合でも増加傾向にある。2014年度の高齢者世帯数は76.1万人，構成割合47%，2016年3月の高齢者世帯数は82.7万人，構成割合51%となっている[17]。

6-2 生活保護制度の基本原理

生活保護制度には，生活保護法の条文に規定されている4つの基本原理がある。

128　第Ⅱ部　社会保障

（1）国家責任による最低生活保障の原理

日本国憲法第 25 条が規定する理念に基づき，国の責任において，困窮する国民に最低限度の生活を保障するとともに，その自立を助長する。

（2）保護請求権無差別平等の原理

すべての国民は，この法律の定める要件を満たす限り，この法律による保護を無差別平等に受けることができる。

（3）健康で文化的な最低生活保障の原理

保障される最低限度の生活は，健康で文化的な生活水準を維持することができるものでなければならない。

（4）保護の補足性の原理

生活に困窮する者が，その利用しうる資産，能力その他あらゆるものを活用した上で，それでも最低生活が営めない場合に保護が行われる。

6-3 保護の要否と保護基準

厚生労働大臣が定める基準（保護基準）によって最低生活費を計算し，それと資力調査で認定されたその者の収入とを比較して，その者の収入だけでは最低生活費を満たせないときに，その不足額として生活保護が給付される。最低生活費を計算する尺度となる基準は，厚生労働大臣が，要保護者の年齢，世帯構成，所在地等の事情を考慮して扶助別に 8 種類に定められている。全国消費実態調査のデータ等を用いて 5 年に 1 回見直される。

8 種類の扶助とは，①生活扶助，②教育扶助，③住宅扶助，④医療扶助，⑤介護扶助，⑥出産扶助，⑦生業扶助，そして，⑧葬祭扶助である。

2017 年度保護費予算額における各扶助のための予算額とその構成割合を見ると，生活扶助 9247 億円（32.1%），住宅扶助 4647 億円（16.1%），教育扶助 138 億円（0.5%），医療扶助 13916 億円（48.3%），介護扶助 703 億円（2.4%），その他 151 億円（0.5%）となっている[18]。予算額において，医療扶助にあてられる費用が最も大きくなっている。

6-4 生活保護受給までの流れ[19]

（1）受給までの流れ

「相談」→「申請」→「審査」→「保護開始あるいは保護却下」という流れ

第5章 公的年金制度と生活保護制度 129

となっている。

(2) 生活保護の実施機関

生活保護に関する業務を行うのは，福祉事務所である。福祉事務所は，都道府県および市（特別区を含む）では設置が義務づけられていて，町村では任意に設置することができる。

(3) 面接相談

生活保護の相談は，相談者が住んでいる所を所管する福祉事務所の窓口で行われる。窓口では，保護を担当する現業員（ケースワーカー）や面接相談員などにより，聞き取り調査が行われる。世帯員全員の生活状況，健康状態，収入状態，資産状態などの聞き取り調査が行われる。

(4) 申請および申請に基づく調査

面接相談員による聞き取り調査により，要保護状態にあると判断されたときには，本人からの申請の意思を確認した上で，保護の申請書を交付する。保護を請求する権利を保障するということから，生活保護は申請を前提としている。

記入した申請書を提出した後，申請に基づく調査を行う。「査察指導員」とは，現業員の業務を把握し，専門的に指導監督する専門職員のことである。

(5) 審査・保護の要否

申請に基づいた調査が行われ，審査が行われる。そして，福祉事務所は，説明したような手順を経て，生活保護の申請者に対して，保護を受けられるのか（保護の開始），それとも受けられないのか（申請の却下）を決定し，原則として申請日から14日以内に書面で通知する。

6-5 生活保護法の一部改正および生活困窮者自立支援法の制定[20]

2013年に「生活保護法改正案」と「生活困窮者自立支援法案」が可決された。

生活保護受給者の増加，非正規雇用者世帯の増加など，貧困の連鎖が生じてきたこともあり，まずは求職者支援法の制定（2011年）を行ったが，それだけでは十分ではないこともあって，2012年に社会保障審議会の中に「生活困窮者の生活支援の在り方に関する特別部会」を設置して，議論を行い，2013年に報告書をとりまとめた。

生活保護に至る前の段階の自立支援策を強化させていくという「生活困窮者

自立支援法案」を制定し，そうした生活困窮者対策を行い，求職者支援制度とあわせて第2のセーフティネットの役割を果たさせるとともに，最後のセーフティネットである生活保護制度も見直すという生活保護法の改正も行った。これによって，生活保護制度の見直しと生活困窮者対策に総合的に取り組んだということになる。

6-6 生活保護制度の課題

（1）最後のセーフティネットとしての生活保護制度

　生活保護制度は公的扶助で行われる最後のセーフティネットである。生活保護制度は，日本国憲法第25条に規定された理念に基づき，「国が生活に困窮するすべての国民に対し，その困窮の程度に応じ，必要な保護を行い，その最低限度の生活を保障するとともに，その自立を助長する」（生活保護法第1条）ものである。

　生活に困窮する国民がいるならば，国には生活保護制度を通してその者に最低限度の生活を保障する義務がある。逆に言えば，不幸にも困窮状態に陥ってしまった国民は生活保護制度を通して国から救済される権利をもつのである。そこで，まず，課題の1つとして取り上げられるのは，現行制度で困窮状態に陥った国民のすべてを漏れなく救済できているかということである。最後のセーフティネットであるのだから，漏れなく救い上げなくてはならない。時々新聞記事などによると，残念なことに生活保護制度に頼ることなく悲しい結末を迎えてしまったケースがある。たしかに権利ということから保護を受ける者が申請しなければならないが，行政の方に，具体的な申請が行われる前にそうした状態にあることに気づき，申請へと助言していく方法が考えられないだろうか。

（2）面接相談・審査の重要性

　生活保護は，自治体が国から委託されて行っているものであるため，救済する責任は国にあるが，実際の業務は，自治体が設置した福祉事務所によって行われている。「相談」→「申請」→「審査」→「保護開始あるいは保護却下」という手続きは，福祉事務所，そこにおける査察指導員・ケースワーカーによって行われる。そこで，重要となってくるのは，面接相談・審査である。

　言うまでもなく，申請者の経済・生活状況が正しく把握されることが重要で

ある。生活保護給付が他の国民が納めた税金から賄われていることからも，審査は正しく行われなくてはならない。そのために資力調査が行われる。その審査は厳しくもスティグマを与えないようにときわめて難しいものと言えよう。本当に受給できる状況にある者は権利として必ず受給できて，不正をおかしている者は必ず却下されるような審査でなければならない。残念なことに，時々，新聞記事などに生活保護の不正受給が指摘されている。そうした不正受給を阻止するのもここである。

2014年から施行されている生活保護改正法において，福祉事務所の調査権限の拡大を含めて，不正・不適正受給対策が強化されたので，その効果を今後見ていきたい。

(3) 生活扶助基準に関して

保護基準の根本にある生活扶助基準であるが，2013年8月から見直しが行われた。生活扶助基準等の検証は，生活保護基準部会で全国消費実態調査のデータ等を用いて専門家によって行われている。生活扶助基準は，生活保護制度が保障する「最低限度の生活」水準の基本となるものゆえ，筆者は，現在行われている作業を十分に評価しているが，さらに慎重な作業が望まれる。

(4) 高齢者の貧困への対応

生活保護受給者数および世帯数は増加してきた。その中で注目されるのは，高齢者世帯である。すでに数値を示したように，高齢者世帯は世帯数でも構成割合でも増加してきている。高齢化が進展しているゆえ，生活保護の受給面でもその影響があることは当然である。しかし，生活保護受給の高齢者が増えていることは必ずしも高齢化だけが要因ではなさそうである。高齢者の貧困が増えている。その方々が頼る最後のセーフティネットとして生活保護が果たす役割は重要である。しかし，増加する高齢者の貧困に対して，生活保護に頼る以前の段階での対応も考える必要があるだろう。

2017年8月1日から公的年金の受給資格期間が25年から10年に短縮された。この施策も高齢者の貧困を未然に阻止するための1つと思われる。無年金者が減ることになるであろうが，低年金者であることには違いない。高齢者の貧困を減らすための対策として評価できる施策だが，根本的な対策とはなっていない。基礎年金のあり方に関して抜本的な検討が必要なのではないか。

132 第Ⅱ部 社会保障

(5) 子どもの貧困に関して

最近，子どもの貧困が問題となっている。生活保護受給世帯の中にも子ども
が含まれる。子どもの貧困を解消することは重要な課題である。もちろん生活
保護制度内で対応できる方法でこの問題に対処する必要があるが，子どもの貧
困問題は生活保護制度を含めたもっと広い視点で解決策を検討する必要があ
る。

7 │ 将来に向けての社会保障

2013年8月6日に発表された『社会保障制度改革国民会議報告書——確か
な社会保障を将来世代に伝えるための道筋』における第1部で社会保障制度改
革の全体像が論じられている。しかし，私たちが考えなければならないのは，
社会・経済状況の変化を前提とした社会保障制度の改革だけではなく，同制度
がその上に成り立つ社会のあり方，そこにおける政府の役割，さらには，その
社会の一員である国民の意識についてである。第3章で紹介した社会保障制度
審議会が示した勧告のような，憲法の理念や人間のあり方までをも関連させな
がら考える必要があるのではないか。高齢者が増え，子どもが減る少子高齢化
社会ではあるが，そこにおいて幸せを求めるためには，どのような社会を構築
していったらよいのだろうか。それに向けて，政府，企業，各個人は何をなす
べきなのか。教育のあり方を含めて，私たちはこの時期であるからこそ，検討
することが大切ではないか。

おわりに

日本が著しい少子高齢化に直面し，その程度が今後ますます激しくなることは言う
までもない。また，経済成長が低迷し，財政も多くの負債を抱える状況の中で，社会
保障制度の改革を行うことは当然必要なことである。その意味で，社会保障と税の一
体改革が進められていることの意義は評価される。社会保障と税の一体改革は，社会
保障制度改革国民会議［2013］に基づいて行われている。

筆者は，日本の現在および将来の状況から考えて社会保障制度の改革は必要であ

第5章　公的年金制度と生活保護制度　　133

り，その意味で，進められている改革に対しては意義を認め，今後の進展を見守りたい。そのように評価した上で，社会保障と税の一体改革に対して若干の私見を述べておきたい。

(1) 子ども・子育て，医療・介護，年金の改革案が示されている。従来，軽視されていた子ども・子育てということが入ってきたことは評価されるが，医療・介護，年金に対する改革案，は第Ⅱ部の中で説明してきた過去に行われてきた各改革案に比べると小さな改正といった感は否めない。

(2) たしかに生活保護制度や雇用保険制度においても改革が行われているが，非正規雇用者の存在などを含めて，社会保障制度のあり方を社会保障と税の一体改革の中でもっと総合的に検討する必要があるのではないか。

(3) 「社会保障制度改革の全体像」の中では項目ごとにいくつかの重要な内容が示されてはいるものの，社会保障制度を含めて目指そうとしている社会の姿の全体像を国民の心に伝わるような書き方はされていない。広く国民に影響する報告書である限り，将来の社会の姿を国民がもっと意識できるように，わかりやすく啓蒙することが目指されるべきではないか。

注

1) 高齢期にともなうリスクに関しては，牛丸［1996］第1章，牛丸・飯山・吉田［2004］第2章，牛丸［2006a］67-69頁を参考にしたので，それらを参照されたい。

2) 国民年金（基礎年金）が創設されるまで，いくつかの検討が行われた。総理府社会保障制度審議会［1978］，厚生省年金局［1979］を参照されたい。また，次の文献が参考になる。吉原［1987］および吉原・畑［2016］。

3) 2017年4〜5月分（現年度分）の納付率は56.5%。未納分を過去に遡って納付することができるので，過去2年分を集計した2015年分の納付率は70.6%である（厚生労働省資料）。

4) 老齢基礎年金の2014年度末の平均月額は5万4414円である（社会保障審議会年金数理部会［2016］59頁図表2-2-12参照）。ただし，この数値は平均値であるため，拠出期間が短い者はもっと低い金額になる。

5) 本書の第3章3-1 (2) を参照されたい。

6) 駒村［2014］238頁。

7) 駒村［2014］239頁。

8) 第4節において叙述する文章は，牛丸［2006a］に基づいている。それに加筆・修正した部分とそのままの部分がある。

9) 牛丸［1996］第2・3章，小塩［2013］第5章，西村［2013］第4章を参照。

10) 公的年金を受給するためには申請を行う必要があり，その結果，受給額が決定する。このことを裁定と呼ぶ。初めて裁定を行ったことを「新規裁定」と呼び，すでに過去に裁定を行っ

134　第Ⅱ部　社会保障

たことを「既裁定」と呼ぶ。

11) この段落の内容は，社会保障審議会年金数理部会［2016］15-16 頁に基づく。

12) 社会保障審議会年金数理部会［2016］17 頁より引用。

13) 日本が現在から将来に向けて直面する人口構成の変化は，第 3 章における図 3-3 を参照されたい。

14) 本節を執筆するに際して，下記の文献を参考にした。鈴木［2014］，厚生労働統計協会編［2016a］，生活保護制度研究会編［2017］，厚生労働省資料。

15) 男女とも 65 歳以上の者のみで構成されている世帯か，これらに 18 歳未満の者が加わった世帯。

16) 死別・離別・生死不明および未婚等により現に配偶者がいない 65 歳未満の女子と，18 歳未満のその子のみで構成されている世帯。

17) この段落において示した数値は厚生労働省の資料から引用したものである。

18) 生活保護制度研究会［2017］51 頁。

19) この部分を書くにあたって，次の文献を参考にした。鈴木［2014］185-191 頁，厚生労働統計協会［2016a］199 頁。生活保護制度研究会編［2017］，加えて，厚生労働省資料。

20) ここでの叙述は，厚生労働省の資料と鈴木［2014］，厚生統計協会編［2016a］197-210 頁，211-216 頁に基づく。

◆ 課　題

《第 1 節》

　日本の公的年金制度の体系の変化を厚生労働統計協会［2016b］を使って調べなさい。社会保障審議会年金数理部会［2016］194-195 頁の図が参考になる。さらに興味のある人は，吉原・畑［2016］を読んでまとめなさい。

《第 2 節》

　本文では公的年金の役割について述べたが，年金に対してなぜ公的介入を行う必要があるのかということを考察しなさい。牛丸［1996］第 1 章がまとめているので，それを参照するとよい。小塩［2013］第 4 章も参考にするとよい。

《第 3 節》

　本文でも簡単に基礎年金の財源調達の方法について説明したが，それに関して次の文献を使い，より詳しく理解しなさい。牛丸・飯山・吉田［2004］第 5 章，社会保障審議会年金数理部会［2016］。

《第 4 節》

　厚生年金保険において「マクロ経済スライド」は重要である。本文でも簡単に説明したが，それに関して，厚生労働統計協会編［2016b］および社会保障審議会年金数理部会［2016］，さらには，厚生労働省のホームページ〈http://www.mhlw.go.jp〉を参照して整理しなさい。

《第 5 節》

　これまでの日本の公的年金制度のあり方をおさえた上で，今後の公的年金制度のあり方に関して自分なりに考察しなさい。下記の文献案内でいくつかの文献を紹介する

ので，それらを参考にされたい。
《第6節》
　本文では，生活保護制度の説明を行ったが，生活保護に関しては経済分析が行われている。阿部・國枝・鈴木・林［2008］に多くの研究がある。それらを読んで，どのような問題があり，分析が行われているかを整理しなさい。
《第7節》
　社会保障と税の一体改革とは何かということを，厚生労働省のホームページ〈http://www.mhlw.go.jp〉，財務省のホームページ〈http://www.mof.go.jp〉，内閣官房のホームページ〈http://www.cas.go.jp〉を参考にして明らかにしなさい。

◆ 文 献 案 内
《第1〜5節》
　公的年金制度に関する文献は多い。現行制度に関して知りたい場合には，厚生労働省のホームページ〈http://www.mhlw.go.jp〉，厚生労働統計協会編［2016b］，社会保障審議会年金数理部会［2016］が役に立つ。
　日本の公的年金制度のあり方に関してはいくつかの考え方がある。筆者も含めて，次の人々が意見を述べている。小塩隆士氏，駒村康平氏，高山憲之氏，西沢和彦氏，堀勝洋氏。各自，これらの文献にあたることをおすすめする。
　以上の方々は多くの本や論文を執筆されている。どれを読むかについては自ら検索してほしい。筆者の文献は，ここに示しておくが，他の文献に関しては，各1つだけをあげておく。その中には古い文献もあるし，その著者にとっての代表作ではないものもあるかもしれない。そのため，その文献の最後にある参考文献の中からさらに読んでほしい。
　牛丸［1996］［2006a］［2006b］，牛丸・飯山・吉田［2004］。小塩［1998］，駒村［2014］，高山［2004］，西沢［2008］，堀［2005］。これら以外に，権丈［2004］，八田・小口［1999］も参考になる。なお，1995年までの公的年金に関する文献は，牛丸［1996］の最後の参考文献欄に，それ以降，2003年までの文献は，牛丸・飯山・吉田［2004］の最後の参考文献欄に記してある。
《第6節》
　生活保護制度に関して知りたい場合には，厚生労働省のホームページ〈http://www.mhlw.go.jp〉，厚生労働統計協会［2016a］，生活保護制度研究会［2017］が役に立つ。

◆ 参 考 文 献
阿部彩・國枝繁樹・鈴木亘・林正義［2008］『生活保護の経済分析』東京大学出版会。
牛丸聡［1996］『公的年金の財政方式』東洋経済新報社。

牛丸聡［2006a］「今後における望ましい公的年金制度のあり方」貝塚啓明・財務省財務総合政策
　研究所編『経済格差の研究——日本の分配構造を読み解く』中央経済社，所収。

牛丸聡［2006b］「持続可能な年金制度」日本年金学会編『持続可能な公的年金・企業年金』ぎょ
　うせい，所収。

牛丸聡・飯山養司・吉田充志［2004］『公的年金改革——仕組みと改革の方向性』東洋経済新報
　社。

小塩隆士［1998］『年金民営化への構想』日本経済新聞社。

小塩隆士［2013］『社会保障の経済学（第4版）』日本評論社。

貝塚啓明・財務省財務総合政策研究所編［2006］『経済格差の研究——日本の分配構造を読み解
　く』中央経済社。

権丈善一［2004］『年金改革と積極的社会保障政策』慶應義塾大学出版会。

厚生省年金局編［1979］『年金制度改革の方向——長期的な均衡と安定を求めて　年金制度基本構
　想懇談会報告書』東洋経済新報社。

厚生労働統計協会編［2016a］『国民の福祉と介護の動向 2016/2017』厚生労働統計協会。

厚生労働統計協会編［2016b］『保険と年金の動向 2016/2017』厚生労働統計協会。

駒村康平［2014］『日本の年金』岩波新書。

社会保障審議会年金数理部会［2016］『公的年金財政状況報告——平成 26 年度』9 月 8 日（本報
　告は厚生労働省のホームページからも得られる）。

社会保障国民会議［2008］『社会保障国民会議最終報告』11 月 4 日。

社会保障制度改革国民会議［2013］『社会保障制度改革国民会議報告書——確かな社会保障を将来
　世代に伝えるための道筋』8 月 6 日。

鈴木健翁［2014］「生活保護制度」，結城康博・佐藤純子・吉田輝美・畑中綾子編『入門社会保障
　制度』ぎょうせい，所収。

生活保護制度研究会編［2017］『保護のてびき（平成 29 年度版）』第一法規。

総理府社会保障制度審議会事務局編［1978］『解説皆年金下の新年金体系——「基本年金」創設勧
　告』ぎょうせい。

高山憲之［2004］『信頼と安心の年金改革』東洋経済新報社。

西沢和彦［2008］『年金制度は誰のものか』日本経済新聞出版社。

西村幸浩［2013］『財政学入門』新世社。

日本年金学会編［2006］『持続可能な公的年金・企業年金』ぎょうせい。

八田達夫・小口登良［1999］『年金改革論——積立方式へ移行せよ』日本経済新聞社。

堀勝洋［2005］『年金の誤解』東洋経済新報社。

結城康博・佐藤純子・吉田輝美・畑中綾子［2014］『入門社会保障制度』ぎょうせい。

吉原健二編［1987］『新年金法——61 年金改革・解説と資料』全国社会保険協会連合会。

吉原健二・畑満［2016］『日本公的年金制度史——戦後七〇年・皆年金半世紀』中央法規出版。

第 Ⅲ 部

税　　　制

　本書の第Ⅰ部では日本の公債累積の厳しい状況が示され，2020 年度で基礎的
財収支黒字化のためには消費税率15% が財政再建案の 1 つになるという。続く
第Ⅱ部では，現行の社会保障は高齢化の進行のため多くの財源を若年層や後代の
人々に依存していることが明らかにされた。総じて，財政健全化の観点からは公
的負担増大の重要性が示唆された。そこで第Ⅲ部では，税制のうち，給与所得税
制・年金税制・法人税制・消費税制を取り上げ，社会保障財源における現役およ
び将来世代への依存や低所得層の増大，経済のグローバル化を踏まえて，各税制
の現状と改革方向について解説する。

　第 6 章では，給与所得税制・年金税制を主題とする。財源調達力と再分配機
能を求められる給与所得税が，それに応えうる制度となっているのか，さらに，
若年世代からの所得移転を享受している高齢者の年金はどのように課税されてい
るのか，といった問いを念頭に，現行制度における課題を明確にし，あわせて，
政府によって実施された給与所得控除改革と配偶者控除制度改革の意味を考え
る。なおもう 1 つの公的負担である社会保険料負担の特徴については，コラム
で解説する。

　第 7 章では，第 2 次安倍政権による「成長志向の法人税改革」を概説する。
経済のグローバル化に注目し，多国籍企業の行動に影響を与える 3 種の税率を

説明し，高い法人税率の弊害を確認する。これを踏まえて，「成長志向の法人税改革」を素材にして，財務省型実効税率という法人税率引下げの狙いと，減税財源を確保するための外形標準課税の増税策について考えてみたい。

　第 8 章は，消費税増税政策を再考する。消費税は現在のところ増税財源の主役とされている。しかし消費税は経済的貧者をも税負担に巻き込む。そこで現行消費税の仕組みに関して改革を必要とする点を整理した後，増税財源としての消費税の長所と短所を，法人税や勤労所得税などと比較しながら考える。以上を踏まえて，これからの増税政策として，消費税増税は重要であるが，検討課題として，非課税消費の整理，軽減税率政策の再考，相続税・贈与税などの資産移転税や，第 6 章で解説した年金税制・給与所得税の財政力強化をあげている。

第**6**章

所得税の課題と改革

　本章では，給与所得税制と年金税制を取り上げて，現行制度の課題と改革の方向について解説する。言うまでもなく前者は個人所得税の中核であり，後者は高齢者を対象とする中心的な所得税制である。

　第1節では，給与所得税の基本的な仕組みを説明し，現行税制の課税ベースが「広義の所得控除」（＝ 給与所得控除 ＋ 所得控除）によって狭くなっていること，さらに給付つき税額控除が存在しないため，低所得者支援を十分に果たしえないことを指摘する。

　第2節では，実際のデータを使用して，給与所得税の財政力と給与階級別負担率の現状を示す。給与所得税が財政力の弱い累進税となっており，その主要な原因として「広義の所得控除」が中間層に多く分布していることを指摘する。

　第3節では，「広義の所得控除」のうち，給与所得控除に焦点を当てる。給与所得控除制度が所得税における課税ベース縮小の最大要因であり，納税者数の多い中間所得層からの税調達を大きく低めている現状を示す。あわせて，「勤務費用の概算控除」に特定化した給与所得控除制度案を例示し，この案を採用した場合の増収規模を試算し，政府による給与所得控除改革と比較する。

　第4節では，2017年度税制改正による配偶者控除制度の改革を紹介する。配偶者控除は，いわゆる「103万円の壁」と言われ，重要な論点として長年にわたって論じられてきた。そこで，現行の配偶者控除制度の仕組みを確認しつつ，今回の改革の狙いと限界について解説する。

　最後に第5節で，受給段階での年金税制の問題点を明らかにする。すなわち，現行税制が高齢者家計の年金税負担をきわめて低くする制度であることを示し，あわせて，年金世代と現役世代との税負担を比較する。ここでのキーワードは公的年金等控除である。

1 ｜ 給与所得税制の仕組みと課題

本節では，現行制度の特徴を捉えるために，給与所得税の税額算出過程の概

140　第Ⅲ部　税　　制

略を説明する。給与所得に対する納付税額は以下の式で決定される。

　納付税額 =（給与収入 − 給与所得控除 − 所得控除）× 税率 − 税額控除

このうち，（給与収入 − 給与所得控除 − 所得控除）を課税所得と呼ぶ。

1-1　給与所得金額 = 給与収入 − 給与所得控除

　給与収入から給与所得控除を差し引き，給与所得を求める。給与所得控除の位置づけは，給与収入を得るための必要経費を概算控除することと，事業所得に比べての給与所得税の負担調整 = 負担軽減措置とされている。表 6-1 から，たとえば，給与収入が 500 万円とすると，給与所得控除は 154 万円（= 500 × 0.2 + 54）となる。給与所得控除は 65 万円を最低保障額とし，230 万円を上限額とする。控除額はこの範囲で給与収入とともに増加し，給与 1200 万からは 230 万円の一定額となる。なお，2017 年の所得から，1000 万円を超える給与収入の給与所得控除が 220 万円に改められる。

1-2　課税所得 = 給与所得金額 − 所得控除

　次に，1-1 で求めた給与所得金額から所得控除を差し引き，課税所得を求める。所得控除は 14 種類に及ぶ。基礎控除，扶養控除，配偶者控除，配偶者特別控除，医療費控除，社会保険料控除，生命保険料控除などがあげられる。

　このうち，基礎控除は給与所得等に 38 万円の控除を認めるもので，これと給与所得控除の最低保障額 65 万円を加えた 103 万円までの給与所得には税が課されない。後述する配偶者控除制度の改革で登場する「103 万円の壁」の 103 万円とはこの意味である。さらに，扶養控除・配偶者控除・配偶者特別控除は，家族扶養を考慮しての措置と説明される。日本の所得税の納税単位は個人であるが，家族扶養の観点を加味している。たとえば配偶者控除の場合，扶養を必要とする配偶者のいる納税者について，給与所得から 38 万円控除し，その税負担を軽減する。同一額の給与収入を得る単身者と比べると，扶養しなければならない配偶者を抱える者の担税力が低いと見ているわけである。ただ，所得控除には社会保険料控除・生命保険料控除など，担税力の調整自体ではなく，他の政策目的から設定されているものも存在する。

第6章 所得税の課題と改革 141

表6-1 給与所得控除額（2016 年所得分）

〜	162.5 万円	65 万円
〜	180 万円	40%
〜	360 万円	30% ＋ 18 万円
〜	660 万円	20% ＋ 54 万円
〜	1.000 万円	10% ＋120 万円
〜	1.200 万円	5% ＋170 万円
	1.200 万円〜	230 万円
【14 年度改正】		
	1.000 万円〜	220 万円（注）

(注) 2017 年分の所得から適用。
(出所) 財務省ホームページを一部修正。

1-3 算出税額 ＝ 税率 × 課税所得

1-2 の課税所得に税率を乗じて算出税額を求める。表 6-2 の「税率欄」が示すように，税率は課税所得が高額ほど高率になり，5% から 45% の 7 段階の超過累進税率である。これらの税率を限界税率，そのうち 5% を最低限界税率，45% を最高限界税率と呼ぶ。

(1) 税額算出法

税額の計算方法を説明しよう。課税所得が 400 万円の場合，

$$195 \times 0.05 + (330 - 195) \times 0.1 + (400 - 330) \times 0.2 = 37.25 \text{ 万円} \quad (\alpha)$$

となる。つまり，課税所得 400 万円を課税所得区分ごとに分けて，区分の限界税率に基づいて計算する。ただ，式 (α) の計算は煩雑である。

しかし，式 (α) は，

$$195 \times (0.05 - 0.1) + 330 \times (0.1 - 0.2) + 400 \times 0.2$$
$$= 400 \times 0.2 - 42.75 = 37.25 \quad (\beta)$$

に等しい。よって，330 万円超〜695 万円に属する課税所得は，すべてそれに 0.2 を掛けて，そこから表 6-2 の控除額 42.75 万円を差し引けばよい。

(2) 所得控除による税軽減額

以上の式 (β) の税額計算方法から，1-2 で述べた所得控除による税軽減額は，納税者各人が直面する限界税率（この個人にとっての最高限界税率，上の例では 20%）によって決まることがわかる[1]。したがって，限界税率 20% に直面す

142 第Ⅲ部 税 制

表 6-2 所得税の速算表 2016 年分所得 （単位：万円）

課税所得	～195	～330	～695	～900	～1800	～4000	4000～
税率	5%	10%	20%	23%	33%	40%	45%
控除額	0	97.5	42.75	63.6	153.6	279.6	479.6

（出所） 国税庁ホームページ「所得税の税率」を一部修正。

る者の配偶者控除（38 万円）による税軽減額は 7.6 万円であり，45% に直面する者は 17.1 万円である。結局，定額の所得控除は，累進税制のもとでは課税所得の高い者の税軽減額を低所得層の軽減額より多額にする。

1-4 納付税額 ＝ 算出税額 － 税額控除

一例として住宅ローン減税制度を取り上げよう。同制度には複雑で複数の特例措置が設定されているが，その基本は居住用住宅ローン残高の 1% 分，税額控除を認めるものである。たとえば，住宅ローンの残高が 3000 万円の場合，30 万円の税額控除を受けられる。1-3 で求めた算出税額が 30 万円を超えており，仮に 50 万円とすれば，納付税額は，50 － 30 ＝ 20 万円となる。

1-5 現行制度における 2 つの課題

（1） 「広義の所得控除」による侵食

「広義の所得控除」が多額で，課税所得を狭くしている。これが給与所得税の低い財政力（税調達力）の一因である。ここで「広義の所得控除」とは，1-2 で紹介した所得控除のみならず，1-1 の給与所得控除を含めた控除を指す。「広義の所得控除」に注目するのは，それが給与所得税の課税ベースを大きく浸食しているからである。たとえば，第 2 節で紹介する筆者の推計によれば 2014 年の場合，民間給与総額 197.4 兆円のうち，「広義の所得控除」総額は約 109.9 兆円を占める[2]。その結果，マクロで見た課税所得は 87.5 兆円で給与総額の44.3% に過ぎない。

（2） 「給付つき税額控除」の欠如

次に，給与所得税制に「給付つき税額控除」が存在しないことである。そのため，日本の所得税制の低所得者支援機能には限界があると指摘されている[3]。以下，所得控除と税額控除を比較しつつ，「給付つき税額控除」の意義を明らかにしよう。

いま Y を給与所得 (= 給与収入 − 給与所得控除)，E を所得控除，S を税額控除，t を限界税率とすると，税負担は

$$T = t(Y - E) - S$$

となる。

① 所得控除の限界

さて，すでに述べたように，所得控除による税負担軽減額 = 納税者が直面する限界税率 $t \times E$ である。所得控除の第1の限界は，$Y > E$，すなわち t がプラスである家計だけに税負担軽減が与えられる点である。収入が低いため所得税の課税最低限に満たない家計には，適用されない。第2の限界は，t の高い富裕な家計ほど多額の税負担軽減を受益できる点である。

② 税額控除のタイプ

税額控除 S による税負担軽減額は S である。つまり税負担軽減額 S は t と独立に定められる。ただし，税額控除には2種類ある。いま S が30万円で算出税額 $t(Y - E)$ が20万円としよう。第1のタイプが，給付つきでない税額控除である。上記の例では税額控除の最大額を算出税額20万円にする方式である。日本の税額控除はこのタイプである。

第2は，給付つき税額控除である。上の例で言えば，30万円全額給付するのが給付つき税額控除である。なぜなら，算出税額20万円を10万円上回る30万円を給付しているからである。その結果 $T = 20 - 30 = -10$ となり，10万円の純粋な補助金を給付しているのである。

給付つきの場合，算出税額が0円であっても給付を行う。つまり30万円全額を補助金として交付するのである。Y が E 以下の者にも「税額控除」を与えうる。税額控除の目的が低所得者支援であれば，当然，給付つきタイプの方が優れている。給付つきでない税額控除に比べ，算出税額がゼロの者を含めて算出税額 < 税額控除額となる者に対しても，フルの税額控除を与えるからである。低所得者支援という政策目的には，所得控除より税額控除，それも給付つき税額控除が適していよう。

③ 給付つき税額控除の実例

給付つき税額控除には様々な種類がある。ここではアメリカの例を参考にして，勤労所得税制にリンクするタイプである，勤労所得税額控除（**EITC:**

図6-1 勤労所得税額控除（アメリカの例）

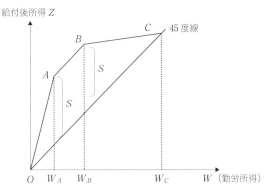

Earning Income Tax Credit) を示そう。図 6-1 は，横軸に勤労所得，縦軸に EITC 給付後の所得 Z を示す。

OA はフェイズイン（Phase In）段階と呼ばれ，W_A 以下の者に適用される。この段階では勤労所得の一定割合が補助される。s を補助率 $(0 < s < 1)$，w を賃金率，L を労働供給とすると，

$$Z = (1+s)W = (1+s)wL$$

となる。L の増加に伴って給付が増加する点に注目しよう。

そして，W_A に至ると補助額が最高になりフラット段階に移る。つまり，AB 間では給付額が一定値 S となり，$Z = W + S = wL + S$ となる。

さらに BC はフェイズアウト（Phase Out）段階と呼ばれる。B から給付額が所得増加とともに減額され，W_C に達するとゼロとなるからである。所得税率を t とすると，

$$Z = wL + S - twL = (1-t)wL + S$$

となり，$wL = W_C$ のところで，$twL = S$ と設定される。

結局，EITC は勤労所得税制によって，正の純給付 ＝ 給付 － 税 ＞ 0 を与えて低勤労所得者を支援する制度である。特に W_B 以下について，L を増やしても純給付を削減しない点が注目されている。

2 | 給与所得税の負担構造と財政力

本節では，給与所得税の財政力と負担構造の現状を示す。使用したデータは国税庁［2015］の『民間給与実態調査2014年分』である。したがって，以下，税制として2014年分の所得に適用されるものを前提とする。なお，同データは民間被用者の給与と税負担に関する調査であり，公務員は除かれている。

2-1 マクロ的な負担率——財政力

マクロ的負担率とは給与所得税総額／給与総額のことである。つまり，潜在的な課税ベースである給与収入全体から，何％の税をマクロ的に調達しているかを示し，給与所得税制の財政力を示す1つの指標とも言えよう[4]。

さて上記データによれば，2014年では，給与収入総額197.4兆円から8.51兆円給与所得税を集めた。その負担率は4.31％である。地方への税源移譲後の最初の所得年である2007年についても給与収入総額198.5兆円に対して8.75兆円の給与所得税である。その負担率は4.41％である（国税庁［2015］［2008］第16表）。両年とも，200兆円ほどの給与収入総額から8.5ないしは8.7兆円の税しか集めていない。

2-2 負担構造

（1）給与収入階級別税額分布

では，給与所得税は主にどの給与収入階級から集められているであろうか。この点の実態を明らかにしよう[5]。

表6-3は7つの給与収入階級別に，給与収入の分布割合および税額の分布割合を示す。給与収入の分布割合（以下，給与分布と略称）とは，給与収入総額197.4兆円を100としたとき，当該給与収入階級における給与収入総額がいくらを占めるかを示し，税額の分布割合（以下，税額分布と略称）とは，給与所得税総額8.51兆円を100としたとき，当該給与階級における給与所得税収がいくらを占めるかを表す。

表6-3によると，300万円超〜800万円以下の中間階層では，給与分布が58.4％であるのに，税額分布は33.4％にとどまっている。逆に，給与階級

146　第Ⅲ部　税　　　制

表 6-3　給与分布・税額分布・負担率（2014 年，%）

給与階級 （万円）	給与分布	税額分布	負担率
～300 以下	17.3	5.2	1.3
300～500	29.6	13.3	1.9
500～800	28.8	20.1	3
800～1000	9.3	12.3	5.7
1000～1500	8.8	18.9	9.2
1500～2000	2.6	9.4	15.6
2000～	3.3	20.8	27.1

（出所）　国税庁［2015］第 16 表「給与階
　　　　級別の納税者数・非納税者数」（1 年
　　　　を通じて勤務した給与所得者）より
　　　　筆者算出。

1500 万円超では給与分布が 5.9% なのに対して，税額割合は 30.2% となる。
中間層から得ているのとほぼ同じ額の税をこの高所得階層から調達している。
総じて，中間層への依存度が低い税調達構造といえる。ちなみに平均給与は，
414 万円である。

（2）給与収入階級別負担率

　さらに，表の一番右の欄に，給与収入階級別の負担率 ＝ 当該給与収入階級
における税額／当該階級の給与収入の値を示した。

　負担率でも，中間層のうち 300 万円超～500 万円以下の階級で 1.9%，中間
層のうち平均給与を上回る 500 万円超～800 万円以下の給与階級で 3% であ
る。これらの負担率水準は，300 万円未満の低所得者層の負担率 1.3% にきわ
めて近い値となっている。

　このような税分布と階級別負担率構造は，累進税制であるから当然と思われ
るかもしれない。しかし，コラム 7 で紹介しているように，累進税制には財政
力の強いタイプと弱いタイプがある。明らかに現行税制は，財政力の弱い累進
所得税である。通常，中間層の給与所得分布は，低所得層や富裕層より高い割
合を占めるからである。

第6章 所得税の課題と改革　**147**

――◆ コラム7　累進所得税と財政力 ―――――――――――――――

　簡単化のため，ここでは給与階級を3つとしよう。第1階級は最低水準の給与階級で，これに属する者の平均給与収入が Y^1 万円とする。第2階級は階級の平均給与収入が Y^2 万円の中間給与階級とし，第3は平均給与収入が Y^3 万円の富裕者階級とする。当然 $Y^1 < Y^2 < Y^3$ である。

　それぞれの階級 i に属する給与収入に対して t^i の実効税率（＝給与収入に対する税額の割合）が適用されるモデルを考えよう。各階級に属する給与所得者数を N^i とする。このとき，

$$i \text{ 階級から得られる給与所得税収 } T^i = t^i \times Y^i \times N^i \qquad (\alpha)$$

となる。$Y^i N^i$ が各階級の給与収入総額である。その合計 $\Sigma Y^i N^i$ が，マクロの給与収入総額であり，上述の2014年の例でいえば約200兆円である。T^i の合計 ΣT^i（以下，T で表す）が約8兆円である。総税収 T は

$$T = t^1 \times Y^1 N^1 + t^2 \times Y^2 N^2 + t^3 \times Y^3 N^3 \qquad (\beta)$$

となる。

　さて，t^3 はこのモデルで最も高い実効税率であるが，そのような階級の給与所得総額 $Y^3 N^3$ は，他の階級に比べて少額であるのが通常である。なぜなら Y^3 は高いが給与所得者数 N^3 が少ないからである。

　通常 $Y^i N^i$ が最も多いのは，第2の中間階級である。1人当たり平均給与収入は第3階級に劣るが，給与所得者数が断然多いからである。

　したがって，マクロの給与収入総額 $\Sigma Y^i N^i$ が一定のもとで，T をより多額にする，すなわち財政力を強めるには，$Y^i N^i$ の最も大きい中間層から，その多額の給与収入額にふさわしい税収を確実に調達することである。

　現状は t^2 が t^1 に近く低い水準にあるため，財政力の弱い累進所得税となっているのである。中間階級の平均実効税率 t^2 を現状より引き上げることが，財政力を備えた累進課税を実現する道である。なお長期的・本来的には，所得税の財政力は国と地方における所得税と住民税の役割分担を視野に入れて考察されるべきである。

―――――――――――――――――――――――――――――――――――――

2-3 財政力の弱さ――控除の作用

　さて給与所得税額＝法定税率×課税ベース，であるので，

$$\text{税額} = \text{法定税率} \times (\text{給与収入} - \text{控除})$$

が成立する。

　つまり税額は法定税率だけでなく，控除（＝給与所得控除＋所得控除）によっ

148　第Ⅲ部　税　　制

表 6-4　控除額の分布と控除率（2014 年）

給与階級（万円）	控除額（兆円）	分布（%）	控除率（%）
～300 以下	25.2	22.9	73.8
300～500	35.9	32.7	61.4
500～800	31.5	28.7	55.4
800～1000	8.7	7.9	47.4
1000～1500	6.4	5.9	37.1
1500～2000	1.4	1.3	27
2000～	0.8	0.7	12.1
合計	109.9	100	55.9

（出所）　国税庁［2015］第 16 表より筆者推計。

ても変化する。そこで，以下では控除の分布実態を明らかにしよう。推計は以下の手順による。国税庁［2015］第 16 表は給与階級を 100 万円以下から 2500万円超の 14（表 6-7 参照）に分けている。まず各階級の給与総額を給与所得者数で除して各階級の平均給与を求める。次に各階級の税総額を給与所得者数で除し，各階級の平均税額を求める[6]。この平均給与と平均税額より平均課税所得を求める。平均給与から平均課税所得を差し引いて各階級の平均控除額を算出し，それに給与所得者数を乗じて各階級の控除総額を得る。これをもとにこの年の控除総額を求める。表 6-4 は紙幅の関係から階級を 7 区分に縮約した結果を示す。

　最初にマクロレベルの控除総額を確認する。表の合計欄によれば，控除総額は約 109.9 兆円である。これは給与総額 197.4 兆円の 55.9% にあたる。実に給与収入の半分以上が控除されている。

　次に，控除額を給与階級別に見ると，やはり 300 万円超～800 万円以下の階級に集中している。それはマクロの控除総額の 61.4%（＝ 32.7 ＋ 28.7）にのぼる。この比率はこの階級の給与収入分布である 58.4%（表 6-3 参照）をも上回る。

　さらに控除率 ＝ 控除額／給与収入を，各階級の控除総額／給与総額で算定した。控除率も 300 万円超～500 万円以下の階層で 61.4%，500 万円超～800万円以下の階層で 55.4% とその水準が高く，しかも高所得層より高い。

　高い控除率が中間層における負担率を引き下げて，彼らの 1 人当たり税負担

第6章 所得税の課題と改革　149

を引き下げつつ，納税者がこの階級に集中することにより，マクロ的に見て多くの給与所得税収を失っている，と考えられる。逆に言えば，不必要な控除をなくせば中間層からの税収増加・財政力強化の道が開ける。

3 給与所得控除の実態と改革

本節では財政力強化の観点から給与所得控除の実態を把握する。その中で政府によって実施されている改革案をも紹介し，コメントを加える。

3-1 給与所得控除による課税ベースの減少

まずマクロレベルでの給与所得控除総額に注目する。表6-5の最下段の総額欄によると，給与所得控除総額は約58.9兆円である。これは，総計の控除率の欄が示すように，給与所得総額197兆円に対して29.9%を占める。マクロベースでさえ，課税ベースを3割減らすわけである。また，表6-4で示した総控除総額109.9兆円に対しても53.6%である。給与所得控除は諸控除全体の2分の1を超える。給与所得税の財政力を低めている主因と言える。

次に，給与所得控除の分布欄によれば，300万円超〜800万円以下の階級の給与所得控除総額は，全体の60.7%（= 33.2 + 27.5）を占める。これに対して給与800万円超の階級の給与所得控除額は全体の13.9%に過ぎない。

表6-5　給与所得控除の分布と控除率（2014年）

給与階級 （万円）	給与所得 控除（兆円）	控除額の 分布（%）	控除率 （%）
〜300以下	14.9	25.3	43.7
300〜500	19.6	33.2	33.6
500〜800	16.2	27.5	28.4
800〜1000	4.4	7.5	23.9
1000〜1500	2.6	4.4	14.9
1500〜2000	0.7	1.2	13.7
2000〜	0.5	0.8	7.7
総額	58.9	100	29.9

（出所）　国税庁［2015］第16表より筆者推計。

さらに，控除率（＝給与所得控除／給与）の実態を給与階級別にみよう。中間層の控除率は 300 万円超～500 万円以下で 33.6％，500 万円超～800 万円以下で 28.4％ である。800 万円超の控除率を実態的にも上回っている。以上から，給与所得控除は，主として中間層 300 万円超～800 万円以下からの税収を大きく減らしている可能性が高い。

3-2 給与所得控除水準は適正か

（1）給与所得控除の本来的趣旨

給与所得控除の趣旨は，これまで以下の点に求められてきた。第 1 は，給与所得者の勤務に伴う必要経費の概算控除，第 2 に，他の所得との税負担調整である。第 2 点についてはとくに，給与所得者（被用者）と小規模事業所得者の税負担格差が注目されてきた。同一所得を得る被用者と事業所得者を比べると，前者の税負担が重くなるので，給与所得控除で被用者の税負担を軽減しようとするわけである。

しかし，第 2 点には問題が多い。被用者と事業者の税負担格差は，本来，税務執行の厳格化によって是正すべきである。さらに，給与所得控除制度は小規模事業者自体の「法人成り」を誘発しかねない。すなわち「法人成り」により家族を被用者として雇えば，税負担を軽減できるからである（田近・古谷 [2003] 13 頁）。そのインセンティブは，法人税率の引下げにより高まっているであろう。以上から多くの租税論研究者も，給与所得控除の機能を勤務に伴う必要経費の概算控除に純化すべきと考えている。そこで本章でもこの立場をとることにしよう。

（2）現行の給与所得控除水準

そこで勤務経費の概算控除として見た場合，現行の給与所得控除水準について検討したい。

①まず国際比較を試みる。図 6-2 から以下の点が指摘できる。

第 1 に，イギリスやアメリカのように，勤務費用専用の概算控除方式が存在しない国もある。第 2 に，ドイツは定額タイプである。しかし，その控除額は，日本の最低保障額 65 万円より 13.2 万円とかなり低い。なお，アメリカは 75.6 万円と日本より高いが，この控除は勤務費用だけではなく，医療費・寄付金にも適用される概算控除である。第 3 に，控除の仕組みが日本に似ている

第6章 所得税の課題と改革　**151**

図 6-2　勤務費用の概算控除制度

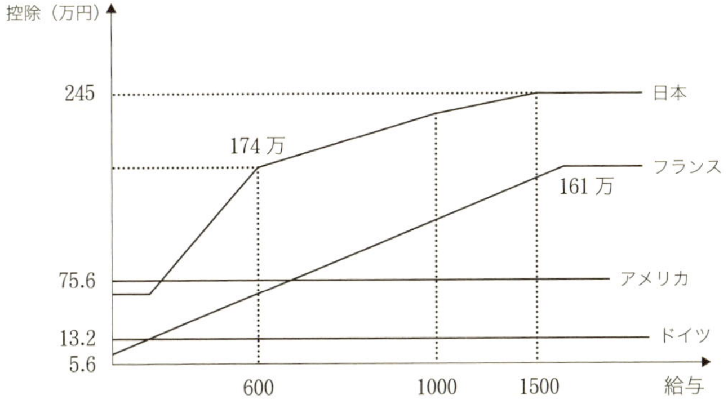

控除（万円）

245　　　　　　　　　　　　　　　　　　　　　日本

174万

　　　　　　　　　　　　　　　　　　161万　　フランス

75.6　　　　　　　　　　　　　　　　　　　　アメリカ

13.2　　　　　　　　　　　　　　　　　　　　ドイツ
5.6

　　　　600　　　　1000　　1500　　　給与

（注）　1. 日本は 2014 年分の所得に適用される制度である。
　　　　2. 1 ドル = 120 円　1 ユーロ = 132 円として換算。
（出所）　財務省ホームページを一部修正。

のはフランスである。しかし，控除額は，各給与水準について日本より低額である。また上限値も 161 万円と，日本の 245 万円よりはるかに低額である。

　以上から日本の給与所得控除は，国際的にみて各給与水準に対してきわめて高額である。とくに日本では，多くの場合通勤費が企業持ちであることをも考慮すべきである。

　②次に，勤務費用についての代表的研究である橋本・呉 [2008] は，勤務費用項目を広い範囲[7]でとって，その経費が給与収入に占める割合（以下，経費率と略称）を，5 つの所得階級別に計測した。用いたデータは家計調査年報である。経費率は，第 1 分位（最低収入階層）が最高で 8.9% で，給与が高くなるほど低下し，第 5 分位で 6% に至っている。（橋本・呉 [2008] 39 頁）。

　ところが実際の給与所得控除率は，表 6-5 で見たようにマクロ（平均）で見ても 30% に及ぶ。給与階級別にみても，43.7% から 7.7% に分布している。①と②から日本の給与所得控除は過大と言えよう。

3-3 新しい給与所得控除案による増収額の試算

（1）新たな控除案の例示

　そこで以下，新たな給与所得控除案を例示し，それを採用した場合の税収増大額を試算する。逆に言えば新しい案を基準にした場合の，現行給与所得控除による減収規模を推計するのである。給与所得控除制度の現状を 2014 年分の

152 第Ⅲ部 税 制

表 6-6 増税額とその分布（単位：億円）

給与階級	政府案	65 万	フランス式
～300	0	1,124	4,426
300～500	0	7,165	10,552
500～800	0	14,853	15,447
800～1000	0	5,943	4,950
1000～1500	297	3,709	1,899
1500～2000	251	1,815	741
2000～	203	1,484	532
合計	751	36,093	38,547
増税収比率	0.88%	42.40%	45.20%

（出所） 国税庁［2015］第 16 表より筆者推計。

所得に適用されるものとする（図 6-2 参照）。

　第 1 の案は，政府案すなわち 2014 年度税制改正である。これは 2017 年分の所得から，1000 万円を超える給与収入の給与所得控除を 220 万円に固定するものである。現状は 1500 万円を超える給与収入の控除を 245 万円としている。この上限値を引き下げかつ，適用給与収入を 1000 万円超に引き下げる措置である。

　第 2 の案は，ドイツの制度を踏まえた定額 65 万円方式である。定額であるが，そのレベルはドイツよりかなり高い。給与収入 650 万円でもその 10% に該当する。なお，高いレベル＝65 万円に設定した 1 つの理由は，現行より低所得層の負担増加を抑える方式をも検討したいからである。

　第 3 の案は，控除額の基本を給与収入の 10% とする。ただし，最低額 30 万円上限額 180 万円とする。これはフランスの制度を参考にしているので，以下，フランス方式と呼ぶ。

　(2) 例示案による試算

　表 6-6 は例示案による増税試算額を給与階級別に示す。

　増税総額は政府案が 751 億円，65 万円方式が 3.61 兆円，フランス方式が 3.85 兆円である。データが民間被用者のみであるので，より重要な現行税収との比率で見ると，それぞれ 0.88%，42.4%，45.2% である。財政力強化の観点からは政府案は殆ど意味がない。これは 1000 万円超という給与所得者分

第 **6** 章　所得税の課題と改革　**153**

表 6-7　新方式による負担率の増加（%）

給与階級	65 万	フランス式
～100	0	2.1
100～200	0	1.1
200～300	0.6	1.2
300～400	0.8	1.5
400～500	1.6	2
500～600	1.8	2.2
600～700	3	3
700～800	3.5	3.2
800～900	3.3	2.8
900～1000	3.2	2.5
1000～1500	2.1	1.1
1500～2000	3.5	1.4
2000～2500	3.2	1.2
2500～	1.8	0.6

（出所）　国税庁［2015］第 16 表よ
り筆者推計。

布の少ない階層を改革対象としているからである。もともと政府案は，財政力
の抜本的強化の観点ではなく，給与所得控除改革の端緒とするところに，その
趣旨があると読み取れる。

　これに対して，65 万円方式とフランス方式はともに，現行税収の 40% を超
える増税収入が見込まれる。方式は異なるが増税収規模の似ている点，興味深
い。また両方式とも予想通り，300～800 万円の中間層から多くの増税収を得
ている。逆に言えば，現行の過大な給与所得控除はこれらの中間層からの税収
を多く失っている。

（3）新方式による負担率の増加

　表 6-7 は政府案以外の新方式採用による給与階級別の負担率増加を示す。
65 万円方式では最大 3.5%（700～800 万円階級および 1500～2000 万円階級），最
小 0% であり，フランス式は最大 3.2%（700～800 万円階級），最小 0.6%（2500
万円超階級）である。負担率の増加がともに 3.5% 以内に留まっていることに
注目したい。なお，予想されるように定額方式の方が平均給与収入（414 万円）

154 第Ⅲ部 税 制

--- ◆ コラム 8　社会保険料負担の重さと対策について ---

　紙幅の関係から本文で取り上げなかった，社会保険料負担について述べよう。財務省のホームページ「国民負担率の推移」によれば，2016 年度の国民負担率（見込み，以下同じ）は 43.9% である。その内訳は，租税負担率が 26.2%，社会保障負担率が 17.8% である。つまり，社会保険料総額は租税総額（国税 ＋ 地方税）の約 67.9%（＝ 17.8／26.2）を占める。マクロ的に見て社会保険料負担は重い。このように社会保険料負担が重いのは，第Ⅱ部で述べたように，日本の社会保障の主要部分である年金・医療が社会保険料を主な財源とし，しかもこれらの社会保障給付が増大してきたからである。

　さらに，社会保険料負担は，個人の勤労所得に対してほぼ比例的にかかる。それは社会保険料の殆どが勤労所得を賦課ベースとし，それに一定割合の賦課率（＝ 社会保険料率）を課すからである。しかも給与所得税制と異なり，給与所得控除や所得控除が存在せず，これらの控除前の給与所得に社会保険料率が課される。そこで社会保険料負担は低勤労所得層から重くなる。たとえば，国税庁［2015］第 17 表によると，300 万円以下の給与収入階級の負担率（＝ 本人拠出社会保険料／給与）は 10.6% に及ぶ。加えて，社会保険料支払いには企業拠出分もある。岩本・濱秋［2009］によれば，日本の企業拠出分の大部分は勤労者に転嫁されると考えられる，としている。

　以上のような現実を踏まえると，現行の年金・医療制度を前提とする限り，勤労者の社会保険料負担の増大は良策とは言えない。むしろ低勤労所得層向けの保険料負担軽減策が必要と思われる。たとえば，本文で取り上げた給与所得控除を縮小しそれによる増税分を，社会保険料額を上限とする給付つき税額控除として使用することも考えられる。この政策は低勤労所得層の社会保障受益権確保を公的にサポートするためである。

以下の給与階級に配慮した結果となっている。

4 ｜ 配偶者控除制度の改革

　本節では 2018 年分の所得より適用されることになった，配偶者控除制度の改革について概説する。

4-1 改革前の制度

　図 6-3 を参照されたい。改革前の制度のうち，配偶者控除は配偶者の給与が

第6章　所得税の課題と改革　**155**

103 万円以下であれば，納税者（たとえば配偶者を妻とすれば夫）に 38 万円の控除を認める。納税者本人の所得制限はない。

次に配偶者の給与が 103 万円を超えて 141 万円未満であれば，配偶者控除の代わりに配偶者特別控除が適用される。図 6-3 の AB 線がこれを示す。配偶者の給与が 103 万円超 105 万円未満の場合，以前と同じ 38 万円が配偶者特別控除として認められる。配偶者の給与が 105 万円以上 110 万円未満では (38 − 2) 万円の配偶者特別控除となる。以下，配偶者の給与が 5 万円増加するごとに控除額が 5 万円減少し，その給与が 135 万円以上 140 万円未満に達すると控除額は 6 万円，そして給与が 140 万円以上 141 万円未満で控除額が 3 万円となり，141 万円以上に至ると控除額がゼロとなる。ただし，配偶者特別控除を受けるには，納税者本人の給与収入が 1220 万円未満でなければならない。

この配偶者特別控除は 1987 年に創設された。その目的は配偶者控除のみだといわゆる「103 万円の壁」が生じるためである。いま，配偶者が給与を 103 万円から 104 万円に増やしたとしよう。納税者本人の限界税率を 10% とすると，このカップルの可処分所得合計は以下のように変化する。

　①配偶者控除消失による所得の減少　　−0.1 × 38 ＝ −3.8 万円
　②配偶者の所得増加　　　　　　　　　　　　　　　 1 万円
　③配偶者の所得税負担の発生　　　　−0.05 × 1 ＝ −0.05 万円
　　　　　　　　　　　　　　　　　合計 ＝ −2.85 万円

配偶者の勤労増加にもかかわらず家計の手取りが減少してしまう。これが 103 万円の壁である。

では配偶者特別控除があると上の事態はどう変わるか。配偶者の給与が 105 万円以上になると以前の控除額が減少し始める。そこで，配偶者が給与を 103 万円から 2 万円給与を増やしたとしよう。このとき配偶者特別控除は 36 万円となる。よってカップルの可処分所得合計は，以下のように変化する。

　①配偶者の控除額減少による所得の減少　−0.1 × 2 ＝ −0.2 万円
　②配偶者の所得増加　　　　　　　　　　　　　　　 2 万円
　③配偶者の所得税負担の発生　　　　−0.05 × 2 ＝ −0.1 万円

可処分所得は 1.7 万円増加することになる。したがって税制に関する限り，改革前の制度のもとでも「103 万円の壁」は生じない。ただ企業が被用者に給

156　第Ⅲ部　税　　　制

図 6-3　配偶者控除制度の見直し（1）配偶者の所得制限

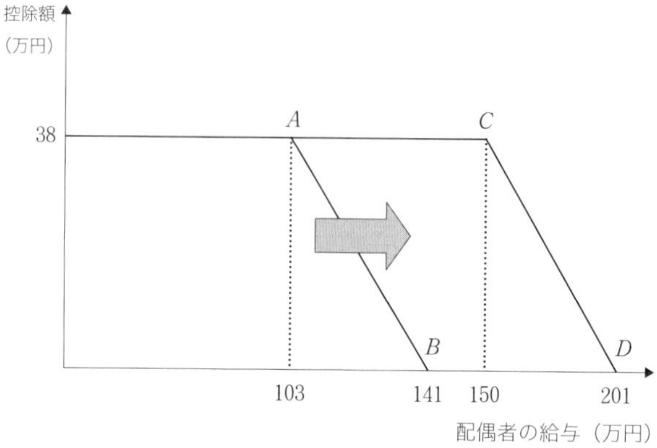

控除額
（万円）

38

A　　　　*C*

B　　　　　　*D*

103　　　　141　150　　　　201

配偶者の給与（万円）

（出所）　財務省［2017］3 頁を一部修正。

付する配偶者手当（扶養手当）について，事実上配偶者の給与水準 103 万円以
内を要件にする場合が多い。そこで実態として 103 万円近傍での就業調整がな
されているという。

4-2 改革内容

（1）配偶者の収入制限の拡大

　まず，配偶者特別控除を図 6-3 の *AB* から *ACD* に拡張する。配偶者の給与
が 150 万円までは，38 万円の控除を納税者本人に認める。つまり，配偶者の
収入制限を 103 万円から 150 万円へ引き上げる。次に配偶者の給与が 150 万
円を超えると，*CD* が示すように控除額を配偶者の収入が増加するごとに減ら
していく。改革前の制度の *AB* 線の役割を果たすわけである。そして配偶者
の給与が 201 万円に達すると，控除はゼロとなる。

（2）納税者本人の所得制限

　ただし，納税者本人の給与収入額によって控除適用額を図 6-4 のように変え
ることにした。図の α は，図 6-3 で適用される控除額である。納税者本人の給
与収入が 1120 万円以下まではこの控除額 α 全額が認められる。もちろん，そ
の最大額は 38 万円である。1120 万円超から α の減額が始まり，1170 万円ま
では $2\alpha/3$ となり，さらに 1170 万円を超えると $\alpha/3$ と減額し，1220 万円に
至ると $\alpha = 0$，すなわち控除は消失する。

図6-4 配偶者控除制度の見直し（2）納税者本人の所得制限

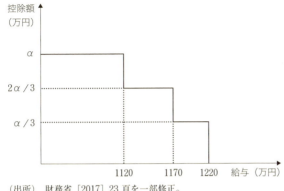

（出所）財務省［2017］23頁を一部修正。

納税者本人の所得制限について改革前と比較しよう。改革前は配偶者の収入が103万円以内である限り，納税者本人の所得水準に関わりなく38万円の控除であった。改革後に38万円の控除を受けられるのは納税者本人の所得が1120万円以下でなければならない。

4-3 改革意図と課題

配偶者控除制度を拡大した意図は，配偶者の就業調整対策である。「最低賃金が引き上げられていく中でも人手不足を解消したい」（財務省［2017］3頁）とのことである。以下，2点指摘したい。

第1には，安倍政権の唱える「一億総活躍」という基本目的からすると，きわめて局部的な対応である。上記の改革は既婚カップルにおけるパート労働の供給推進だけを強化する政策であるからだ。

既婚カップルで仮に夫の給与が1120万円以下とすると，以下のようになる。
① 妻が専業主婦の場合
　カップルの控除は夫の基礎控除＋配偶者控除＝76万円となる。
② 0＜妻の給与≦150万円の場合
　控除総額＝76万円（夫の基礎控除＋配偶者控除あるいは配偶者特別控除38万円）＋妻の基礎控除となる。妻の基礎控除は妻の給与額に依存する。給与額が65万円までは0で，それを超えると0＜基礎控除≦38万円となり，妻の給与額が103万円以上になると38万円フルに控除される。こ

158　第Ⅲ部　税　　　制

のとき，家計の控除総額は 114 万円となる。

③　151 万円 ≦ 妻の給与 ＜ 201 万円の場合

　夫の基礎控除 ＋ 妻の基礎控除 ＋ 夫の配偶者控除 ＝ 基礎控除合計 76 万円 ＋ 配偶者特別控除 β 38 万円 $(0 < \beta < 1)$ となる。

④　妻の給与 ≧ 201 万円の場合

　夫の基礎控除 ＋ 妻の基礎控除 ＝ 76 万円となる。

　つまり，妻が 130 万円以上 150 万円以下で働くケースが一番多額の控除になる。事実上パート労働に限定した労働供給促進政策であり，女性労働全体の本格的推進政策とは言えない。

　第 2 に，税制の所得再分配機能の回復にとってもその意義は限定的である。夫の給与 1120 万円まではその水準にかかわらず 38 万円の配偶者控除が与えられる。この収入の範囲内で高所得層ほど税の節減を多く受ける。

5 ｜ 年金税制の課題と改革

5-1　年金税制の仕組みと問題点

（1）注　目　点

　現行の年金税制では，拠出段階の加入者拠出（いわゆる本人拠出の保険料分）は，社会保険料控除により所得控除される。被用者についての事業主拠出分は必要経費として算入される。結局，拠出段階の保険料は非課税である。拠出金収益も非課税である。最後に給付段階では年金給付課税が原則とされている。

　したがって，建前上は支出税主義に基づき，その非課税—非課税—給付課税という方式を採っている。支出税は貯蓄とその収益に課税せず，これらが引き出され支出する段階で課税するからである。なお，仮に所得税主義を原則としても，拠出と収益が非課税扱いであるので，拠出と収益に対する課税の代理として受給段階の課税が求められる[8]。そこで以下，受給段階における年金課税の仕組みに注目する。

（2）年金税額の算出法

　受給年金に対する税額は以下の 2 段階で算出される。

第**6**章 所得税の課題と改革　　**159**

表 6-8　公的年金等控除額の算出

公的年金等収入	公的年金等控除額
～330 万円以下	120 万円
330 万円超～410 万円以下	収入×25％ + 37.5 万円
410 万円超～770 万円以下	収入×15％ + 78.5 万円
770 万円～	収入×5％ + 155.5 万円

(出所)　国税庁ホームページ,「公的年金等に係る
雑所得の計算方法」に基づき算出。

$$\text{雑所得} = \text{年金収入} - \text{公的年金等控除} \qquad \text{(A)}$$
$$\text{税額} = (\text{雑所得} + \text{他の所得} - \text{所得控除}) \times \text{税率} \qquad \text{(B)}$$

つまり, 年金収入は税法上雑所得として位置づけられ, それを求めるのが式 (A) である。税法上の給与所得が, 給与収入 − 給与所得控除として算出されるのと似ている。次に雑所得が正である場合, 他の所得, たとえば給与所得や事業所得を合算し, 所得控除を差し引いた額に累進税率が課される。

以下, 年金課税に焦点を当てるため, 年金以外の所得をゼロとし, 年金受給世代の年齢を 65 歳以上と想定する。ここで注目したいのは, 式 (A) の右辺の公的年金等控除である。表 6-8 がその控除額算出法を示す。

控除額は, 120 万円を最低控除額として, 年金額の増加とともに増加する。400 万円の年金でも 137.5 万円の控除が受けられる。ちなみに総務省 [2015] によれば, 約 22.1 兆円の公的年金のうち, 公的年金等控除は約 11 兆円である (同調べ第 13 表その 2 より)。年金に占める控除額は, マクロ的平均的にはほぼ 50％ に至る。なお, この資料は 65 歳以上の年金受給者のうち, 個人住民税所得割の納税義務者 (税額控除後) について, 公的年金等控除の実態を示している。したがって 65 歳以上の年金受給者全体をカバーするものではない。しかし, カバー範囲が狭いとはいえ, 年金総額の 50％ も控除されている事実は注目すべきである。

5-2 年金給付課税の制度分析

(1) 年金世代の税負担

そこで現行の受給年金税制のもとでの税負担額を算出しよう。表 6-9 は年金

160　第Ⅲ部　税　　制

表 6-9　世帯タイプ別年金税額（単位：万円）

年金収入	片稼ぎ	共稼ぎ	単身
100	0	0	0
200	0	0	2.1
300	1.3	0	7.1
400	6.3	4.2	12.7
500	10.67	9.2	21.1
600	19.17	13.8	35.9

（出所）　筆者算出。

税の負担額を，世帯のタイプ別に年金額 100 万円から 600 万円に分けて求め
たものである。

　① 片 稼 ぎ

　表 6-9 での片稼ぎタイプとは，家計の年金のうち，妻の年金が 78 万円（月額
6.5 万円の基礎年金のみ）とし，残りを夫の年金と想定した，いわゆる厚生年金
のモデル年金タイプを示す。年金収入からの控除項目として公的年金等控除の
他に，基礎控除 38 万円と配偶者控除 38 万円を付け加えた[9]。妻の年金にも公
的年金等控除と基礎控除が適用されることに留意すべきである。配偶者控除は
夫だけに認められ，妻の年金が 158 万円以内の夫に適用される。

　表 6-9 から，全体的に税負担の低さを確認できる。妻の年金が 78 万円であ
るので，妻の税は公的年金等控除だけでゼロとなる。同控除の最低保障額が
120 万円であるからである。夫の税については 120 万円＋基礎控除 38 万円＋
配偶者控除 38 万円までの年金 ＝ 196 万円の年金まで税はかからない。つま
り，家計の年金 196 万円＋78 万円 ＝ 274 万円までの年金に対して課税ゼロで
ある。モデル年金が想定している家計は，年金税ゼロである。300 万円の年金
レベルでも年額 1.3 万円の税で済む。

　② 共 稼 ぎ

　ここでの共稼ぎタイプは，家計の年金のうち，60％ を夫，40％ を妻の分と
した。厚生労働省［2014］表 13「性別・本人の現役時代の経歴類型別公的年金
階級別 構成割合」によると，男子の正社員中心[10]の平均年金が 208.9 万円，
女子の正社員中心の平均年金が 139.3 万円であり，両者の比率が約 3：2 なの
で，この比率を採用した。このタイプだと 300 万円の年金でも税負担ゼロとな

る。この場合，妻の年金は 120 万円であるので，公的年金等控除だけで税がゼロとなる。基礎控除を含めると実は，妻の年金の課税最低限は 120 万円 + 基礎控除 38 万円 = 158 万円である。

したがって，夫の年金の課税最低限は，配偶者控除が適用される場合，すなわち妻の年金が 158 万円以下である場合，前述のように 196 万円である。つまり 196 万円までの夫の年金と，158 万円までの妻の年金の合計 = 354 万円までの家計の年金には税がかからない。そこで表 6-9 の共稼ぎの年金 300 万円は税ゼロとなっている。400 万円の年金でも 4.2 万円の税で済む。ちなみに前述の厚生労働省［2014］表 25 によると「夫婦ともに『正社員中心』の世帯の平均年金」は 364.4 万円であるので，その税負担は 1.13 万円となる。

③ 単 身 者

表 6-9 の最も右の欄に単身者のケースをあげた。この場合の課税最低限は 120 万円 + 基礎控除 38 万円 = 158 万円である。

(2) 勤労世代との比較

次に，上記の年金世代の税負担と勤労世代の税負担とを比較しよう。つまり年金収入と同一の給与収入の世帯・単身者との税負担を比べる。片稼ぎは，現役世代の妻の所得はゼロであるが，年金世代の妻は 78 万円の年金を得る。共稼ぎは両世代とも家計収入の 60％ を夫が得る。控除項目については，現役世代は給与所得控除，基礎控除，配偶者控除である。年金世代は公的年金等控除，基礎控除，配偶者控除である。ただし配偶者控除は，両世代とも妻の所得水準に依存する。表 6-10 が各家計の税負担を示す。

① 単 身 者

単身者は，収入が 400 万円までは勤労世代の方が多額の税負担である。両世代における税負担額の違いは，公的年金等控除と給与所得控除の差によって生じる。そこで収入が 500 万円近傍までの公的年金等控除額と給与所得控除額を，図 6-5 で示した。490 万円で両者の控除額が等しくなり，490 万円未満の収入だと公的年金等控除額が給与所得控除額を上回る。つまり 490 万円未満の収入だと年金世帯の税負担は現役の税負担より低くなる。

② 片 稼 ぎ

片稼ぎの場合，600 万円までの家計収入のすべてについて，年金世代の方が低い税負担である。両世代の税負担の格差は単身者のケースより大きい。注意

162　第Ⅲ部　税　　制

表 6-10　年金世代と勤労世代の税負担比較（単位：万円）

| 収入 | 片稼ぎ夫婦 | | 共稼ぎ夫婦 | | 単身者 | |
	勤労世代	年金世代	勤労世代	年金世代	勤労世代	年金世代
200	2.3	0	0	0	4.2	2.1
300	5.8	1.3	3.65	0	7.7	7.1
400	9.5	6.3	8.45	4.2	13.05	12.7
500	17.25	10.67	12.55	9.2	21.05	21.1
600	27.25	19.17	15.45	13.8	34.85	35.95

（出所）　筆者算出。

図 6-5　公的年金等控除と給与所得控除の比較

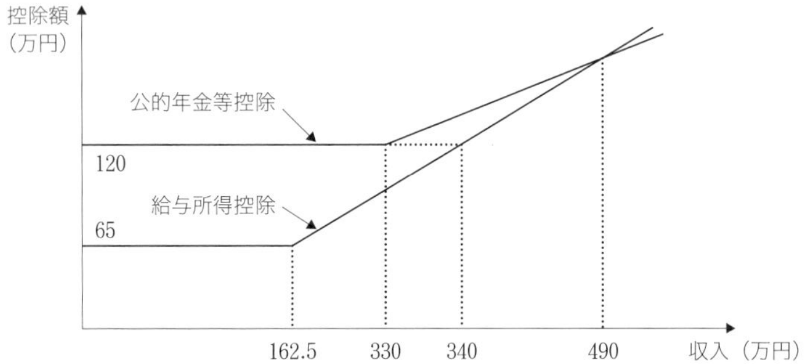

（出所）　筆者作成。

を要するのは，年金世代の片稼ぎの妻が 78 万円の年金を受け取る一方，現役の妻は収入ゼロという点である。つまり，同一収入の家計を比べているので，現役の夫の方が年金世代の夫より，収入が 78 万円多い。また両世代とも妻は非課税である。

　そこで夫の控除額に注目すると，基礎控除と配偶者控除については両世代とも合計 76（38 + 38 = 76）万円で差はない。結局，課税される場合の両世代の税負担は，収入の差 78 万円によって，給与所得控除 − 公的年金等控除が 78 万円より大きくなれば現役の負担が低くなり，78 万円より小さければ年金世代の負担が低くなる。給与収入 600 万円と年金収入 522 万円の場合でも，給与所得控除が 174 万円で，公的年金等控除は 156.8 万円であり，その差額は 17.2 万円に過ぎない。よって両者とも課税される水準の収入であっても年金世代の方が低負担となる。

第6章 所得税の課題と改革　163

さらに低収入である 200 万円に注目すると，年金の場合夫の課税最低限は
196 万円（＝ 120 ＋ 38 ＋ 38）であるので，家計の年金が 274 万円（＝ 196 ＋ 78）
まで税負担ゼロとなる。これに対し給与の場合課税最低限が 141 万円（＝
65 ＋ 38 ＋ 38）であるので，家計の収入がこれを超えると課税される。やはり，
寛大な公的年金等控除の存在が世代間負担格差の重要な要因である。

③ 共 稼 ぎ

共稼ぎの場合，両世代の税負担格差の要因は次の点にある。

第 1 は，夫同士の公的年金等控除と給与所得控除の差である。①の単身者で
述べたように，同一収入を想定すると，夫の収入が 490 万円までは前者の控除
額が大きくなる。

第 2 に，さらに夫に適用される配偶者控除の差にもよる。現役の場合，妻の
収入が 141 万円以上になると，配偶者特別控除も含めて配偶者向け控除は一
切適用されない。これに対して，年金世代の配偶者控除は妻の年金が 158 万
円＝ 120 万円（公的年金等控除の最低保障）＋ 38 万円（妻の基礎控除）まで，配偶
者控除が認められる。

第 3 に，妻の課税最低限の差である。年金世代の妻の課税最低限は 158 万円
であるが，現役の妻のそれは 103 万円である。

5-3 改革の方向

上記の制度の数値例分析から示唆される改革方向をまとめよう。

第 1 は，公的年金等控除の廃止または大幅縮小である。この制度が年金受給
家計の過半を課税ゼロとしているし，同一収入を得る現役世代より税負担を低
くしている。掛け金を控除し，収益を非課税にし，かつ受給年金に公的年金等
控除を認めることは，年金貯蓄という特定の貯蓄に補助金を与えることに等し
い[11]。

しかも，現在の高齢者が受け取る年金は，通常の保険原理から得られる年金
収益を上回る若年世代からの所得移転を含んでいる。所得税主義であれ支出税
主義であれ，以上のような年金に補助金を与える根拠はない。公的年金等控除
を少なくとも大幅に縮小すれば，高齢世代への所得移転という既得権に課税で
き，世代間公平の確保に貢献する。

第 2 に，仮に公的年金等控除の縮小を改革案として採用する場合，現役が享

164 第Ⅲ部 税 制

受している給与所得控除の改革を踏まえる必要がある。現状における世代間負担格差の原因が, 給与所得控除と公的年金等控除の差にあるからである。また本章では検討しなかったが, 年金世代にも多くの勤労者が存在する。勤労高齢者の課税のあり方を検討する上でも, 給与所得控除と公的年金等控除の改革は「一体的」に進めるべきである。

おわりに

　本章では給与所得税制と年金税制における課題と改革について述べた。とりわけ給与所得控除・配偶者控除制度・公的年金等控除を中心に取り上げた。今後, これらの控除をはじめとして, 社会保険料控除など他の所得控除の必要性の再検討や, その仕組みのあり方, とくに税額控除方式との比較が重要な課題となろう。また, 本章で財政力強化の観点を重視したが, その際, 所得税と住民税の役割分担のあり方をも視野にいれた検討が今後の課題となろう。

注────────

1) 山重［2016］（140 頁）を参照。
2) 国税庁［2015］第 16 表より筆者算出。表 6-4 参照。
3) たとえば田近・八塩［2010］参照。
4) ここでの財政力は, 地方自治体の財政力指数でいう財政力とは異なる。
5) 以下の負担分布というアプローチは田近・古谷［2000］によっている。
6) 厳密には復興特別所得税分を控除すべきである。
7) 背広, 郵便料, 男子ワイシャツ, 電話通信料, 教養的月謝, ネクタイ, パソコン, 理髪料, 男子靴下, 新聞, 腕時計, 男子靴, 交際金（贈与金を含む）である。
8) 年金税制の理論については麻生［1995］, 藤田［1992］を参照。
9) 以下の配偶者控除制度は改革前の制度（2017 年以前の所得に適用される）を前提としている。さらに年金世代の配偶者は 70 歳未満とする。
10) この資料における正社員中心とは 20 歳から 60 歳までのうち 20 年を超えて正社員等であった者（他も同様）である。
11) 井堀［2010］38 頁参照。

◆ 課 題

《第 1 節》

　藤田［1992］の第 4 章および第 5 章のうち 104-112 頁を読み, 要約しなさい。

第**6**章　所得税の課題と改革　　**165**

《第2節》

　給与所得控除について，給与所得税の課税ベースを狭くしているのは社会保険料控除と言われている。最近の総務省『国税庁民間給与実態調査』を使用して，①その総額と，②給与階級別の控除分布および給与階級別にみた控除率＝社会保険料控除／給与収入を調べなさい。③そして，社会保険料控除の是非を，年金保険料を念頭において検討しなさい。その際，文献案内の第5節で紹介している文献を参考にしなさい。

《第3節》

　中本 [2014]，鈴木 [2012] を読み，それぞれの給与所得控除改革案とその効果について要約し，コメントしなさい。

《第5節》

　麻生 [1995] を読み，年金税制についての著者の見解を要約しコメントしなさい。

◆ 文 献 案 内

《第1節》

　給与所得税の制度全般に関わる基礎理論とその政策展開については藤田 [1992]，給付つき税額控除についての理論に関心のある読者には，佐藤 [2011] が参考になる。

《第2-4節》

　所得税と社会保険料の一体調整型改革案については田近・八塩 [2010] を参照。

　給与所得控除の改革については橋本・呉 [2008]，住民税改革を視野に入れた所得税改革については八塩 [2016] が参考になる。配偶者控除制度の改革については林 [2017] が有益である。

《第5節》

　年金税制の理論については，麻生 [1995]，國枝 [2011]，藤田 [1992]，井堀 [2010] を比較するとよい。年金課税の実態分析として田近・古谷 [2003] が参考になる。

◆ 参 考 文 献

麻生良文 [1995]「公的年金課税と課税ベースの漏れ」『経済研究』第46巻第4号。

井堀利宏 [2010]「あるべき税制改革の全体像」土居丈朗編『日本の税をどう見直すか』日本経済新聞出版社，所収。

岩本康志・濱秋純哉 [2009]「社会保険料の帰着分析」国立社会保障・人口問題研究所編『社会保障の効果分析』，所収。

國枝繁樹 [2011]「税制と年金」『年金と経済』第29巻第4号。

厚生労働省 [2014]「調査結果の概要」『年金制度基礎調査（老齢年金受給者実態調査）2012年』。

国税庁 [2008]『平成19年分民間給与実態調査　平成20年』。

国税庁 [2015]『平成26年分民間給与実態調査　平成27年』。

財務省［2017］『説明資料「平成 29 年度税制改正等について」』1 月 27 日。

佐藤主光［2011］「所得税・給付つき税額控除の経済学——多元的負の所得税の構築」『フィナンシャル・レビュー』第 102 号。

鈴木善充［2012］「給与所得課税のシミュレーション分析」*APIR Discussion Paper Series*，25。

総務省［2015］『平成 26 年度市町村課税状況等の調』。

田近栄治・古谷泉生［2000］「日本の所得税——現状と理論」『フィナンシャル・レビュー』第 53 号。

田近栄治・古谷泉生［2003］「年金課税の実態と改革のマイクロ・シミュレーション分析」*COE/RES Discussion Paper Series*，3。

田近栄治・八塩裕之［2010］「税収の確保と格差の是正——給付つき税額控除制度の導入」土居丈朗編『日本の税をどう見直すか』日本経済新聞出版社，所収。

田原芳幸［2016］『図説　日本の税制，平成 28 年度版』財経詳報社。

中本淳［2014］「所得税の課税ベースの日・米・欧国際比較」『フィナンシャル・レビュー』第 118 号。

橋本恭之・呉善充［2008］「所得税改革の論点」『国際税制研究』第 20 巻。

林正義［2017］「103 万円の壁（？）と就業調整」『租税研究』第 813 号。

藤田晴［1992］『所得税の基礎理論』中央経済社。

八塩裕之［2016］「所得税・住民税改革——所得控除縮小と給付付き税額控除導入で役割分担の明確化を」『租税研究』第 795 号。

山重慎二［2016］『財政学』中央経済社。

横山彰・馬場義久・堀場勇夫［2009］『現代財政学』有斐閣。

第**7**章

活力と法人税改革

　本章では，第2次安倍政権による「成長志向の法人税改革」について概説する。すなわち，2015年度から18年度にかけて実施されることになった法人税の税率引下げ政策に注目する。2004年度に39.54%であった法人税率は，14年度には34.62%まで低下していたが，さらに，18年度には29.74%に引き下げられることになった。本章でこの改革に注目するのは，20%台への法人税率という経済界からの積年の要求を実現し，日本の法人税改革の重要な到達点と考えられるからである。

　そもそも財政健全化の観点からは増税が求められるのに，なぜ法人税については税率引下げを継続的に行うのか，税率引下げにともなう減収分をどのような財源で調達するのか，この代替財源政策が，企業の国際競争力の強化や経済成長促進という改革目的と矛盾しないのか，これらの疑問を念頭において解説する。

　第1節では，法人税制の仕組みを整理した後，日本の法人税制に関する基本的事実を整理する。第2節では，企業活動のグローバル化を踏まえて，多国籍企業の行動に影響を与える3種類の税率について説明し，高い税率による弊害を明らかにする。そして，第3節で成長志向の法人税改革の内容を説明し，最後に，第4節で改革の狙いと，なお残る今後の検討課題についてまとめる。

　なお，本書の第IV部第9章は，上記の法人税改革のうち地方法人課税の改革について，地方財政の観点から今回の改革の位置づけと重要な制度の変化を概説している。本章との併読を薦める。

1 法人税制の仕組みと基本的事実

　本節では，法人税制の仕組みを説明し，あわせて，法人税についての基本的な事実を紹介する。その際「成長志向の法人税改革」において減税手段とされた財務省型実効税率に注目する。以下，2018年度より実施予定の税率を前提と

168　第Ⅲ部　税　　　制

し，大企業法人（資本 1 兆円超，以下すべて同じ）に適用される制度を中心に説明する。財務省型実効税率が大企業を想定しているからである。

　日本の法人税制の仕組みで重要な点は，第 1 に，国の法人税だけでなく法人住民税や法人事業税という地方税が存在し，第 2 に，法人事業税の一部にいわゆる外形標準課税が設けられていることである。

1-1 国の法人税

　国の法人税額は次のように算出される。

$$\text{法人税額} = \text{税率} \times (\text{利潤} - \text{事業税所得割税額}) - \text{税額控除} \tag{1}$$

ここで，

$$\text{利潤} = \text{売上等収入額} - \text{仕入額}$$
$$- \text{報酬給与額} - \text{税法上の減価償却} - \text{純支払利子} \tag{2}$$

である。この利潤が税法上の概念であることに留意すべきである。式(1) の右辺の（　）で括った部分が実際の課税ベースである。ここで登場する事業税所得割は後述するように地方の法人税の 1 つである。その税額が損金に算入され利潤から控除される点が重要である。さらに，最後の税額控除は，たとえば投資税額控除，外国税額控除などを指す。以下，事業税所得割税額控除後の利潤を所得と記す。また，式(2) から，日本の法人税は税法上の減価償却控除を行い，他人資本（負債）の支払利子は控除するが，自己資本の収益（配当と留保）はまったく控除しないという所得型に属する。

　法人税率は大企業の場合，23.2% である。なお中小企業（資本金 1 億円以下，以下すべて同じ）には，所得が 800 万円以下については 15% の軽減税率が適用され，800 万円超の所得については大企業と同じ 23.2% の税率となる。つまり，中小企業の場合累進税制である。以上の 23.2% は法人税の基本税率とも呼ばれる。

1-2 地方の法人税

　地方の法人税は，法人住民税（いわゆる地方法人税を含む）と法人事業税からなる。このうち，

①法人住民税（法人税割）は，国の法人税額がその課税ベースとなる。法人住民税率は，道府県分と市町村分をあわせて 17.3% である[1]。大企業の法人住民税額は，

$$0.232 \times 0.173 \times (\text{利潤} - \text{事業税所得割税額})$$

と表せる。

②次に法人事業税は 3 種類の課税ベースからなる。第 1 は，所得割である。その課税ベースは国税と同じく所得が課税ベースとなる。税率は所得に関して累進的（3 段階）であり，大企業の場合，税率は 1.9%（400 万円以下の所得），2.7%（400 万円超 800 万円以下の所得），3.6%（800 万円超の所得）である[2]。したがって，800 万円超の所得を想定すると，

$$\text{事業税所得割税額} = 0.036 \times (\text{利潤} - \text{事業税所得割税額})$$

となる。この関係から，

$$\text{事業税所得割税額} = 0.036 \times \text{利潤} / (1 + 0.036) \tag{3}$$

が成立する。

③法人事業税の第 2 の課税ベースは資本金であり，税率は 0.5% である。さらに，第 3 の課税ベースは付加価値であり税率は 1.2% である。資本金も付加価値も法人税の本来の課税ベースである利潤とは異なるとされ，資本割と付加価値割は外形標準課税と呼ばれる。重要なのは，法人事業税の外形標準課税は大企業のみが納税義務者となり，中小企業には課税されない点である。

1-3 財務省型実効税率とは何か

今回の改革で引き下げられた税率は財務省型実効税率と呼ばれる。それは，利潤に対する大企業向け法定税率を，国税分と地方税分とで合計した数値である[3]。さらに「実効税率」と呼ばれているが法定税率（＝ 課税ベースに適用される税法上の税率）であることに注意したい。

これまでの説明をもとに 2018 年度の財務省型実効税率を算出しよう。

$$\alpha = 利潤に対する法人税負担額$$
$$= 国税法人税額 + 法人住民税 + 事業税所得割税額$$

より

$$\alpha = \{0.232 + 0.232 \times 0.173\}(利潤 - 事業税所得割税額) + 事業税所得割税額$$

が得られる。

この事業税所得割税額に式(3) の右辺を代入すると

$$\alpha = (0.232 + 0.232 \times 0.173 + 0.036) \times 利潤 / 1.036$$

となる。したがって、利潤に対する財務省型実効税率は

$$(0.232 + 0.232 \times 0.173 + 0.036) / 1.036 = 0.2974$$

29.74% となる。

つまり、

$$財務省型実効税率 = \frac{(法人税率 + 法人税率 \times 法人住民税率 + 事業税所得割税率)}{1 + 事業税所得割税率}$$

である。

1-4 法人税の基本的な事実

法人税改革を吟味するにあたって、あらかじめ以下の基本的な事実を確認しよう。第1に、財務省型実効税率は持続的に低下している。図7-1のうち実効税率のグラフがそれを示す。2004年度の39.54% から2014年度の34.62% を経て、2018年度には29.74% に引き下げられることになった。約10% の低下である。

第2に、法定税率は引き下げられてきたが、法人税は依然として日本の税制全体において基幹的な地位にある。一般会計分に限定しても法人税収は、所得税、消費税に次ぐ税収をあげている。たとえば2013年度では約10.5兆円（租税および印紙収入全体の22.3%）、14年度においても約11兆円（同20.4%）である[4]。つまり現在のところ法人税は公共支出を賄う重要な財源に他ならない。

第3に、本書の第Ⅳ部で説明されているように、今日の法人関連税は地方

第7章 活力と法人税改革　171

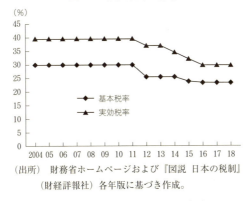

図7-1 法人税率の推移

（出所）財務省ホームページおよび『図説 日本の税制』（財経詳報社）各年版に基づき作成。

表7-1 欠損法人割合の推移（%）

	2009年度	2010年度	2011年度	2012年度	2013年度	2014年度
全体	72.8	72.8	72.3	70.3	68.2	66.4
資本金 1億円超	53.2	49.5	46.3	33.7	23.7	24.7
1億円以下	73	73	72.6	70.6	68.6	66.7

（出所）国税庁『国税庁統計年報書』2011～16年度版より。

政府にとっても重要な財源である。図7-1では財務省型実効税率だけでなく，国の法人税の基本税率の推移をも示した。実効税率と基本税率の差は，実効税率のうち，法人住民税や法人事業税の所得割という地方税の部分を示す。地方における法人税の税率が財務省型実効税率のかなりのウェイトを占めているわけである。たとえば，両税率の差が最も大きい2012～13年度についてみると，地方税分は財務省型実効税率37%のうち，11.5%を占めていた。したがって，日本の法人税制のあり方を考える際，地方税のあり方をも視野に入れなければならない。

第4に，表7-1が示すように，欠損法人，いわゆる赤字法人の割合が法人全体の約70%に及ぶ。これらの赤字法人は法人税を負担しない。また，資本金1億円以下の中小企業の赤字法人割合が約70%に及び，日本企業全体の赤字法人割合を規定している。この赤字法人の多さが，2004年に法人事業税に外形標準課税方式を導入した重要な理由である。付加価値割であれ資本割であれ，その課税ベースは利潤自体ではない。つまり，利潤がマイナスの企業でも

172　第Ⅲ部　税　　制

図7-2　先進5カ国の法人税率の推移

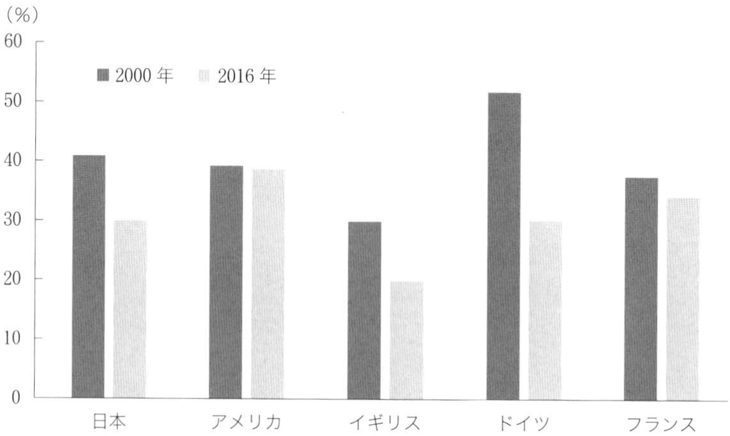

（％）

■ 2000 年　　□ 2016 年

60

50

40

30

20

10

0

日本　　アメリカ　　イギリス　　ドイツ　　フランス

（出所）　OECD ホームページ 〈http://stats.oecd.org//Index.aspx?QueryId=58204〉
より作成。

負担しなければならない税である。赤字法人課税の主要な根拠は，赤字企業も
地方政府が提供している公共サービスの受益者であるという点である。しか
し，外形標準課税の納税義務者は大企業のみであり，中小企業には適用されな
い。

　第5に，法人税率の引下げは日本固有の政策ではない。図7-2は，先進諸国
5カ国について法人税率（地方税を含む）を，2000年と2016年とで比較したも
のである。この表から，すべての国の法人税率の低下傾向が明らかである。と
りわけ，アメリカを除いた国々での大幅な引下げが印象的である。しかも，周
知のようにアメリカでもトランプ新政権が，法人税率15％への大幅引下げを
唱えている。このような法人税率引下げの国際的展開は，経済のグローバル化
と地域間の税率格差を反映した租税競争の産物と言われている[5]。国際取引と
法人税の関係はコラム9を参照されたい。

2 ｜ 多国籍企業の税率選択——3種の法人税率

　コラム9で紹介しているように，現在の法人税の高い税率は輸出競争力を弱
める。しかし高い法人税率の弊害はこれだけではない。そこで本節では，経済

◆ コラム 9 アメリカ共和党の輸出非課税型法人税案

アメリカの下院共和党は，輸出非課税の法人税（国境調整税）を唱えた。この案を素材に法人税と海外取引（輸入入等）の関連を概説する。

(1) 源泉地主義と輸出

法人税の課税をどこで行うかについては，源泉地主義と仕向地主義がある。源泉地主義は生産の行われた地域で課税する。アメリカで生産する企業には輸出品生産も国内品と同様に，アメリカの法人税率が課される。現行法人税は費用の一部であるので，高い法人税率は輸出競争力を削ぐ。さらに，アメリカの税率より低い税率の国での生産とそこからの輸出を誘発する。なお，日米とも原則的には源泉地主義でなく，企業の本社所在地等で課税する居住地主義を建前としている。多国籍企業の世界所得を合算し，アメリカあるいは日本の法人税率のみを課す方式である。

しかし，日本は，2009年度税制改正により，海外子会社からの送金配当に対する非課税措置（日本の法人税を課さない）を導入した。外国に進出している日本企業の国際競争力を強めるためである。さらにトランプ政権も源泉地主義への転換を唱えている。

(2) 仕向地主義の法人税と輸出

仕向地主義では，企業の生産物が消費される地域で課税される。アメリカ共和党が提案している輸出非課税型法人税はこの仕向地主義に基づく。ここでの法人税の課税ベースは企業のキャッシュフロー（資金収入 − 資金支出）を想定しているので，仕向地型キャッシュフロー法人税と呼ばれている。

仕向地主義によると，アメリカ法人税はアメリカ国内での販売のみに課税され輸出に課税されない。輸出品は他国の人が消費するからである。ちょうど，日本の消費税が輸出品に対して仕入税額を控除し，その売上に課税しないのと同じである。よって，この法人税は輸出競争力を削がない。しかも外国に属する法人からアメリカへ供給される財には課税される。今度はアメリカで財が消費されるからである。これも輸入に対して消費税が課されるのと同じである。この輸入課税は，生産をアメリカ以外に移す誘因を弱める。

日本やEUなど多くの諸国は，消費税の仕向地主義によって輸出非課税の恩恵を受けているが，アメリカには国税としての消費税が存在しない。そこで消費税の仕向地主義を法人税に適用しようとするのがこの案の狙いである。現在のところ仕向地主義の法人税は存在しない。その意味でアメリカ共和党は新しいタイプの法人税を提唱したわけである。なお仕向地主義の法人税について，詳しくはDevereux and Sørensen [2005] (pp. 38-41) を参照されたい。

のグローバル化に注目して，多国籍企業の行動に影響を与える3種類の税率を概説し[6]，それぞれの税率が高いことによる弊害を整理する。

174　第Ⅲ部　税　　制

2-1 立地選択——平均実効税率

　経済のグローバル化によって企業はその立地選択に直面している。たとえば，日本で企業活動を行うか，それとも中国で行うのかの選択である。この種の選択は離散的（discrete）な選択と呼ばれる。その際，企業は進出先での税制のもとでの税引き利潤を比較するであろう。進出にあたって固定費用が多くかかるからである。したがって，この段階の選択にあたって企業が注目する税制要因は，課税前利潤1円当たりの法人税額，すなわち，平均実効税率（EATR: Effective Average Tax Rate）が重要な関心事となる。

　最も簡単な形でのEATRは，

$$\text{EATR} = 法定税率 u \times 課税ベース / 課税前利潤 \tag{4}$$

と表される。

　なお，EATRが企業行動に影響を与えうるのは，立地選択のみではない。たとえば，国内における研究開発投資の採否にも影響を与える。この種の投資も固定費が高く，タイプの異なる研究開発投資の代替的選択が問題となるからである。

2-2 投資水準の決定——限界実効税率

　(1) 使用者費用

　立地先・進出先が決定すると，企業は次に当該地域での投資規模を決定しなければならない。最適投資規模は，投資の限界収入と限界費用が等しくなる水準でなされるであろう。ここでは連続的選択が問題となる。この選択を左右するのが，最適投資計画における資本保有の費用，すなわち資本の User Cost（以下，使用者費用と記す）である。そこで資本の使用者費用について説明する[7]。

　以下，生産物価格を1円とし，法人税率をu，資本財価格をq，資本財の経済的償却率をα，実質資金調達コストをr，と表示する。αは資本財の物的な減耗だけでなく，資本財の価格変化をも含む。たとえば価格が購入時点より低下すればαの値は増加する。rは借入利子と株式資金（新株と留保）の機会費用からなる。この機会費用を含めるのは，株式資金の他の用途への利用を放棄して企業の投資に振り向けているからである。rは実質値であるのでデフレが

生じると増加する。さらに，β は投資税額控除を表し，投資に占める税額控除の割合である。A を投資 1 円当たりの税法上の減価償却額の現在価値とする。また，資本量を K，生産関数を $F(K)$ と表す。

このとき，資本量 K の最適決定条件は，

$$(1-u)F'(K) = (\alpha+r)q(1-\beta-uA) \tag{5}$$

となる。ここで $F'(K) = \dfrac{\partial F}{\partial K}$ であり資本の限界生産力を示す。左辺は資本を 1 単位追加することによる税引き限界収入である。他方，右辺は資本を 1 単位追加保有することによる限界費用を示す。それは，資本財の経済的減価償却率 α と資金コスト r の合計 $(\alpha+r)$，すなわち，資本財 1 円当たりの費用（＝減価償却費と資金コストの和）に，資本財の実効購入価格 $q(1-\beta-uA)$ を乗じたものである。仮に β と A がともにゼロであれば，資本財の購入価格は q であるので，資本保有の限界費用は $(\alpha+r)q$ となる。しかし，法人税負担を軽減する措置があると，実効価格は q より低くなる。$\beta>0$ であれば，投資のうち β の割合で税額控除を受けられ，$A>0$ であれば uA だけ法人税負担が軽減する。この両者は資本財購入費用を実質的に引き下げるので，資本財の実効購入価格は $q(1-\beta-uA)$ となり，$(\alpha+r)q(1-\beta-uA)$ が限界費用となる。式(5) から，α や r の上昇は限界費用の増加となり投資減少を招き，逆に β や A の増加は限界費用の低下によって投資を増大させることがわかる。

さて，式(5) の両辺を $q(1-u)$ で除すと，

$$F'(K)/q = (\alpha+r)\{(1-\beta-uA)/(1-u)\} \tag{6}$$

となる。式(6) の左辺は，投資額 1 円当たりの税込限界収入である。したがって，右辺は税込限界費用に他ならない。これが本来の（＝税込基準の）資本の使用者費用である。

(2) EMTR と投資の変化

以下では，簡略化して，式(6) の右辺である税込限界費用から，課税がない場合（$u=0$, $\beta=0$）の限界費用を引いたものを**限界実効税率**（**EMTR**: Effective Marginal Tax Rate）と呼ぼう。すなわち，

$$\text{EMTR} = (\alpha+r)(1-\beta-uA)/(1-u) - (\alpha+r)$$

より，

$$\text{EMTR} = \frac{(\alpha + r)(u - \beta - uA)}{(1 - u)} \tag{7}$$

である。ここでの EMTR は，課税がない場合に比べての，課税がある場合の限界費用の変化分を示す。この点，式(4) の利潤1円当たりの税額を示す EATR と異なる。ここで EMTR > 0 であると，課税による限界費用の増大を意味し，投資抑制型税制を示唆する。

(3) 税制の投資への効果

①式(7) の EMTR のうち，$(u - \beta - uA)/(1 - u)$ を税制要因と呼び，これに注目して法人税制が投資に与える効果を見よう。

第1に，法定税率 u の引下げの効果を見よう。いま $\beta = 0$ とすると，税制要因は $u(1 - A)/(1 - u)$ となる。u の低下は，投資の収益に対する税負担を引き下げるので，その限りでは EMTR を低め投資増大要因となる。ただ，u の低下は，減価償却控除による税負担額の減少額 uA をも引き下げる。その分，資本財の実効価格を引き上げて EMTR を高める要因となる。u の低下が，一部 EMTR を高めることに注意すべきである。ただ，A が通常1より小さいので，u の低下は EMTR を低め投資を増大させると捉えられている。逆に言えば通常，u が高いほど投資が低くなる[8]。ただし u の引下げは，投資を行わない企業にも適用される。

第2に，β は，投資を行えば税額控除によって税負担を減らすので，その増大は EMTR の低下を招き投資を増大させる。税率引下げのように，EMTR を一部引き上げる要因は存在しないし，その適用に投資実行を条件としている。

②さらに，再び $\beta = 0$ として，A が1円のケースを考えよう。1円の投資に対して現在価値でみて1円の減価償却を認めるわけである。これは投資を全額即時償却することに他ならない。このとき，税制要因はゼロ，したがって EMTR = 0 となり，課税がない場合に比べて投資の限界費用は変化しない。つまり税制は投資規模に影響を与えない。$A = 1$ となる税制の一例としてキャッシュフロー法人税があげられる。キャッシュフロー法人税では，投資は企業の支払として課税ベースから全額即時控除され，EMTR = 0 となる[9]。

なお，いったん企業の立地先が決まった後は，EMTR が投資先の選択に影

第7章 活力と法人税改革　177

響を与える。たとえば，日本の EMTR が立地先の EMTR より低くなれば，立地先から日本への投資回帰が生じうる。

2-3 課税利潤の移転──法定税率

どこで生産し，さらにある地域でどれだけ投資するかを決定した後，多国籍企業が行う次の意思決定は課税利潤の移転である。これは，法人税率の地域間格差を多国籍企業間の取引で活用して，企業の税負担総額を可能な限り少なくしようとする行動である。この行動を左右するのは以下に示すように法定税率である。以下，移転価格税制，外国子会社合算税制，過少資本税制の仕組みに関する財務省の図解を敷衍して説明しよう[10]。

（1）移転価格の活用

いま，日本の法人税率（法定法人税率のこと，本項以下同じ）を 40% として，日本企業の子会社がある外国の法人税率を 20% としよう。さて，日本の企業 A が別企業から 100 万円分の仕入を行い，企業 A の外国にある子会社にそれを 110 万円で販売するとしよう。この多国籍企業内取引での 110 万円を**移転価格**と言う。いま，この価格 110 万円が，第三者への販売価格（= 150 万円）より低いとする。そして，外国にある子会社は顧客に 150 万円で売却するとしよう。

以上の国際間企業内取引は，国内で販売したら得られる国内利潤 50 万円（= 150 − 100）のうち，40 万円（= 150 − 110）を外国に移転したのと同じである。日本政府は税を 40 × 0.4 = 16 万円失うわけである。

（2）外国子会社利用による国際取引

次に日本企業 B が，日本で営業している F 国の企業に資金を直接貸し付けし利子を 200 万円得たとしよう。企業 B の法人税負担は 200 × 0.4 = 80 万円である。ところが，もし，低税率（20%）国の外国に設置した B の子会社が F 国の企業に貸し出すと，その利子所得 200 万円には税が 40 万円しかかからない。国際取引の際に，低税率国の外国子会社を利用する租税回避行動である。

（3）過少資本利用による国際取引

日本で営業している外資系子会社 C の資金調達を想定する。C が，外国にある親会社 P からの出資を受けると，子会社 C から親会社 P への配当金は C の課税所得となり，日本の法人税 40% を課される。そこで出資ではなく，C

178 第Ⅲ部 税 制

がPから資金を借りるとしよう。Cの利子支払は利子控除によりCの課税所得を減らす。借入を増やすこと，つまり資本を減らすことにより税負担を軽減できる。

　もちろん，課税当局は以上3つの租税回避行動を防ぐべく，それぞれ移転価格税制，外国子会社合算税制，過少資本税制によって対応している。しかし，すべて多国籍企業内の取引による租税回避行動のため，対応が困難であることも事実である。このように法定税率の高い国は，以上の利潤のLocation先として敬遠され，法人税収の低下を招くことになる。

2-4 留 意 点

　以上述べたように，どの法人税率であれ，その水準が他国より高いとさまざまな弊害をもたらす。そこで日本をはじめとして多くの国々で，3つの税率の引下げが重要な課題となる。しかし，3種類の税率の大幅な引下げを同時に実現することは，多くの場合困難である。というのは，日本を典型例として，法人税収は依然として多くの国にとって重要な財源であるからである。

　たとえば，経済成長促進のために国内投資の増大を図るのであれば，抜本的には，キャッシュフロータイプの法人税を採用すればよい。しかし，この法人税は投資の即時控除を認めているので，課税ベースを減らし法人税収の減少を招くであろう。減収分を補うべく法定税率を引き上げると，EATRの上昇を招く。つまり，税収制約が厳しい場合，EMTR引下げとEATR引下げとがトレードオフ関係になる。

3 ｜ 成長志向の法人税改革——その内容

　ここでは2015年度から2018年度にかけて実施されることになった法人税改革（以下，成長志向の法人税改革と同義）の内容を説明する。一般には法人実効税率の引下げと言われているが，それは財務省型実効税率のことを指し，すでに述べた3種の税率のうちの法定税率の引下げに該当する。

第 **7** 章　活力と法人税改革　　**179**

表 7-2　法人税改革と税率変化（%）

年度	2014	2015	2016	2017	2018
法人実効税率	34.62	32.11	29.97	29.97	29.74
法人税率	25.5	23.9	23.4	23.4	23.2
事業税所得割	7.2	6	3.6	3.6	3.6
付加価値割	0.48	0.72	0.96	1.2	1.2
資本割	0.2	0.3	0.4	0.5	0.5

（出所）　財務省平成 27 年度・28 年度税制改正より。

図 7-3　法人実効税率の国際比較

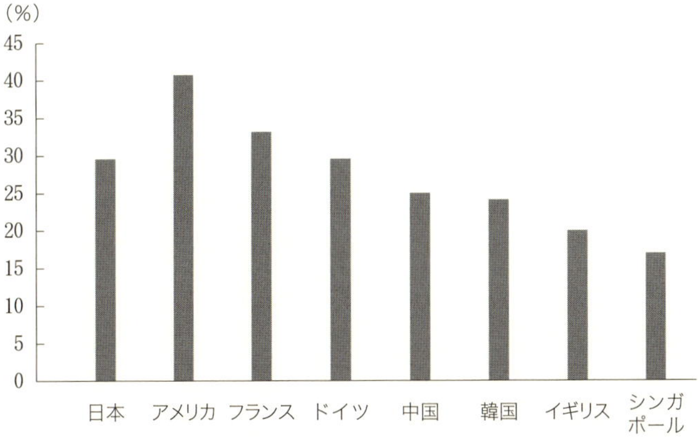

（注）　日本は 2018 年度，他国は 2015 年度。各国とも地方税を含む。
（出所）　財務省ホームページより。

3-1　法人実効税率の引下げ

　表 7-2 に示すように，今回の改革で法人実効税率は，34.62% から 29.74% へ引き下げられることになった。その結果，日本の法人実効税率は，図 7-3 に明らかなように，アメリカ，フランスを下回り，ほぼドイツ並みの水準となった。これにより 2014 年 6 月の閣議決定，いわゆる「骨太の方針 2014」において述べられた「法人実効税率を国際的に遜色のない水準に引き下げることを目指す」という公約が実現した。

　税率引下げは，具体的には，第 1 に，国の法人税率のうち基本税率，すなわち資本金 1 兆円超の大企業法人の所得，および資本金 1 億円以下の中小法人の 800 万円超の法人所得に適用される税率の引下げ（25.5% から 23.2%）と，第 2

180　第Ⅲ部　税　　　制

表 7-3　減税適用企業 2014 年

企業タイプ	黒字法人割合（%）	税額（億円）	所得 1000 万以上（%）
資本金 1 億円超	75.3	71,447	－
1 億円以下	33.3	35,380	8.2

（出所）　国税庁『国税庁統計年報書 2014 年度版』238 頁および 242 頁より
　　　　算出。

に，大企業の事業税所得割税率の引下げである。800 万円超の所得に注目する
と，7.2% から 3.6% へ引き下げられる。なお中小法人の事業税所得割税率は
不変である。

　したがって，税率引下げによる減税は次の企業グループに恩恵が及ぶ。

　第 1 は，資本金 1 兆円超の大企業における黒字法人である。表 7-3 からこの
グループに属する企業の黒字法人割合は約 75% である。

　第 2 に，資本金 1 兆円以下の中小法人のうち，800 万円超の法人所得を稼ぐ
企業である。表 7-3 から，このグループで 1000 万円以上の法人所得を得た企
業の割合は 8.2% である。データの『国税庁統計年報書』に所得 800 万円超と
いう区分がないため，1000 万円以上の数字を示した。総じて大企業中心の税
率引下げ政策と言えよう。

3-2　減税財源の調達方法

　法人実効税率の引下げ自体は法人税収の減少をもたらす。そこで税収補塡策
の内容を見よう。今回の改革で採用された原則は，法人関連税の増税によっ
て，税収の減少をほぼ全額補塡するという方法である。ここで法人関連税とは
法人税や法人事業税の所得割のみならず，法人事業税の付加価値割と資本割を
含むという意味である。

　表 7-4 は税率引下げによる税収減少の規模とその補塡方法を示す。

　税収減少規模は約 2.18 兆円である。その主な補塡措置を取り出そう。表 7-4
の B を参照されたい。

　（1）まず，法人事業税のうちの付加価値割・資本割の引上げである。これに
より 1.17 兆円，すなわち，減収規模のおおむね約半額を賄う。より具体的に
は減税策における事業税所得割税率の引下げによる減収 1.18 兆円を，おおむ
ね付加価値割・資本割の引上げ（1.17 兆円）で補塡する。

第**7**章　活力と法人税改革　181

表7-4　税収減少の規模とその補塡策（単位：億円）

A. 減税	
①法人税率引き下げ	−10,030
②事業税所得割税率の引下げ	−11,810
B. 増税	
①事業税の付加価値割・資本割の引上げ	11,700
②他の課税ベースの見直し	9,060
（内）　欠損金の繰越し制度の見直し	3,970
生産性向上設備投資促進税制の見直し	2,410
その他の特別措置の見直し	2,030
減価償却の見直し	650
合計 ＝ A ＋ B	−160

（出所）　2015～16 年度税制大綱に基づき作成。

　以上の補塡を実現すべく法人事業税の仕組みを次のように変える。2014 年度までの，法人事業税における外形標準課税の課税標準の割合 4 分の 1 を，15 年度に 8 分の 3，16 年度に 8 分の 5 に高め，かつ，税率を所得割 7.2% から 3.6%，付加価値割 0.48% から 1.2%，資本割 0.2% から 0.5% とする（表7-2 参照）。この増税は大企業法人のみに適用される。法人事業税の外形標準課税は大企業だけが納税義務者であるからである。

　(2)　次に，残り半額を，法人税における税額控除措置と課税ベースの見直し等で補塡する。生産性向上設備投資促進税制の廃止，その他の特別措置の見直し（研究開発関連），欠損金の繰越し制度の見直しなどが該当する。増税額の多い 2 つの補塡策について説明する。

　第 1 に，欠損金の繰越控除制度の見直しである。繰越控除制度は法人企業に赤字（欠損）が生じた場合，その赤字額を将来に繰り越して将来の課税所得を縮小して，法人税額を軽減する措置である。赤字発生時点で赤字額 × 法人税率の補助金（マイナスの法人税）を与えるのではなく，黒字発生時点の税額を減らすための制度である。いわゆる損益通算制度を異時点間で行う措置に他ならない。この制度について，欠損金の控除限度を法人所得の 80% から 50% に引き下げる一方，繰越期間を 9 年から 10 年に延長することとした。

　上記の異時点間での損益通算措置としての趣旨からすると，すなわち，収益

182 第Ⅲ部 税 制

が生じると課税するかわりに，欠損が生じると補助金を出すという国家のリスクパートナー機能（企業のリスクテイクをサポートする機能）を想定すると，控除限度の引下げ策には問題がある。

第2は，生産性向上設備投資等促進税制の廃止である。この促進税制は生産性の向上を目指す設備投資等に限って，特別償却ないしは税額控除を認める制度であり，2013年度に期限つきで導入された。この制度は，特定の先端設備，すなわち旧モデルと比べ年平均1%以上生産性を向上する最新モデルや，設備投資計画上の投資収益率が15%以上である生産ラインなど，競争力向上をもたらしそうな特定の設備投資などに限定して適用されるものである。ここで「見直し」とは，当初の期限通り2016年度に支援措置を縮減し，2017年度には廃止することである。財源確保に加え，廃止までの駆け込み適用をも企図している。

4 法人税改革の狙いと課題

4-1 改革の狙い──税率引下げ vs. 投資税額控除

以下，減税手段としての税率引下げと投資税額控除とを比較しながら，法人税改革の狙いを整理しよう。

(1) 投 資 促 進

① 理論的・短期的効果

まず，投資促進という目標を基準にして2つの減税手段を比較する。國枝［2014］が明快に説明しているように，理論的・短期的には，法人税率の引下げより，投資税額控除の方が優れている。法人税率引下げが投資税額控除に劣るのは，2-2のEMTRの説明で述べたように，税率引下げが減価償却の税軽減額を減少させる効果を持つことと，さらに，投資を行わない企業にも，すなわち旧資本財による利潤にも減税の恩恵を与えるからである。他方，投資税額控除は投資を行う企業のみに適用されるうえに，税軽減額の減少も生じない。一定額の投資増大を目指す税の使用方法としては，税率引下げは投資税額控除より非効率な政策手段となる。また日本企業が内部留保を累積しており，投資

第**7**章 活力と法人税改革 **183**

表 7-5 生産性向上投資税額控除の実績 2014 年度（億円 %）

業種	実績額	構成比 %
運輸通信公益事業	530	54.7
輸送用機械製造業	58	6.6
化学工業	49	5.1
全体	969	100

（出所） 財務省［2016］「租税特別措置の適用実態調査の結果に関する報告書」8 頁に基づき一部修正。

資金調達に対して制約が強くないという点も，税率引下げ策の評価を低くしている。

② 投資税額控除の問題点

投資税額控除の実際面を見よう。投資実行を条件としているこの政策は，公共部門による特定産業の資本財購入誘導策となりがちである。したがって，投資税額控除の適用資本財の選択と適用期間，適用条件（たとえば生産性の上昇）をモニタリングする方式等々が，適切でなければならない。また，短期的に適用資本財の選択が適切になされたとしても，長期的には資本財の産業間配分を歪めかねない。どのような資本財をどれだけ購入するかは，本来，企業による期待収益率によって決定されるべきであるからである。

表 7-5 は生産性向上投資税額控除の実績を 2014 年度について示す。2015～16 年度の実績は未だ公表されていない。実績額 969 億円のうち 530 億円（全体の 54.7%）は運輸通信公益事業である。ある意味では当然であるが，利用業種がきわめて限られている。

これに対し税率引下げは，大企業の黒字企業全体に及び，その EMTR の低下を招きうる。広範な範囲でかつ長期的な視点で日本の投資増大を図ることが狙いの 1 つであろう。ただ EMTR の変化については，3-2 の（2）で紹介した課税ベースの拡大の効果をも考慮に入れなければならない。

（2）日本の立地条件の改善

次に，法定税率の引下げは黒字企業全体の EATR の低下をもたらし，日本の立地条件を改善する。投資税額控除も法人税額を減らしその限りで EATR を引き下げるが，その適用業種は限られる。

184　第Ⅲ部　税　　　制

(3) 課税利潤の移転の抑制

　日本の法定税率引下げによる地域間法定税率の格差縮小は，2-3 で説明したように，課税利潤の他地域への移転誘因を弱める。つまり，日本からの課税所得流出を減らし税収増加を生みうる。この種の課税利潤の移転誘因抑制効果は，投資税額控除には存在しない。

4-2 補填財源の問題点

　ここでは減税の補填財源として事業税の付加価値割（以下，付加価値割と略称）を増税したことに注目する。この増税策はたしかに，大企業にとっては法人所得に対する税率引下げをもたらし，地方財政にとっては利益説的な公平概念により合致する法人事業税を実現した。

　しかし，より抜本的な税制改革を図る観点からは，付加価値割の増税がもたらす経済効果にも注意する必要がある。そこで，佐藤 [1973]，田近・油井 [2004] を参考にしつつ，付加価値割の性質を消費税と比較しながら説明し，補填財源としての問題点を整理する。

(1) 付加価値割の仕組み

　まず，付加価値割の課税ベースは，

収益配分額＋単年度損益

＝（報酬給与額＋純支払利子＋純支払賃貸料）＋単年度損益

である。

　つまり，付加価値割は付加価値の各構成要素を加え，付加価値全体を課税ベースとする加算型付加価値税である。

(2) 付加価値割の性質

① 投資に非中立的

　付加価値割は消費税と異なり，投資を即時控除しない。したがって，投資に中立的ではない。消費税の課税ベースは売上から仕入を控除し，さらに資本財購入（投資）を差し引く。つまり課税ベースは付加価値全体ではなく，投資を控除した消費型付加価値である。消費税は文字通り消費に対する税を目指しているので，資本財購入の即時控除はその必須条件となる。ここから，消費税は企業の投資に対して中立的となる。

ところが付加価値割は，資本財購入を即時控除しない。旧資本財について税法に基づく減価償却控除を行うのみである。むしろ資本財購入を即時控除しないことが付加価値割にふさわしい。付加価値割は，都道府県によって提供される公共サービスから，企業が享受する受益の対価として位置づけられている。この位置づけを前提とすれば，その課税標準は付加価値全体でなければならず，消費型付加価値であってはならない。付加価値全体こそが企業による経済活動の規模を示し，公共サービスの受益の指標としてふさわしいと評価されるからである。

② 賃金税＋法人税

(i)付加価値割は賃金税の性格を持つ。人件費（賃金）は付加価値の約70%を占めており（財務省［2016］参照），付加価値割の中心的な課税ベースであるからである。付加価値割の増税＝賃金税の引上げは，企業の賃金引下げ誘因や雇用調整誘因となる。とくに大企業の24.6%を占める赤字企業（表7-1）にとってこの誘因は強いであろう。安倍政権は法人税率の引下げと引き換えに賃金引上げを要請しているが，この要請と矛盾しかねない代替財源政策を採用した。

(ii)付加価値割は法人所得をも課税ベースに含めている。法人所得は2015年度では付加価値の16.9%を占め，例年，人件費に次ぐ比率を示す（財務省［2016］参照）。この事実は，付加価値割が一部で法人所得に対して課税することを意味する。したがって，土居［2016］が主張しているように，付加価値割の所得への課税部分は本来，法人実効税率の一部に含めるべきである。この場合，法人実効税率は，

$$\frac{法人税率＋法人税率 \times 法人住民税率＋事業税所得割税率}{1＋事業税所得割税率＋事業税付加価値割税率}$$

となる。2018年度の場合，それは30.55%となり，表7-2の29.74%より0.81%高くなる[11]。結局，付加価値割依存の増大は法人実効税率の引下げを一部相殺することになる。

③ 輸出競争力を削ぐ

付加価値割は消費税と異なり，輸出免税とならない。他方，消費税は国内消費に課税される。輸出は外国の消費なので仕入税額控除を認めつつ輸出品に課税しない。ところが加算型付加価値税や法人税などは，現在のところ仕向地

186 第Ⅲ部 税 制

原則が適用されず，輸出品を非課税にする制度となっていない（コラム 9 参照）。したがって付加価値割は，黒字企業にとっては法人税と同様，輸出競争力を削ぐ要因となる。

おわりに

　成長志向の法人税改革によって，財務省型実効税率はドイツ並みになった。ただ法人税の減税財源の選択には課題が残されている。たとえば，中小法人に対する赤字法人対策の再検討が課題としてあげられる。事業税の外形標準課税は中小法人を納税義務者に含めておらず赤字法人対策としては有効ではない。赤字法人の中心は中小法人であるからである。法人税率の低下による法人成りの増加も視野に入れて検討すべきであろう。さらに，法人税を資産所得税の前取りと考えて，法人税減税の減税財源として資産所得税の強化も検討課題となろう。今後，法人税率についてはアメリカなどの諸外国のリアクション，すなわち税率引下げが予想されるだけに，適切な減税財源の選択がより重要である。

　さらに，成長と財政再建を目標とするならば，抜本的には，税制全体における法人税の位置づけも再検討すべきである。弊害の多い所得型法人税に，基幹税の地位を与え続けるのは問題が多い。むしろ，法人税のウェイトをどのようなテンポで，どのような方法で低下させていくかが問われている。その意味で法人税と，増税財源の主役とされている消費税との比較が重要である。この点，第 8 章で検討しよう。

注

1) この税率には，法人住民税から国税化された地方法人税率 10.3% が含まれる。

2) この税率には，地方法人特別税の税率が含まれる。

3) 利潤に対する税率という考え方からすれば，本来，付加価値割のうち利潤部分に対する税率を含めるべきであるが，慣行上含めていない。この点，第 4 節で改めて言及する。

4) 以上の法人税収額は財務省ホームページより。

5) Devereux and Sørensen [2005] を参照。また本書第 9 章のコラム 11 も参照。

6) 多国籍企業の 3 段階における意思決定と税率の基本的関係については Auerbach, Devereux and Simpson [2010] (pp. 853-855) も参照した。

7) 以下の使用者費用の説明は Mintz [1996] (pp. 153-155) を簡略化したものである。

8) 微分が理解できている読者は，

$$\frac{d[u(1-A)/(1-u)]}{du} = \frac{1-A}{(1-u)^2}$$

から

$$(1-A) > 0 \text{ ならば } \frac{d[u(1-A)/(1-u)]}{du} > 0$$

なので，u の引下げは $u(1-A)/(1-u)$ を低め，式(7) を通して EMTR を低下させて投資を増大させることを確認するとよい。

9) キャッシュフロー法人税や ACE（Allowance for Corporate Equity）法人税などの超過収益型法人税については，横山・馬場・堀場［2009］282-287 頁を参照。

10) 財務省ホームページ（「国際課税に関する資料」）または田原［2016］262-267 頁を参照。

11) 土居［2016］55 頁参照。

◆ 課　題

《第 1 節》

財務省ホームページを利用して，先進諸国 6 カ国（日，米，英，仏，独，スウェーデン）の①最近における国民所得に対する法人税負担の比率 ②税収全体に占める法人所得税収の割合を調べなさい。税収も法人税収も国税と地方税を含む。

《第 1, 2 節》

Devereux and Sørensen［2005］Part I を読み，法人税の国際的動向について著者らが抽出した Stylized facts を確認しなさい。

《第 3, 4 節》

橋本［2012］を読み，法人税率引下げの是非，その減税補塡手段に関する著者の見解を要約しコメントしなさい。

◆ 文 献 案 内

《第 2 節》

多国籍企業の行動と三種の法人税率との関連については Auerbach Devereux and Simpson［2010］（pp. 850-857）が，EATR と EMTR の数学的導出と実際の計測については，鈴木［2014］第 4 章が参考になる。

《第 3, 4 節》

国際課税を重視した日本の法人税改革のあり方については田近［2011］が，法人税改革の理論に興味ある読者には國枝［2014］が参考になる。法人税の負担と転嫁については土居［2010］，外形標準課税については長沼［1999］と田近・油井［2004］，「成長志向の法人税改革」の詳細については土居［2016］が，それぞれ参考になる。

◆ 参 考 文 献

Auerbach, A., Devereux, M. and Simpson, H.［2010］"Taxing Corporate Income," *Dimensions of Tax Design: The Mirrlees Review* by Institute Fiscal Studies, Oxford University Press, pp. 837-893.

Devereux, M. and Sørensen, P.［2005］"The Corporate Income Tax: International

Trends and Options for Fundamental Reform," *EPRU Analyse*, 24.

Mintz, J. [1996] "The Corporation Tax," Devereux, M. (ed.), *The Economics of Tax Policy*, Oxford University Press, pp. 137-187.

國枝繁樹［2014］「法人税改革の論点」『租税研究』第 779 号。

経済産業省［2015］『平成 28 年度 経済産業省関係 税制改正について』

財務省［2016］『法人企業統計調査結果 平成 27 年度』。

佐藤進［1973］『付加価値税論』税務経理協会。

鈴木将覚［2014］『グローバル経済下の法人税改革』京都大学学術出版会。

田近栄治［2011］「日本の法人税をどう設計するか——課税ベースの選択と国際化への対応」『フィナンシャル・レビュー』第 102 号。

田近栄治・油井雄二［2004］「外形標準課税の検証——都道府県にふさわしい税源か」『税経通信』4 月号。

田原芳幸［2016］『図説 日本の税制，平成 28 年度版』財経詳報社。

土居丈朗［2010］「経済活力を取り戻すための法人税負担と消費税」土居丈朗編『日本の税をどう見直すか』日本経済新聞出版社，所収。

土居丈朗［2016］「税制改正大綱を評価する——成長志向の観点からの法人税改革」『税研』第 187 号。

長沼進一［1999］「法人事業税改革の理論構造」『経済学雑誌』第 100 巻，第 2 号。

橋本恭之［2012］「法人税の改革について」『会計検査研究』第 45 号。

横山彰・馬場義久・堀場勇夫［2009］『現代財政学』有斐閣。

第8章

消費税増税政策

　本章では消費税増税政策を取り上げる。所得税や法人税などは，多くの場合「税収一定」のもとでの構造的改革がなされているが，消費税は持続的に増税政策が追求されてきた。すなわち，消費税率は 1997 年の 3% から 5% への引上げを経て，2014 年からは 8% となった。そして，2 度の増税延期を経て，2019 年 10 月より 10% への引上げが予定されている。

　そこで本章の第 1 節では，消費税の仕組みを紹介しつつ，現行消費税において検討を必要とする制度上の課題を明らかにする。

　次に第 2 節では，増税財源としての消費税の長所と短所を，これまでの租税論研究を踏まえつつ整理する。所得の乏しい者にも課税する消費税が主要な増税財源とされている理由，さらに増税財源としての限界について，他の税制との比較を試みつつ整理する。

　最後に第 3 節で，消費税のいっそうの増税にあたって検討を要する課題を指摘する。軽減税率政策の限界や，増税財源として消費税を補完すべき税制について言及する。

1 ｜ 消費税の仕組みと課題

本節では現行の消費税制における仕組みと，改革を必要とする制度上の課題を明らかにする。

1-1 多段階の付加価値税

（1）課税ベースと納税義務者

　消費税の課税ベースは，売上 − 仕入 − 資本財購入（投資）である。つまり，付加価値（＝売上 − 仕入）から投資を引いた消費に他ならない。そこで消費型付加価値税とも呼ばれる。納税義務者は付加価値を生産する事業者である。事

190　第Ⅲ部　税　　制

図 8-1　消費税の仕組み（簡略型）

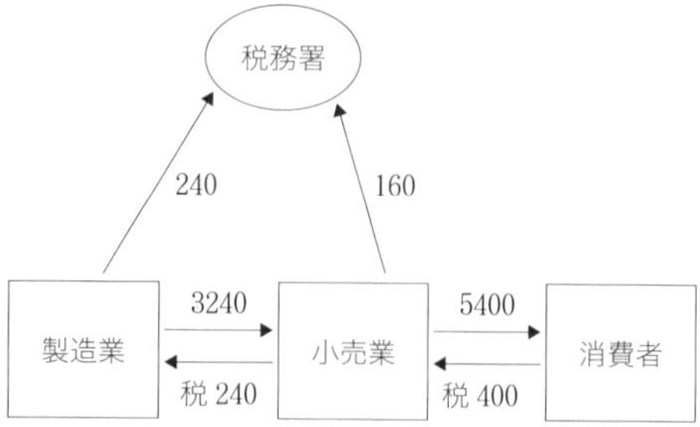

```
                    税務署
                  ╱      ╲
              240          160
              ╱              ╲
        ┌──────┐  3240  ┌──────┐  5400  ┌──────┐
        │製造業│◄──────►│小売業│◄──────►│消費者│
        └──────┘  税240 └──────┘  税400 └──────┘
```

業者の消費型付加価値に課税することによって，消費者への完全転嫁を狙った消費ベース課税の一種である。

（2）消費税の基本的な仕組み[1]

図 8-1 を参照されたい。ここでは，税率 8％（を想定）で，非課税商品なし，非課税業者なしを想定する。また，消費税は資本財購入を控除するが，以下では資本財購入ゼロと仮定する。

事業者として，製造業と小売業のみを取り上げ，2 つの業者間の仕入－売上関係に注目する。なお，製造業は仕入なしとする。単位は円であるが，以下では表示しない。

①製造業の付加価値を 3000 とする。この値は，仕入なしのケースでは売上に等しい。売上に 8％ の税 240 を上乗せし，税込 3240 で小売業に売却する。この段階で製造業者は 240 の税を税務当局に申告・納税する。

②小売業者は 3240 で仕入れる。つまり消費税（仕入税）240 を製造業者に支払う。税抜仕入 3000 に付加価値 2000 を加え，5000 の価値にして消費税込の5400 で売却する。

ここで小売業者の支払う税は

消費者から得た消費税（売上税）400 － 製造業者へ支払った 240（仕入税）
　＝ 160

である。すなわち，小売業にとっての売上税から仕入税を控除することによって，小売業の付加価値に対する税を支払う。

つまり，

$$税率 \times 付加価値 = 税率 \times (売上 - 仕入) = 売上税 - 仕入税$$

が成立するので，右辺の最後の方式で左辺を実現する。この仕組みにおける仕入税控除を，前段階仕入税額控除と呼ぶ。消費税制におけるキーワードである。

③以上をマクロでみると，付加価値合計 = 3000 + 2000 = 5000 の 8%，400 が消費者によって支払われている。消費者は事業者と異なり製品を販売しないので，この 400 を控除できない。つまり，消費税の真の負担者として消費者を想定している。事業者は税の徴収と申告を行っているだけである。

（3）輸出ゼロ税率・輸入課税

いま，小売業がその製品を外国に販売するとしよう。輸出である。この場合小売業の仕入税は還付される。つまり仕入税はゼロである。しかもその売上税もゼロである。結局，輸出は，上述の税率 × （売上 － 仕入）という式における税率をゼロとすることに等しい。よって，ゼロ税率と呼ばれる。つまり輸出には日本の消費税はかからない。消費税は仕向け地主義により財の消費地で課税される。輸出は外国での消費であるので日本の消費税は課されない。逆に，日本の輸入には日本の消費税が課される。

1-2 消費税——その実際と課題

さて実際の消費税は，上記のような簡略型ではない。以下，実際の消費税制度における重要な点を抽出し，その制度上の課題をまとめる。

（1）仕入税の確認システム

消費税では仕入税額控除が重要な制度である。仕入税の正確な把握によって真の消費税額が算定されるからである。EU 諸国は，仕入税の確認のためにインボイス制度を採用しているが，日本は「請求書保存方式」で対応している。

① インボイス制度

インボイスは，仕入税額を明記した事業者による商品の売上証明書であり，各業者の仕入税支払い証明書の役割を果たす。すなわち，図8-1 の小売業者が仕入税 240 を控除されるためには，製造業者が発行したインボイス（小売業者が仕入税を支払った証明書）を税務署に提出しなければならない。小売業者にとって，このインボイスは 240 の金券に他ならない。インボイスは課税業者だけに発行が許され，その業者番号が明記されている。

インボイスは業者間の租税回避誘因を減らす。図8-1の製造業はその売上を過小に記録する誘因を持ちうるが，そうすると小売業の仕入税控除額を過小にしてしまうので，小売業者が購入額通りの記録を求めるからである。

さらに，インボイスは業者間の税の前方転嫁，すなわち，売上業者から仕入業への租税転嫁を容易にする。なぜなら，図8-1の小売業者はインボイスがあれば税額控除できるので，製造業者の税込価格を容易に受け入れるからである。業者間の税の前方転嫁は，消費税の消費者への完全転嫁が成立するための必要条件である。

② 請求書保存方式[2]

他方，現在の日本は請求書保存方式を採用している。この方式は，製造業者の発行した請求書の保存を，小売業者が仕入税額控除を受けるための要件としている。保存であって提出でないので，定期的かつ厳格な税務調査を前提とした制度である。しかも，請求書に税率・税額を記載する義務はなく，税込価格の表示のみの記載でよい。さらに商品を包括的に表示（たとえば食料品等）してもよい。したがって，請求書は実際に製造業者が支払った仕入税額自体を，個々の商品ごとに証明する書類ではない。

政府は2019年10月の10%への税率引上げ時に軽減税率を採用する際，インボイス制度の導入を予定している。上述の包括的表示が複数税率に対応できないためである。しかし，仕入税額を商品ごとに明記し，その提出を義務づけることによって業者への完全転嫁を容易にしているインボイス制度は，単一税率のもとでも必要であろう。

(2) 事業者対策

① 免 税 業 者

上述のように事業者は消費税の徴収・申告を行わなければならない。そこで零細業者や中小業者の納税コスト軽減のため，業者対策がなされている。

まず，消費税を課される財の売上が1000万円以下の事業者は，免税業者となる。免税業者は税の納税・支払を免れる。にもかかわらず小売業の免税業者が400万円で仕入れそれに付加価値600万円を加え，税80万円込みの1080万円で売るとしよう。このとき免税業者に80万円－32万円（＝400万円×0.08）＝48万円だけ益税が生じる。仕入税32万円は負担しているが80万円は国庫に納める必要がないからである。

第**8**章　消費税増税政策　　193

表 8-1　簡易課税のみなし仕入率 2016 年（%）

卸売業	小売業	製造業	その他の事業	サービス業等	不動産業
90	80	70	60	50	40

（注）　サービス業等とは，サービス業，運輸通信業，並びに金融業
　　　および保険業をいう。

（出所）　財務省ホームページより。

　益税 48 万円 ＝ 付加価値 600 万円 ×0.08 なので，税率が高くなるほど益税
は大きくなる。ただ，免税業者の適用基準 1000 万円はほぼ国際並みであるの
で[3]，この基準を引き上げないことが重要である。

②　簡易課税制度

　これは，売上 5000 万円以下の業者に対し納付する消費税額 ＝0.08（売上 −
売上 × みなし仕入率）という方式の税額計算を認める制度である。つまり，仕
入は実際の仕入額でなく，売上の一定比率とされる。みなし仕入率は表 8-1 の
ように業種ごとに定められている。業者はこの仕入率と自己の売上だけで消費
税を算出できる。

　簡易課税制度による益税は，

$$益税 = 0.08×（売上 − 実際の仕入）− 0.08×（売上 − みなし仕入率 × 売上）$$
$$= 0.08×（みなし仕入率 × 売上 − 実際の仕入）$$

となる。みなし仕入率 × 売上 ＞ 実際の仕入，となる業者が簡易課税を選択
するので，同事業者は実際の仕入税額控除より多額の仕入税額控除を受け取
ることになる。益税は，税率が高くなるほど，みなし仕入額と実際の仕入額
の差が大きくなるほど多額になる。また益税分消費税収を減らすわけである。
2014 年度申告分によると全申告のうち，簡易課税による申告件数は 41% を占
める[4]。

　日本の簡易課税制度は，表 8-2 から明らかなように次の 2 つの問題がある。
第 1 は，適用上限 5000 万円が国際的に見て高い。前述のように，日本は請求
書保存方式というきわめて簡便な納税システムを採用している。このようなシ
ステムのもとで，インボイスを採用している国々よりも高い上限で適用するの
は疑問である。第 2 に，みなし仕入率の業種区分が 6 区分と少ないことであ
る。ドイツは 40 区分，イギリスは 17 区分である。区分を多くして，みなし仕

194　第Ⅲ部　税　　制

表 8-2　主要国の簡易課税制度の概要（2016 年 1 月現在）

	日本	フランス	ドイツ	イギリス
ベース	前々課税期間の課税売上高	なし	前暦年の課税売上額	1 年間の課税売上見込額
適用上限	5000 万円	なし	810 万円	2805 万円
みなし仕入率	90〜40% の 6 区分	なし	1.6〜12.5% の 40 区分	4〜14.5% の 17 区分

（出所）　http://www.mof.go.jp/tax_policy/summary/consumption/116_1.htm より抜粋。

入率と実際の仕入率との差を小さくすべきであろう。

（3）非課税取引：医療・介護

① 制 度 概 要

　次に，消費税を課さない非課税取引がある。現行制度は，大別して 2 種類の非課税取引を定めている。その主要なもののみを紹介する。消費税の性格上非課税とされている取引として，土地の譲渡・貸付，有価証券など支払い手段の譲渡，貸付金等の利子・保険料等，がある。次に社会政策的な配慮から非課税とする取引として，医療・介護サービス，小中高校・幼稚園などの授業料・入学金など，住宅の貸付などである。

② 医療サービスの非課税措置

　ここでは，現在問題が指摘されている医療・介護を取り上げる（西沢［2011］参照）。いま，医療機関が図 8-1 の小売段階に属しているとしよう。医療機関は医療サービスを提供するために，検査機器の購入や建物の建設など資本財の購入，さらに光熱費，医薬品，給食材料費などの仕入を行っている。

　ここで留意すべきは，非課税取引では売上税を課さないので，免税業者と同様に仕入税を控除できないことである。課税取引が売上税を課して仕入税を控除するのと対照的である。したがって，医療機関は仕入税を負担する。医療サービスの価格が市場価格であれば，この仕入税負担を患者に転嫁することも可能であろう。しかし，医療サービスの価格である診療報酬（＝医療行為の対価として医療機関が受け取る報酬）は，中央社会保険医療協議会によって決定される公定価格である（第 4 章参照）。現在，この仕入税負担に対しては，仕入税によるコスト増加を，診療報酬の上乗せ（＝引上げ）で相殺しようとしている（厚生労働省［2014］参照）。

　しかし，問題なのは診療報酬の上乗せが的確になされているか否かが，不明

瞭であることである。たとえば，診療行為や調剤に関わる診療報酬は，その大部分は仕入税のかからない給与である。しかし，診療行為において仕入税のかかる光熱費などを使用することも事実である。このように課税経費と非課税経費が混合している診療報酬に対して，仕入税分をどれだけ対応させて上乗せしたのか，その対応額が適正なのかが明瞭ではない。上乗せによる診療報酬の引上げは健康保険料の引上げなどを招きかねないので，上乗せの的確性とその明瞭性確保は重要な問題である。

　解決策として2つの方式が考えられる。第1は輸出と同様に医療サービスをゼロ税率にすることである。仕入税も控除される。ただ，消費税収の減少を招く。増税を図る際の税率引上げ幅を大きくしなければならない。今後医療・介護サービスの増加が見込まれているだけに，この点は重要である。第2の案は医療サービスに課税する方式である。この方式でも仕入税の問題は解決する。税収増加が見込め所要税率を引き下げることができる。また，この案の提唱者は，現在医療に高額療養費制度など負担軽減措置が存在することにも注目している（西沢［2011］67頁参照）。

(4) 住宅・耐久消費財課税の問題

　現行制度では，居住用の新規住宅の購入は消費税が課される。課税ベースは土地を除いた住宅価格である。土地は非課税であるからである。

住宅価格 ＝ 将来の帰属家賃の割引現在価値の和

であるので，住宅価格に対する8％の消費税は，将来消費（将来帰属家賃）に対する税の前取りと考えられる。つまり，他の消費財と異なり，未だ消費していない将来の消費流列に対して，購入時点での消費税負担を求めている。この点は住宅だけでなくすべての耐久消費財に該当する。

　問題が3つある。第1は，購入時点によって消費税率が異なることによる。3％時に購入した住宅購入者の帰属家賃に対する税率は，消費税が5％や8％に増税されても，引き上げられない。その結果，税率引上げ以降に同価値の住宅を購入した者との不公平が生じる。第2に，借家の家賃非課税措置との非整合性である。(3)の①で述べたように住宅貸付は非課税となっている。一部仕入税が家賃に転嫁しているとしても，帰属家賃課税の前取り方式とは非整合的である。第3に，住宅価格がきわめて高価なので，増税前の駆け込み需要，増

196　第Ⅲ部　税　　制

税後の需要落ち込みを大きくする。もちろん，この需要変動効果は税率引上げ
の程度にも依存する。以上から，新規住宅の購入を消費税の課税ベースに含め
ることの妥当性や，やむをえず課税ベースに含めるとしても，その適用税率水
準などを再検討しなければならないであろう[5]。

　(5)　消費税の構成と使途

　① 国の消費税と地方消費税[6]

　消費税は 1997 年度に 5% に引き上げられて以来，その一部に地方消費税
（都道府県税）を含む。つまり 5% のうち税率分で 4% が消費税（国税），税率
1% 分が地方消費税とされた。図 8-2 に見るように 2014 年度に 8% になってか
らは，税率分 6.3%（17.2 兆円）が国の消費税分，1.7% 分（4.6 兆円）が地方消
費税とされている。なお，国の消費税分はその一部が地方交付税として地方の
財源となる。

　② 消費税の使途

　本節の最後として消費税収の使途について，その推移と現状を確認しよ
う[7]。使途が社会保障に特定化されたのは消費税率 5% のときである。このお
り，5% 分のうち，2.82% 分（国の 4% のうち地方交付税を除いた分）を高齢者 3
経費（基礎年金・老人医療・介護）に福祉目的税として使用していた。結局，全
消費税収の 56.4%（＝ 2.82/5）を社会保障に振り向けたわけである。

　次に図 8-2 は現行 8% の消費税についてその使途を示す。消費税収は，1.7%
分の地方消費税のうち 1% 分（2.7 兆円）を除いた全額（19.1 兆円），社会保障
費に使用される。ここでの社会保障費とは年金，医療，介護，子ども・子育て
支援の社会保障関係 4 経費を指す。この 4 経費合計（国 28.2 兆円 ＋ 地方 10.7
兆円）で 38.9 兆円になるが，そのうち，19.1 兆円分を消費税収で賄っている。
つまり，全消費税収のうち，87.6%（＝ 19.1/21.8）は社会保障 4 経費に充当さ
れる。ただ，消費税だけでは社会保障 4 経費を賄いきれないのが現状である。
地方消費税分 1% を除いて，38.9 － 19.1 ＝ 19.8 兆円不足している。なお消費
税率 10% への引上げ時には，消費税収全額が地方交付税分も含めて社会保障
4 経費や社会保障財源に充当されることになっている。

　消費税を社会保障財源に充てる実際的な理由の 1 つは，消費税増税を国民に
受け入れやすくする措置と思われる。社会保障は，国民にとって誰にでも必要
な公共支出と考えられるからであろう。しかし，この政策はもともと「社会保

図 8-2 消費税収の使途（2017 年度予算）

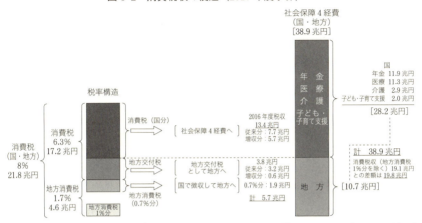

（出所）財務省ホームページ〈http://www.mof.go.jp/tax_policy/summary/consumption/404.htm〉より。

障と税の一体改革」論に基づく。したがって，財政的に持続可能な社会保障の改革案の提起を急ぎ，社会保障そのものに対する国民の信頼を得ることが重要であろう。社会保障改革の遅れ―社会保障費の増大―消費税増税規模の拡大という事態を招いてはならない。

2 なぜ消費税増税か

本節では，増税財源としての消費税の長所と短所について，これまでの租税論研究を踏まえつつ整理する。

2-1 消費税の長所

他の税に比べての消費税の長所として以下の点が主張される。

(1) 成長への影響

消費税は投資に課税しないので，成長阻害効果が相対的に小さい。この点，法人税と比較しながら説明しよう。

①消費税は，付加価値から資本財購入を即時控除する。原則，企業の投資には課税しないので，投資に対して中立的な税である。投資は成長のエンジンで

あり，投資に中立的な消費税は成長阻害効果の小さい税と評価される。

他方，第7章で述べたように，通常の法人税は設備投資が生み出す収益に課税する一方で，資本財購入の即時控除を行わず，税法上の減価償却分だけを控除する。税法上の減価償却率が経済的償却率を下回れば，法人税は投資阻害効果を持つ。さらに法人税は投資の資金コストのうち，借入利子のみを控除し，内部留保・新株発行など自己資本のコストは控除しない。よって自己資本調達による投資を阻害する。

②次に，消費税は貯蓄に課税しないので，このルートからの成長をも阻害しない。法人税は企業の利潤全体に課税するが，それは，企業の配当や内部留保に向けられる資金への源泉課税を意味するので，株主の手取り配当やキャピタル・ゲインを減らし，投資家の危険資産（＝株式）への需要を低める。これは，企業のリスクテイクを弱め，ひいては経済成長を阻害する。

(2) 輸出はゼロ税率

次に消費税は国内消費に課税し，輸出（他国での消費）に課税しない。輸出品はゼロ税率扱いされる。したがって，消費税は企業の輸出競争力を阻害しない。これに対して，法人税の場合，輸出品であってもその販売収益に課税されるので，法人税を転嫁しようとして輸出品価格の上昇を招くか，製品価格に転嫁しきれない場合，税引き収益の低下を通じて競争力の減退を招く。なお，競争力の減退は(1)で述べた投資阻害効果によってももたらされるであろう。生産能力の更新を阻害するからである。

(3) 安定的で巨額な税収

第3に，消費税は巨額な税収を安定的にもたらす。この点，社会保障財源の確保にとって重要な長所である。

①消費税の課税ベースである消費は，一般に，法人税の課税ベースである利潤より大きい。図8-3は消費税と法人税の潜在的課税ベースである家計消費と営業余剰の推移を示している。ここで潜在的課税ベースとは，現行税制のもとでの実際の課税ベースでなく，租税特別措置や非課税消費を含まない理論的に想定される課税ベース，という意味である。この図によれば，家計消費の方が営業余剰を大きく上回っている。

そこで消費税と法人税の税率を等しくした場合，当然，前者の方が税収を多くもたらす。つまり，両者で同一税収を得ようとすると消費税の方が低い税率

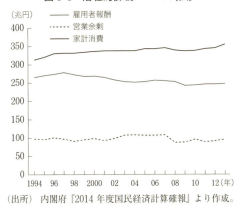

図8-3 潜在的課税ベースの推移

(出所) 内閣府『2014年度国民経済計算確報』より作成。

ですむ。しかも，税率引上げに伴う課税ベースの減少は，法人税の方が大きいであろう。グローバル経済の時代にあって，法人税率の高い国で営業する必要はないからである。第7章で述べたように，現代は法人税率によって立地選択がなされる時代である。

さて，租税論によれば，一般に高税率ほど，課税の超過負担＝国民の厚生損失は大きくなる。超過負担は税率の2乗に比例する。結局，法人税より消費税の方が，超過負担を少なくして税収を得ることができる。消費税の方が法人税より効率的と言える。言い換えれば，もともとの課税ベースが広く，しかも税率引上げによる課税ベースの減少が少ないので，消費税の税収調達力は大きい。多くの国で消費税が基幹税の1つになっている理由はこの点にあろう。

②また，消費税の課税ベースは消費であるので，税収が景気変動に対して安定的に得られる。この安定性も，利潤を課税ベースとする法人税に勝る。利潤は一般に消費より景気変動に敏感に反応するからである。

(4) 高齢世代への課税

さらに消費税は勤労世代だけでなく高齢世代にも課税できる。

①第1は，高齢者の保有資産に対する課税を補完する機能である。一般に，高齢者は収入こそ少ないが，多くの資産を保有している。たとえば図8-4によれば，60歳代を世帯主とする家計の年間収入は30歳代なみ，70歳代のそれは30歳未満なみに過ぎない。しかし，平均貯蓄現在高は60歳代で2133万円，ついで70歳代は2072万円に及び他の世代を大きく圧倒している。消費税は，

図 8-4 世帯主の年齢階級別年間収入・貯蓄の分布（2014 年）
（2 人以上の世帯）

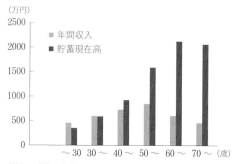

（注）　貯蓄を保有していない世帯を含む。
（出所）　総務省［2015］25 頁，図V-3 を一部修正。

　以上のように収入は少ないが豊かな資産を持つ高齢者が，資産を取り崩して消費するケースに課税できる。資産所得税が存在するが，それは資産価値に収益率を掛けた資産所得に課税し，資産の取り崩しによる消費には課税できない。この点を消費税が補完するわけである。

　②第 2 として，賦課方式の年金や医療による高齢世代への「過大な世代間移転」を修正する機能，いわゆる「既得権者に対する課税機能」が唱えられている（井堀［2010］を参照）。たとえば，消費税増税は受益―負担比率の高い高齢世代の年金受給額を，実質的に切り下げる効果を持つ。ただし，年金の物価スライド制をそのままにしていると，この効果は限定的となる。

　もちろん，年金の世代間受益―負担比率の格差是正は，年金改革そのもので行うのが本筋である。しかし，実際の年金改革は，すでに年金を受給している世代に及ばないことが多い。年金改革論議で提案される受給開始年齢の引上げや保険料の引上げなどは，これから年金を受給する世代のみに及ぶ。さらに，すでに年金を受給している世代の年金そのものを引き下げることは，社会保険方式の場合困難である。

　以上の①②とも勤労所得税では対応できない。勤労所得税は主に勤労世代の収入に負担を求めるからである。

2-2 消費税の短所

(1) 逆進性について

消費税の短所としてしばしば指摘される逆進性について，その議論を整理する。消費税が逆進的か否かは，逆進性の基準を何に求めるかに依存するので，この基準を明確にして議論することが重要である。

① 一時点の所得基準

通常主張される消費税の逆進性は，一時点（典型的には年間）の所得に対する消費税負担割合を尺度としている。高所得者を H，低所得者を L，一時点の所得を Y，消費を C，消費税率を t で表す。以下，単一税率と非課税消費なしを想定する。

低所得者の消費税負担割合は，tC_L/Y_L であり，高所得者のそれは tC_H/Y_H となる。一般に $tC_L/Y_L > tC_H/Y_H$ となる。つまり一時点の所得に対する消費税の負担割合は低所得者ほど高くなる。これが Y 基準の逆進性である。そうなるのは，低所得者の消費性向，すなわち所得に対する消費割合 C_L/Y_L が，高所得者の消費割合 C_H/Y_H より大きいからである。消費財には，どの所得階層でも消費しなければならない必需品が存在するため，低所得者の消費割合は高所得者のそれより高くなる傾向にある。

このことは，裏を返せば，この基準による逆進性の理由は，高所得者の方が低所得者より貯蓄性向，すなわち所得に対する貯蓄割合が高いことである。消費全般に課税する消費税を逃れる 1 つの方法は，消費せず貯蓄することである。

しかし，貯蓄は何のために行うのか。それが生涯内の将来の消費のためであるならば，貯蓄時点の消費税逃れは，消費税負担を貯蓄引出し時点に延期するに過ぎない。すなわち，貯蓄時点で貯蓄額 S だけ消費を抑え，引出し時点で $S\times(1+r)$ だけ消費を行うからである。r は利子率である。

すなわち，両期間を通じての消費の変化を ΔC で表すと，

$$\Delta C = -S + S(1+r)/(1+r) = 0$$

となる。このタイプの逆進性論は，生涯内の貯蓄引出しによる消費税負担をカウントしていないのである。

202 第Ⅲ部 税 制

② 生涯所得基準

では，生涯所得を基準にするとどうか。このケースでは，子への遺贈の有無に依存する。いま，個人は勤労期（第1期）と退職期（第2期）の2期間生存するものとし，超過収益（レント）を無視し，記号を以下のように定める。

C_1　第1期の消費

W　第1期に得る勤労所得

B_p　第1期に得る親からの遺産

C_2　第2期の消費

B_c　第2期に支出される子への遺贈

r　利子率

以上の記号と設定から，第2期の予算制約式は，

$$C_2 + B_c = (W + B_p - C_1)(1 + r) \tag{1}$$

となるので，生涯予算制約式は，

$$C_1 + C_2 / (1 + r) + B_c / (1 + r) = W + B_p \tag{2}$$

となる。

（ⅰ）$B_c = 0$ のケース。

この場合，式(2) は，

$$C_1 + C_2 / (1 + r) = W + B_p \tag{3}$$

となる。

よって，生涯消費は，生涯所得（＝ 生涯賃金所得 ＋ 親からの遺産額）に等しい。したがって，一定税率で課す生涯の消費税負担は，生涯所得に比例する。つまり，消費税は生涯所得に関して逆進的でなく比例的負担となる。生涯所得に対する比例的負担を主張する論者は，事実上，子への遺贈をゼロと想定している。

（ⅱ）$B_c > 0$ のケース。

この場合式(2) がそのまま成立し，生涯予算制約式は

$$C_1 + C_2/(1+r) + B_c/(1+r) = W + B_p \qquad (2)$$

となる。よって，生涯支出（＝生涯消費＋子への遺贈）＝生涯所得が成り立つ。

式(2) から，左辺の子への遺贈 B_c を多くすれば，当該個人の消費税負担は低下するので，生涯支出（＝生涯所得）に占める子への遺贈の割合が高い者ほど，消費税負担割合は低くなる[8]。結局，生涯所得の高い者ほど遺贈の割合が高いとき，生涯所得に関して逆進的となる。生涯基準では，子への遺贈こそが消費税を逃れる手段であるからである。ただし，この場合，消費税以外の資産移転税の負担をも考慮するとすれば，生涯税負担が逆進性か否かは，贈与税や相続税（もしくは遺贈税）の負担によっても左右される。

③ 重要な短所：低生涯所得者への比例課税

逆進性であれ累進性であれ，理論的には，その基準は一時的な所得ではなく，生涯所得に求めるべきであろう。後者の方が前者よりは個人の経済力を正確に示すからである。年間所得基準の逆進度は過大に評価されがちである。

しかし，仮に生涯の予算制約式(2) あるいは式(3) のいずれを前提にしても，消費税は，生涯で見た経済的貧者＝低い生涯所得しか得られない者に対しても負担を強いる。そこに貧者に対する配慮はない。実際の累進的な勤労所得税制と異なり低所得者への対応はなされない。この点こそが消費税の重要な短所であろう。

たとえば式(2) で，相続と遺贈をともにゼロとしよう。親から相続を受けられず，自分の子へ遺贈できない者を想定するわけである。

この場合，式(2) および(3) は

$$C_1 + C_2/(1+r) = W \qquad (4)$$

となる。

ここで税率 t の消費税が導入されたとしよう。この場合，式(4) は，

$$(1+t)\{C_1 + C_2/(1+r)\} = W$$

より，

$$C_1 + C_2/(1+r) = W/(1+t) = \{1 - t/(1+t)\}W \qquad (5)$$

となる。

つまり税率 t の消費税は、税率 $t/(1+t)$ の比例的勤労所得税に等しい。いわゆる勤労所得税と消費税の等価命題である。ただ、ここでの勤労所得税が比例税であることに注意すべきである。たとえば、税率 25% の消費税は税率 20% の比例的勤労所得税に等しくなる。生涯勤労所得の低い者にとっては、生涯消費税の前取りとしての 20% の勤労所得税負担はまことに厳しい。

(2) 税収の「漏れ」

消費税の短所の第2は、消費税増税によって得た税収増加分から「漏れ」が多く生じることである。この点は、上述の短所である貧者への比例的負担と 2-1 で述べた長所と大いに関連している。

まず、消費税増税は貧者の負担増大を招くので、多くの場合、増税にあたり貧者対策が求められる。その対策が給付金の配布であれ、給付つき税額控除の導入であれ、消費税の軽減税率の採用であれ、単一税率のもとで得られる増税収額を基準にすると税収の減少を生む。つまり、消費税増税による税収の純増加分を減らすわけである。しかも、消費税は全世代に負担をもたらすという長所を持つがゆえに、上記の貧者対策は全世代を対象とせざるを得ない。この点、いっそうの公的資金の減少を招く。

さらに、消費税増税は、既存の社会保障支出を中心に政府支出を増大させる。公的年金の物価スライドを存続させるケースや、生活保護給付の増大などがその典型である。

3 消費税増税政策の課題

本節では、いっそうの消費税増税にあたって検討を必要とする課題について述べる。

3-1 軽減税率政策の限界

(1) 負担率低下の程度

軽減税率政策とは、消費税率を 10% に引き上げた時点（2019 年 10 月実施予定）で、逆進性対策として「酒類や外食を除く食品全般と新聞」のみに 8% を

図 8-5 消費税の年間収入階層別負担率（総世帯）

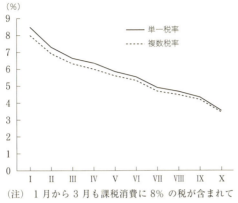

(注) 1月から3月も課税消費に8%の税が含まれているとして算出。
(出所) 総務省［2015］『2014年家計調査年報（総世帯）』に基づき推計。

適用する政策である。まず，家計の年間収入階層別負担率に対する軽減税率導入の効果を確認しよう。

そのために，10%の単一税率構造が保持された場合の負担率（消費税額／年間収入）と，食料品など一部の商品に8%の軽減税率が導入された場合の負担率を比較する。前者を単一税率，後者を複数税率と略称する。なお，新聞への支出のデータが得られないので，「酒類や外食を除く食品全般」のみを軽減税率の対象とした。

図 8-5 が結果を示す。10%の単一税率では，家計収入の最も低い階層（第Ⅰ分位）の負担率は8.48%であるが，家計収入の最も高い階層（第Ⅹ分位）は，3.55%である。たしかに一時点の所得基準における逆進的負担を示している。

他方，複数税率での負担率は，それぞれ8.04%と3.44%に低下する。しかし，その低下幅自体がきわめて小さい。第Ⅰ分位でも0.44%に過ぎない。逆進性緩和の程度は限られている。

(2) 負担額低下の比較

さらに，消費税負担減少額を比べると，第Ⅰ階層で5328円（以下，年額），第Ⅹ階層で1万4940円である。つまり，富裕な家計の方が，税負担軽減額は低収入家計より多くなる。これは，

$$消費税軽減額 = 0.02 \times 食料品支出$$

が成立するからである。税率軽減 2% 分は富裕家計を含むすべての家計に適用され，しかも，食料品支出は富裕家計の方が多額であるからである。食料品といえども，すべてが必需品ではなく奢侈品も含む混合商品である。

政府によれば軽減税率採用による減収額は約 1 兆円である。1 兆円を収入の高い階層に多くなるように給付する政策に等しい。貧者対策としてきわめて無駄の多い政策である。消費税という商品課税に再分配政策を持ち込むからである。

(3) 適用商品の拡大

さらに一度ある商品に軽減税率を採用すると，適用商品の範囲が拡大しがちである。軽減税率を適用されないライバル商品の販売者が，競争上不利を被るからである。たとえばスウェーデンでは 1996 年以来，食料品に 12% の軽減税率，レストランでの食事は 25% の標準税率であったが，2012 年にはレストランでの食事も 12% となった。そして，軽減税率の適用商品が広がると，一定の税収を得るのに標準税率を高めなければならない。さらに税務執行コストや納税協力コストも増大する[9]。

(4) 軽減税率と「一億総活躍」政策

さて同一収入を得る共稼ぎの家計と片稼ぎの家計を比べた場合，どちらがより外食に依存するであろうか。共稼ぎの方が，家事労働に費やせる時間が少ないため，通常，この家計の方が外食の機会を多くするであろう。つまり，外食は市場での労働供給に補完的な財である。

ところが，今回の軽減税率は「食料品」に適用され，外食には適用されない。これは，食料品を自分で購入・調理し，後片付けをするという家事労働を推進する政策である。家事労働時間は「市場での労働以外に使用する時間」であるので，経済学的にはレジャーと呼ばれる。食料品はレジャーに補完的な財である。つまり，軽減税率政策は，勤労からレジャーへの代替を促す措置に他ならない (コラム 10 参照)。安倍政権が推進している「一億総活躍」政策と矛盾する。

(5) 効果的な貧者対策を

軽減税率より，租税論研究者の多くが提案している給付つき税額控除方式の

第**8**章　消費税増税政策　207

―― ◆ コラム 10　消費税の税率構造と効率性 ――

　課税の効率性の観点から，消費税の税率構造のあり方を概説する。勤労者を想定する。いま消費財を X と Y，の2種類とし，その価格を P_x，P_y，単一消費税率を t，貨幣賃金率を w，労働供給量を L とすると予算制約式は

$$P_x(1+t)X + P_y(1+t)Y = wL \qquad (A)$$

となる。勤労者は式（A）の制約のもとで，効用を最大化するよう，各財の消費量と労働供給時間を決定する。

　ここで注意すべきは，勤労者は実質賃金率，たとえば w/P_x（1時間の労働による賃金で買える消費財の量）をもとに，労働供給量を決定していることである。以下，L を変更できると想定する。なお，L が一定だと単一税率の消費税は一括税となる。

　さて，単一税率の消費税は，消費財の相対価格 P_x/P_y を変えないが，実質賃金率を $w/P_x(1+t)$ へ引き下げる。つまり，レジャーの実質機会費用の低下をもたらす。勤労者はレジャーが割安になったので，労働を減らしレジャーを増やす。この代替効果が超過負担を生む。超過負担が生じるのは，消費税は通常の消費財には課税するが，直接，レジャー（＝市場での労働以外に使用する時間）に課税できないからである。

　それでは一定額の消費税収を得るとして，どのような税率構造であれば超過負担の少ない商品課税に近づけるであろうか。一般的には，レジャーへの代替を少なくするよう個別消費財の税率を差別化するとよい。

　たとえば，外食は自宅での食事の準備時間を減らすので，労働供給と補完的な財であろう。この場合，外食需要を増やすために低率の課税が望ましく，逆に旅行などはレジャーと補完的なので，高率課税により需要を減らすことが望ましい。結局，レジャーに補完的な財に高税率，労働供給に補完的な財に低税率という税率構造が要請される。

方が有効である。逆進性対策としての給付つき税額控除方式は，消費税の単一税率での徴税を行い，低所得家計のみに一定の消費税額を還付（給付）するシステムである。消費税対策であるので，受給に際し勤労を要件としない。

　図8-6の Y は家計の所得，縦軸の G は給付を表す。G は家計の基礎消費 C^* に消費税率 t を乗じたもの，すなわち $G = tC^*$ である。この G は家計調査などに基づいて算出される。G を全額受給できるのは所得が Y_1 までの低所得家計である。Y_1 を超えると G の額は一定割合で減額され Y_2 に至るとゼロになる。

図 8-6 消費税の給付つき税額控除

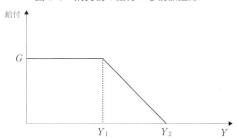

　結局，低所得家計に限定した「逆進性」対策である。この G の総額を軽減税率による税収ロスと等しくした場合，当然，低所得家計の消費税負担率の低下は，軽減税率方式より大きくなるであろう。軽減税率とは異なり，豊かな家計への税負担軽減を行わないからである。

　ただ，給付つき税額控除方式には，各家計の所得を包括的にかつ正確に捕捉することが必要である。さいわいマイナンバーが導入された。性急に軽減税率を導入するのではなく，マイナンバーの適正な活用を図るべく税務行政上の準備を進めるのが良策と考えられる。

3-2 増税政策への含意

　本章の最後に，これまでの検討から得られる増税政策への含意を整理する。

　(1) まず，消費税が安定的に巨額の税収を生む点，成長の阻害効果が小さい点，投資を阻害しない点，輸出競争力を弱めない点，豊かな高齢者に課税する点などは，少子高齢化がいっそう進む日本にとって重要な意義を持つ。やはり増税手段として消費税は重要である。なお，この場合，1-1 で例示した現行消費税の構造改革をも検討すべきである。医療・介護などの非課税消費の再検討，軽減税率政策の撤回，インボイス制度の導入，消費税税額控除の制度設計およびそのための税務執行条件の整備が重要な課題である。

　(2) 次に，消費税の短所を踏まえて，消費税のみの増税戦略でなく，経済力の格差に配慮できるような税制の財政力をも高めることが重要である。

　たとえば，第 6 章で述べた年金所得への課税強化は，消費税と異なり現役層の低所得層を課税に巻き込まずに高齢者にだけ課税を求めて，高齢者の既得権課税機能を果たす。高齢世代内での再分配をも可能にする。

相続税・贈与税という資産移転税も再検討を要する。相続（遺贈）税・贈与税は，富裕者に対する課税強化をもたらすとともに，豊かな高齢者の資産移転による消費税の租税回避を防ぐ手段となる。とくに「教育資金の一括贈与に対する贈与税非課税措置」（子孫1人当たり1500万円まで非課税），「結婚子育て資金の一括贈与に対する，贈与税非課税措置」（子孫1人当たり1000万円まで非課税）という富裕層の贈与税非課税策は，整理を検討すべきであろう。

　最後に，中長期的には，勤労所得税制（地方税を含む）の財政力拡充を図ることが求められよう。第6章で例示した給与所得控除の縮小が，重要な政策手段の1つとなりうる。図8-3によれば，勤労所得税の潜在的課税ベースである雇用者報酬は，家計消費に次ぐ大きさである。潜在的には勤労所得税は巨額の税収を得られる税であり，基幹税としての地位をより高めるべきである。勤労所得税増税は現役の増税となり，慎重な判断を必要とするが，消費税増税と異なり，現役の低所得層への配慮が可能な政策である。

おわりに

　本章では消費税増税政策の意義を述べるとともにその限界を明らかにして，消費税を補完すべき税制の候補を挙げた。もちろん，増税全体の規模は，より効率的な社会保障改革の進展状況，世代間移転を緩和する年金・医療制度の改革方向にも規定される。したがって，税制改革の動向のみならず，社会保障をめぐるこれからの改革の展開にも注意を払うことが望まれる。

注———————

1) 以下の説明は，横山・馬場・堀場 [2009] 119-121 頁を加筆，修正したものである。
2) 請求書保存方式については 〈www.mof.go.jp/tax_policy/summary/consumption/401.htm〉 を参照。
3) たとえば，2016 年 1 月現在，イギリス 1192 万円以下，フランス 1496 万円以下，ドイツ 660万円以下である。〈http://www.mof.go.jp/tax_policy/summary/consumption/116_1.htm〉 より。
4) 国税庁 『第 140 回国税庁統計年報，平成 26 年度版』 270 頁より算出。
5) 消費税における住宅課税のあり方については，井堀・矢野・吉野・渡辺 [2011] を参照。
6) 地方消費税については本書第 9 章を参照せよ。

210　第Ⅲ部　税　　　制

7)　〈http://www.mof.go.jp/tax_policy/summary/consumption/404.htm〉に基づく。
8)　宮島［2000］11 頁参照。
9)　スウェーデンの軽減税率については馬場［2013］を参照。

◆ 課　　題
《第 1 節》
　参考文献の西沢［2011］の第 2 章全体を読み，現行消費税に対する筆者の主張を要約しコメントしなさい。
《第 2 節》
　参考文献の大野ほか［2013］を読み，生涯所得基準と一時的な所得基準，および消費基準とで，消費税の負担構造がどのように変わるのか，さらに，生涯所得基準で日本の消費税は本当に比例的負担になっているのか，筆者らの分析結果をまとめなさい。
《第 3 節》
　最新の総務省『家計調査年報』（総世帯）を使用して，家計の十分位収入階層別の消費税負担率（収入に占める消費税の割合）を算出しなさい。

◆ 文 献 案 内
《第 1 節》
　消費税制の仕組みについては宮島［2000］，野口［1989］を薦める。ともに発表年次は古いが，今日でも有益。益税額の推計については鈴木［2011］が参考になる。
《第 2 節》
　法人税の経済効果に関する研究を踏まえた法人税と消費税との比較については，土居［2010］が参考になる。
《第 3 節》
　EU 型軽減税率の事例研究として馬場［2013］が，増税財源の候補として所得税をあげている研究として林［2011］が，消費税を含む税制改革の方向を幅広く論じているものとして井堀［2010］が参考になる。石［2009］は消費税の導入・増税をめぐる日本的政治過程の特色を知る上で有益。

◆ 参 考 文 献
石弘光［2009］『消費税の政治経済学――税制と政治のはざまで』日本経済新聞出版社。
井堀利宏［2010］「あるべき税制改革の全体像」土居丈朗編『日本の税をどう見直すか』日本経済新聞出版社，所収。
井堀利宏・矢野龍・吉野直行・渡辺智之［2011］「座談会 住宅市場と消費税」『住宅土地経済』第79 号。
大野太郎・中澤正彦・三好向洋・松尾浩平・松田和也・片岡卓也・高見澤有一・蜂須賀圭史・増田知子［2013］「家計の税・保険料負担――『全国消費実態調査』『家計調査』『国民生活基礎調

査』の比較」，PRI Discussion Paper Series, No. 13A-07。

厚生労働省［2014］「消費税と診療報酬」厚生労働省ホームページより。

鈴木善充［2011］「消費税における益税の推計」『会計検査研究』第 43 号。

総務省［2015］「平成 26 年全国消費実態調査――結果の概要」。

土居丈朗［2010］「経済活力を取り戻すための法人税負担と消費税」土居丈朗編『日本の税をどう見直すか』日本経済新聞出版社。

西沢和彦［2011］『税と社会保障の抜本改革』日本経済新聞出版社。

野口悠紀雄［1989］『現代日本の税制』有斐閣。

馬場義久［2013］「スウェーデンの消費税――軽減税率の実際」『税研』第 29 巻第 1 号。

林宏昭［2011］『税と格差社会』日本経済新聞出版社。

宮島洋［2000］「消費課税の理論と課題」宮島洋編『改訂版 消費課税の理論と課題』税務経理協会，所収。

横山彰・馬場義久・堀場勇夫［2009］『現代財政学』有斐閣。

第 IV 部

地方財政

　少子高齢化に地方から都市への人口移動が加わり，過疎化を中心として地域社会の運営に支障が生じている。また，これまで地域社会を維持する役割を担ってきた地方政府では少子高齢化と地域経済の停滞によって税収が減少し，公共サービスを十分に提供することが厳しくなっている。第 IV 部では，これら地方の問題と深く関わっている地方財政について地方税や新たな地方政府の姿の視点から考えてみる。

　第 9 章では地方税の課題と改革を取り上げている。地方財政を取り巻く環境の変化や地方分権への流れは，これまでの地方税体系に見直しを迫っている。すなわち個人住民税の改革，地方消費税の導入，地方法人課税の改革，固定資産税の見直し等，地方税全般にわたる検討がなされてきた。第 9 章ではこれら地方税に関する課題と改革について概観することで，地方税において実施されている改革の意味について考えてみたい。具体的には，三位一体改革での個人住民税のフラット化の意味，地方消費税における清算方式とは何か，地方法人課税での偏在是正問題と国際競争力に対応するための税率引下げ，固定資産税での水平的公平と負担調整措置等の改革を中心として取り上げている。

　第 I 部では，日本の財政が現在厳しい状況にあり，少子高齢化に伴い，今後の状況は決して楽観できないことをみた。地方財政についても，現在巨額の財源不

足（2017 年度約 7.0 兆円）が生じ，借入残高は約 200 兆円にも及んでいる。これらの地方の状況に対応するために，地方財政を改善するための多くの施策がこの間実施されてきた。それら地方での改革の中で，第 10 章では地方公共団体財政健全化法，地方公営企業，民間活用等について考えてみたい。

　今日の地方公共団体は普通会計に加えて，公営事業会計，一部事務組合，広域連合，地方公社，第三セクター等，多様な組織と仕組みを通じて公共サービスを提供している。たとえば，医療サービスや介護サービスは公営事業会計の保険事業を通じて保険料負担によって提供され，水道や下水道のサービスは公営企業を通じて料金負担によって提供されている。近年，これらの公共サービスの重要性はますます増しているが，同時にこれらの公共サービスについては数々の財政上の問題が課題としてあげられている。たとえば水道事業では，戦後の高度成長期に建設された多くの施設・設備が老朽化の時期を迎え，早急な対策が必要とされている。したがって普通会計のみならず，これらの会計も含めた総合的かつ長期的な財政運営が地方政府に求められている。

　第 10 章では，第 1 にこれら地方政府の多様化を踏まえて制度化された，地方公共団体財政健全化法の健全化判断比率について説明を加える。次に水道事業を例として地方公営企業の特徴，課題と改革，料金設定などについて考える。最後に，地方行財政の新たな経営手段として注目されている民間企業の活用について，指定管理者，独立行政法人，PIF 制度等を例として，今後の公共部門と民間部門の役割分担と協調のあり方について考えてみたい。

第9章

地方税の課題と改革

　近年，地方の基幹税である個人住民税，法人住民税，地方消費税，固定資産税
等について多くの改革がなされているが，本章ではこれらの地方税改革の内容と
考え方について概説する。

　1997年4月から地方消費税が道府県税として導入され，新たな清算方式によ
って地方における仕向地原則による消費型付加価値税が運用された。また2006
年度税制改正では，所得税から個人住民税への3兆円規模の税源移譲の実施が
決定され，2007年度分所得税，2007年度分個人住民税から施行されている。
本章では，まず地方消費税と個人住民税の改革について簡潔にまとめている[1]。

　次に，近年とくに注目されている地方法人課税および固定資産税の課題と改革
について考える。地方法人課税に関しては偏在是正と実効税率引下げが主たる課
題であったが，法人住民税法人税割の交付税原資化と地方法人税の創設，法人事
業税の外形標準化がなされ，上記の課題について方向性が示された。また，固定
資産税については，1980年代後半のバブル景気によって生じた地価高騰と課税
標準の地域間格差に対して，地価，評価額，課税標準額に関する負担水準と負担
調整措置の導入によって格差是正と水平的公平の達成がほぼ実現された。本章で
は，これらの地方税の課題や改革の全体像について簡単にまとめ，その意味する
ところは何かについて考えてみたい。

1 ｜ 地方消費税と個人住民税に関する課題と改革

　少子高齢化社会を迎えるにあたって，地方消費税と個人住民税は基幹税とし
て定着しつつあるが，地方税であるこれらの租税については地方税特有の課題
が問題となる。たとえば国税の消費税と異なり，地方税としての地方消費税で
は各都道府県に税収を帰属させるための清算方式が問題となってくる。そこ
で，現在日本では，どのような考え方に則って清算が行われているか，どのよ
うな清算方式で各都道府県に帰属させているか，いかに地方消費税が地方税と

して機能しているかについて考える。また，三位一体改革での個人住民税に関する改革について，税率のフラット化によってどのように税源移譲と応益性の達成がなされたのかについて簡単にみてみたい。

1-1 地方消費税と清算方式[2]

(1) 地方消費税とは

地方消費税の清算方式について議論する前に，そもそも地方消費税とはどのような租税なのかについて説明を加えたい。人々の消費行為に対して課税する消費課税は個別消費税と一般消費税に分類される。前者は特定の物品を消費するときに課税され，後者はすべての物品あるいはサービスを消費するときに課税される。この一般消費税のうち，世界各国で広く課税されているのが消費型付加価値税である。日本では，国税の消費税と地方段階の地方消費税がこの消費型付加価値税に属している。私たちは，財あるいはサービスを消費するときに，この消費税と地方消費税を同時に支払っている。

消費税についてはすでに第8章で詳細に説明されているので，ここでは地方消費税について説明しよう。地方消費税は都道府県が課税している都道府県税で，税収の2分の1相当は人口・従業者数によって按分して市区町村に交付される。地方消費税の税率については注意が必要である。しばしば消費税の税率は8%であるといわれるが，これは正確ではない。実は，私たちは財やサービスを消費するときに，国税の消費税6.3%と地方消費税1.7%相当，つまり合計税率8%相当を支払っている。ここで「相当」と記したのは，地方消費税の課税標準が「消費税額」（消費額あるいは購入額ではない）であるため，消費税換算あるいは消費額に対応する税率に直すと1.7%相当となるという意味である。正確には，地方消費税は消費税額を課税標準として税率63分の17で課税され，その負担額は消費税率換算で1.7%となるのである。たとえば，2000円のものを購入すると，消費税を126円負担し，その126円の63分の17，つまり34円の地方消費税を負担している。したがって126円＋34円＝160円（＝2000円×8%）となる。

(2) 原産地原則と仕向地原則

次に地方消費税の清算に関する問題について考えたい。消費型付加価値税を地方税として導入するときには，国税の消費税では問題とならなかった新たな

第9章　地方税の課題と改革　**217**

表 9-1　原産地原則と仕向地原則

	A 県（10%）		B 県（10%）
	製造	卸	小売
売上	100	200	400
仕入	0	100	200
付加価値	100	100	200
	仕入税額　売上税額 　0　　　10	仕入税額　売上税額 　10　　　20	仕入税額　売上税額 　20　　　40
A 県へ納税額	10	10	
B 県へ納税額			20

課題を解決しなければならない。すなわち，消費型付加価値税であるこの地方消費税を地方段階で課税することについては，以前より税の納税地と帰属地が異なるため，原産地原則と仕向地原則についての議論がなされてきた。消費型付加価値税の負担者は最終消費者であるが，税の帰属地については原産地原則と仕向地原則という異なった考え方がある。つまり，原産地原則では税収の帰属地は納税地に一致するのに対し，仕向地原則では帰属地が負担者のいる最終消費地となり納税地と異なってくる。

表 9-1 の仮説例を用いて，原産地原則と仕向地原則での納税地と税の帰属地の問題について考えてみよう。仮説例では，A 県と B 県がそれぞれ 10% で地方消費税を賦課し，A 県の製造業者が 100 の付加価値を作り出し A 県の卸売業者に販売，卸売業者は付加価値 100 を加え 200 で B 県の小売業者に移出・販売，B 県の小売業者が B 県の最終消費者に 400 で販売する。したがって，製造業者は売上税額 10（= 100×10%）から仕入税額 0（= 0×10%）を差し引いた 10（= 10−0）を A 県に，同様に卸売業者は 10 を A 県に，小売業者は 20 を B 県にそれぞれ納税する。つまり，A 県の税収は 20，B 県の税収は 20 となる。消費型付加価値税では B 県の最終消費者がこれらの 40 をすべて負担する。消費型付加価値税を地方税とするときには，最終消費者の居住地と納税地が異なり，負担者である最終消費者は B 県で 40 負担するにもかかわらず納税は A 県に 20，B 県に 20 なされる。

この納税された税収（A 県 20，B 県 20）をどの県に帰属させるのかという，いわゆる原産地原則と仕向地原則の問題が生ずる。原産地原則によると，B 県の最終消費者が負担する 40 は，付加価値が生じている納税地の県に帰属し，

A 県に 20，B 県に 20 税収が帰属する。これに対し仕向地原則によると，税収は負担がなされている最終消費者の居住地である B 県に全額帰属する。この原産地原則と仕向地原則の問題については多くの議論がなされたが，現在では EU をはじめとして多くの国で仕向地原則が採用されている[3]。このため，日本の地方消費税においても，この仕向地原則が採用され運用されている。

前述のように仕向地原則では税の帰属地は最終消費地となる。このため，それぞれの地域で納税された税収を最終消費地に移転する仕組み，仕向地原則における清算が必要となる。表 9-1 では，A 県に納税された 20 を最終消費地である B 県の税収とする清算が必要となる。とくに，地方段階での消費型付加価値税では，県境に税関が存在していないために，租税境界がない状況でこの清算を行わなければならない[4]。

(3) 清 算 方 式

清算方式については，大きく繰り延べ支払方式と税額控除清算方式があるが，日本では後者が採用されている。税額控除清算方式では納税と帰属が別の仕組みによって扱われるという特徴がある。すなわち，納税については原産地原則と同様に，帰属にかかわらずそれぞれの地域に納税される。この納税された税収は，地方政府間で税収の移転をするための仕組みであるクリアリング・ハウスによって別途清算され，仕向地原則に沿って帰属地である最終消費地に移転される。このクリアリング・ハウスによる清算方式には，個々の販売あるいは事業者ごとの取引を把握して個々の取引ごとに清算する方法と，マクロ統計を用いて調整を行うマクロ清算方式という 2 つの方法がある。

日本で採用されているマクロ清算方式とは，それぞれの県の最終消費額をマクロの統計で捉え，その額を用いてすべての県で徴収された総税収額を按分する方式である。このマクロ清算方式について表 9-1 の仮説例を用いて説明しよう。仮説例では，小売業者が最終消費者に販売した額が 400 であった。この 400 に税率 10％ を乗じた額がこの取引での B 県に帰属する税収額となる。他のある取引では，A，B 県以外の C 県で 800 の最終消費がなされたとしよう。この場合，税率が 10％ であれば[5]，納税地は明らかでなくとも，税収が 80 増加し，先の 40 に加えて全体の税収は 120（＝ 40 ＋ 80）となる。また，その税の帰属については B 県に 40，C 県 80 となる。したがって，取引についてどのような地域でなされたかがわからなくとも，最終消費者の財・サービスへの支

第9章　地方税の課題と改革　　**219**

表 9-2　地方消費税の清算基準

指　　標	ウェイト		ウェイト
「小売年間販売額（商業統計本調査）」「サービス業対個人事業収入額（経済センサス活動調査）」の合算額	75%		75%
「人口（国勢調査）」	15%		17.5%
「従業者数（経済センサス基礎調査）」	10%		7.5%

（出所）　総務省資料。

出額を県別にマクロの統計で捉え，その額で国全体の納税額を各県に按分することで，仕向地原則に沿った清算が可能となる。カナダではこのマクロ清算方式の精緻なタイプが採用され，日本の地方消費税の清算では簡略なタイプが採用されている。

　では日本の地方消費税の清算では，最終消費者の財・サービスへの最終消費額をどのようなマクロの統計で捉えているのであろうか。現行地方消費税での清算基準が表 9-2 に示されている。日本の清算では，各県別の個人最終消費額の統計として，財の最終消費額については「小売年間販売額（商業統計本調査）」が，また個人が消費したサービスの額については「サービス業対個人事業収入額（経済センサス活動調査）」が清算のための統計として用いられ，個人の最終消費額はそれらの合計額によって把握されている。ただし，これらのマクロの統計での最終消費額による按分は全体税収の 75% で，残り 25% については，2016 年度までは 15% が「人口（国勢調査）」，10% が「従業者数（経済センサス基礎調査）」によって按分がなされていたが，表 9-2 のように 2017 年度地方税制改正によってそれぞれ 17.5% と 7.5% と変更された。

1-2 個人住民税と税源移譲[6]

　個人所得税については，2006 年度税制改正で所得税から個人住民税への 3 兆円規模の税源移譲が決定され，2007 年分所得税，2007 年度分個人住民税から税源移譲が施行，所得税と個人住民税の税率についての変更がなされた。いわゆる，三位一体改革での税制改革である。この税率表については図 9-1 にイメージが示されている。図 9-1(a) に示されている税源移譲前の限界税率表では，課税所得に対して個人住民税の限界税率が 3 段階の緩やかな累進であった

図 9-1 税源移譲と税率の変化

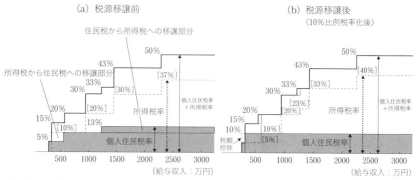

（出所）総務省資料。

が，税源移譲後では図 9-1(b) に示されているように一定の 10% で与えられている。

この結果，課税所得の低い住民にも一定税率 10% で個人住民税が課税されることで，以前に比べて応益性が強まり応能性が弱まっている。また，低い課税所得では所得税から個人住民税に移譲することで，国税から地方税に 3 兆円の税源移譲がなされている。他方，所得税の限界税率については図 9-1(b) の破線で示されているように，税源移譲前は限界税率は 10% から 37% の 4 段階であったものが，移譲後は 5% から 40% の 6 段階（平成 27 年分の所得税から 45% を加えて 7 段階）へと段階が多くなり，より応能的となっている。このことにより，個人所得に対する国税所得税と地方税の個人住民税がそれぞれの役割をより適切に果たす個人所得に対する租税体系が構築されている。

2 地方法人課税の課題と改革[7]

近年の地方税改革の議論でとくに注目されているのは，地方段階における法人課税に関するものである。これらの議論は，2003 年度税制改正での法人事業税への外形標準課税導入を端緒として，2008 年度の税制改正以降継続的に今日まで続いている。その論題は 2 つに集約される。第 1 は，地方消費税の税率引上げに伴う地方税収の増収等によって，地方公共団体間での税収偏在が拡大し，その是正をいかにすべきかという問題，第 2 は，グローバルな競争にさ

らされている企業にとって，日本の法人所得に対する国・地方を通じた実効税率（財務省型実効税率）の水準が高いという点について，いかに引き下げるかという問題である。これら2つの課題を同時に解決しようとした試みが以下に述べる地方法人課税に関する一連の改革であった。

2-1 法人事業税とは

　本項では，地方法人課税のあり方に関する議論のベースとして，都道府県の基幹税である法人事業税に導入された外形標準課税について説明しよう。地方税のあり方の規範を地方税原則に求めると，地方での法人に関する課税については，応益性，普遍性，安定性等の点から課題が多いといわれてきた。地方法人課税に関する改革の評価は，いかにこれらの原則を満たすかに関わってくるのである[8]。

　外形標準課税による法人事業税は，これらの原則を満たす地方法人課税として古くから支持されてきたが，日本で本格的に導入されたのは2004年度からであった。2004年度導入時の法人事業税の外形標準課税のイメージが図9-2に示されている。同図にみられるように，外形標準課税導入前の法人事業税は法人所得を課税標準額としていたが，2004年度以降，新たに資本金1億円超の法人に対して，付加価値額および資本金等の額を課税標準とする外形標準課税が一部導入された。結果，資本金1億円超の法人に対する法人事業税では，所得割は法人の所得を，付加価値割は法人の付加価値額を，資本割は法人の資本金等の額を課税標準として，それぞれの税率で課税されることとなった。

　なぜ法人事業税に外形標準課税が導入されたのであろうか。先述したように，地方税原則を地方税の規範とするならば，法人に対する地方税も応益性を満たさねばならない。法人事業税は，この応益性を満たすべき法人課税として創設された。ここで，応益性の原則とは，それぞれの経済主体が受けている公共サービスの便益の程度に応じて負担すべきという地方税での公平概念である。したがって，法人は受けている公共サービスの便益に応じて法人事業税の負担をせねばならない。ところで，外形標準課税導入前の法人事業税では，法人所得を課税標準とする賦課であったため，公共サービスの便益を利用して生産を行っているにもかかわらず赤字法人は法人事業税を負担する必要がなかった。この点については，国税法人税の場合には，応能性の原則にしたがって負

222　第Ⅳ部　地方財政

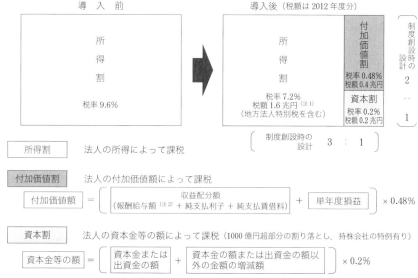

(注) 1. 税額は，超過課税分を含まない。
　　 2. 雇用安定控除（収益配分額の7割を超える報酬給与額を控除）有り。
(出所)　税制調査会法人課税ディスカッション・グループ資料。

担をする課税であるためとくに問題とならない。しかし，応益性を原則とする地方税の場合，赤字法人が負担をしないことは公平性の観点から適切な課税とはいえないのである。たしかに，利益が生じていないのに負担が生じることに対しては反対の意見もあるが，地方税での応益性という原則にしたがう限り，法人がある期に利益がなくとも，受けている公共サービスに対して負担をすることが公平の基準に合致するのである。

　では応益性の基準となる受益の程度を何をもって測るのであろう。地方税の場合には，受益の程度を表す指標はそれぞれの税目によって異なっている。たとえば，固定資産税は土地の価額（適正な時価）をもって受益の程度としている。法人事業税の場合には，法人が新たに生産した価値すなわち付加価値によって受益の程度を測っている。企業は前段階の企業から市場を通じて原材料等を仕入れ，生産要素を投入することで新たな付加価値を生み出しているが，この付加価値の生産には道路等の公共サービスが寄与しているであろう。したがって，これらの公共サービスからの受益の程度を，法人が生み出した付加価値

によって外形的に捉えて課税するのが法人事業税の付加価値割である。具体的には，この付加価値割は以下のように計算され，導入時には税率 0.48% で課税された。

付加価値額 ＝ 収益配分額 ＋ 単年度損益
　　　　　 ＝（報酬給与額 ＋ 純支払利子 ＋ 純支払賃借料）＋ 単年度損益

　収益配分額は報酬給与額，純支払利子，純支払賃借料からなり，この収益配分額に単年度損益を加えたものが付加価値額となる。また，報酬給与額は給与，賞与，手当，退職金等の合計額，純支払利子は支払利子から受取利子を引いた額，純支払賃借料は土地・家屋に対する支払賃借料から受取賃借料を引いた額である。

　2004 年度には，図 9-2 で示されているように，法人事業税収の 4 分の 3 について従来からの所得割で課税されているが，4 分の 1 については新たに付加価値割と資本割が導入された。また付加価値割と資本割は 2 対 1 となっている。この付加価値割と資本割の導入によって応益課税としての法人事業税が目指されている。

2-2 地方法人課税の課題と改革

　2004 年度に法人事業税に外形標準課税が導入されたが，それ以降，国の法人税改革や消費税・地方消費税の税率引上げとも連動して，一連の地方法人課税改革がなされた。この間の地方法人課税に関する改革を列記すると次のようになる。

2003 年度税制改正　法人事業税に外形標準課税の導入。

2008 年度税制改正　法人事業税所得割・収入割の税率引下げと地方法人特別税・地方法人特別譲与税の創設。

2014 年度税制改正　地方法人税の創設と法人住民税法人税割の交付税原資化，法人住民税法人税割の税率引下げ，地方法人特別税・地方法人特別譲与税の縮小と法人事業税所得割・収入割の復元。

2015 年度税制改正　法人事業税所得割の税率引下げと外形標準課税の拡大。

2016 年度税制改正　地方法人税の税率引上げと法人住民税法人税割の交付税原資化，法人住民税法人税割の税率引下げ。地方法人特別税・地方法

人特別譲与税の廃止と全額法人事業税への復元。法人事業税所得割の税率引下げと外形標準課税の拡大。

2016年度消費税率引上げ延期　2017年4月1日からの消費税率引上げを2019年10月1日まで延期。地方法人税の税率引上げと法人住民税法人税割の交付税原資化，法人住民税法人税割の税率引下げ，地方法人特別税および地方法人特別譲与税の廃止と全額法人事業税への復元などについても2019年10月1日まで延期された。

　これらの地方法人課税改革では，①法人事業税の外形標準化，②税収の偏在是正，③国と地方を通じた法人実効税率の引下げ等，いくつかの目的を同時に達成することが意図されていた。

2-3　地方法人課税と偏在是正

　先述したように，2004年度からの法人事業税への外形標準課税導入によって，それまで法人所得にのみ課税されていた法人事業税に対して，応益性を満たすとともに普遍性や安定性にも寄与する新たな制度が導入された。その意味で2004年度の改革は法人事業税を地方税原則に即したものとするための改革であったといえる。本項では，それに引き続いて実施された地方法人課税での税収の偏在是正について概説する。

　（1）地方法人特別税と地方法人特別譲与税

　リーマン・ショック前のミニバブルのために，法人住民税と法人事業税のいわゆる法人2税に税収の偏在拡大が生じた。この税収の偏在を是正するため，暫定的な施策として2008年度に導入されたのが図9-3で示されている地方法人特別税・地方法人特別譲与税である。地方法人特別税・地方法人特別譲与税は，法人事業税の一部2.6兆円（地方消費税1％分）を国税の地方法人特別税とし，法人所得よりも偏在が生じにくい人口と従業者数を基準として改めて地方法人特別譲与税により都道府県に按分・譲与する制度である。

　しかし，地方法人特別税・地方法人特別譲与税による偏在是正については，税収偏在を含む財政力格差の水平的財政調整は本来地方交付税によって行うべきものであり，地方税と地方譲与税による財政調整については課題が残された。そのため地方法人特別税・地方法人特別譲与税は，地方法人課税のあり方に関する抜本的な改革を実施するまでの暫定的な制度として位置づけられた。

図 9-3　地方法人特別税・地方法人特別譲与税の考え方

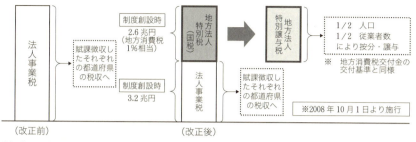

(出所)　地方法人課税のあり方等に関する検討会資料。

(2) 地方法人税と法人住民税の交付税原資化

　地方消費税の税率引上げによる増収については、不交付団体と交付団体で異なった影響が生じ、地方公共団体の一般財源の偏在が拡大する。このイメージが図 9-4 に示されている。不交付団体については、同図が示すように、地方消費税率の引上げに伴う増収は直接的に税収の増加となって現れる。それに対して、交付団体については地方交付税への効果を加味しなければならない。すなわち、地方消費税収入の増加は基準財政収入額を増加させ、もし地方交付税の基準財政需要額が変化しないならば、地方公共団体にとっての増収分が地方交付税の減額分によって相殺されるため、必ずしも不交付団体のように地方消費税額の増加がそのまま反映されるとは限らない。このことは地方消費税の税率引上げに伴って、交付団体と不交付団体の間で一般財源の偏在を拡大することとなる[9]。

　以上のように、2014 年度には消費税率 8% への引上げによって地方公共団体間での税収の偏在が拡大することが予想され、その是正のため地方法人課税に関する改革がなされた。すなわち新たに国税である地方法人税が創設され法人住民税の交付税原資化がなされた。また同時に暫定措置であった地方法人特別税・地方法人特別譲与税の縮減と法人事業税への戻し入れがなされた。2014 年度のこの改革が図 9-5 に示されている。改革では、地方税の税目の中で最も偏在度が大きい法人住民税法人税割の一部 0.6 兆円を国税としたうえで地方交付税の原資として繰り入れ（図 9-5 上部の網かけの部分）、それとともに暫定措置であった国税の地方法人特別税をちょうどそれに見合う 0.6 兆円減額して地方税の法人事業税を増額し、国税化されていた税収を地方税に戻した（図 9-5 右

226 第Ⅳ部 地方財政

図 9-4 地方消費税率引上げと交付団体・不交付団体への影響

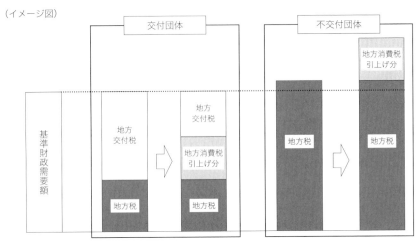

(出所) 総務省資料。

図 9-5 法人住民税法人税割の交付税原資化

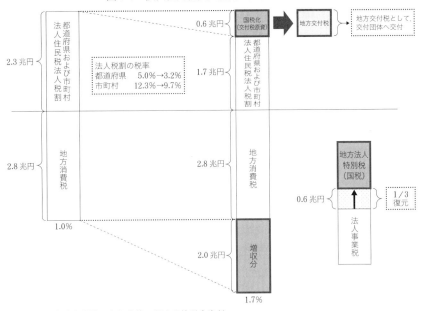

(出所) 地方法人課税のあり方等に関する検討会資料。

下の別図)。これによって，一部ではあるが暫定的な地方法人特別税と地方法人特別譲与税による財政調整から本来の地方交付税による財政調整へと変更がな

第9章　地方税の課題と改革　　227

図 9-6　法人事業税所得割の税率引下げと外形標準課税の拡大

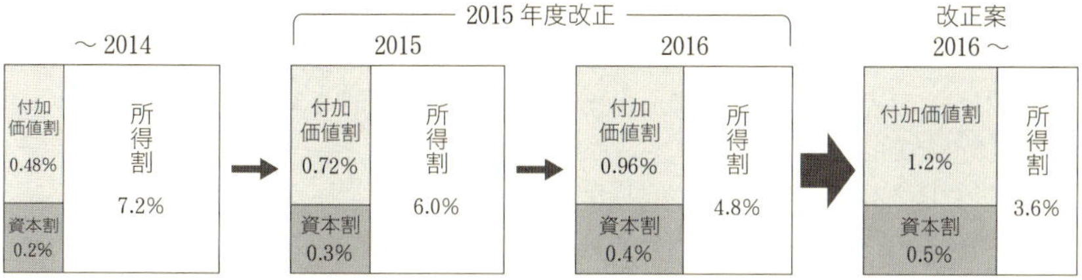

（注）　所得割の税率には地方法人特別税を含む。
（出所）　総務省資料。

された。

2-4　法人事業税の外形標準化と実効税率

　地方法人課税改革の今一つの改革は，企業の国際競争力を高めるために，国・地方を通じた法人所得に対する実効税率の水準を引き下げることであった。このため，2015 年度の地方法人課税改革では，国と地方の実効税率を引き下げ，同時に法人事業税の外形標準課税を拡大することで税収の中立性を確保した。図 9-6 にはそのイメージが示されている。具体的には，国税の法人税率が改正前の 25.5% より 2015 年度には 23.9% に引き下げられた。同時に，法人事業税所得割の税率が 2014 年度までの 7.2% から 2015 年度 6.0%，2016 年度 4.8% へと引き下げられ，国と地方の法人所得に対する法人実効税率は 34.62% から 32.11%，31.33% へと 3.29% 引き下げられた。他方，法人事業税における外形標準課税の課税標準額の割合を 4 分の 1 から 2015 年度には 8 分の 3，2016 年度には 2 分の 1 へと拡大し，税率は付加価値割 0.48% から 0.72%，0.96%，資本割 0.2% から 0.3%，0.4% へと引き上げられた。

　前述のように 2015 年度税制改正においてすでに租税特別措置の見直しによる課税ベースの拡大と税率の引下げが実施されていたが，2016 年度税制改正ではさらに一歩進められた。すなわち，先述のごとく 2015 年度税制改正では 2016 年度の実効税率を 31.33% へと引き下げる予定であったが，2016 度税制改正ではこれを早め，2016 年度に 2.14% 引き下げて 29.97% と 20% 台とし，2018 年度に 29.74% へとさらに引き下げることが予定された。また法人事業税の外形標準課税に関しては，その比率を 2016 年度に 8 分の 5 へとさらに拡大することが決められた。この結果，前述のように所得割の税率を引き下げる

228 第IV部 地方財政

◆ **コラム 11　法人税の税率引下げ競争** ─

　近年世界各国で法人税の税率引下げ競争が行われている。税率の引下げ競争については，これまで地方税の租税競争論の分野で，地域間を移動する企業や資本を自分の地域に誘導するため地方政府が互いに税率を引き下げる競争を行う問題について多くの理論的な分析がなされている。

　今日では，経済のグローバル化に伴ってヒト・モノ・カネが容易に国境を越えて移動するため，国家間でも法人税における税率引下げ競争が起こっていると考えられる。国が企業に対する租税の税率を引き下げることで企業や資本を自分の国に誘導しようと試みている。この結果，税率を引き下げた国は企業や資本を誘致することができ引き下げた国にとっては短期的に好ましい結果となる。しかし中長期で考えると，税率引下げ競争に勝つために多くの国がこの競争に参加し，互いに法人税の税率を止めどもなく引き下げざるを得ないことになる。この結果本来法人税によって賄われるべき公共サービス水準が達成できないかあるいは所得税や消費税の引上げがなされ，全体では決して好ましい状況にならないといわれている。

ことが可能となり，法人所得の実効税率引下げに寄与している。

　ところで地方法人課税の改革については，2016 年度税制改正において，2017 年 4 月 1 日に予定されていた消費税率（国・地方）10％ への引上げ時に，①地方法人税の税率を再度引上げ交付税の原資とすること，②法人住民税法人税割の税率を引き下げること，③地方法人特別税・地方法人特別譲与税を廃止することが予定されていた。しかし予定されていた消費税率（国・地方）10％への引上げについては 2019 年度 10 月 1 日まで実施が再延期され，それに伴ってこれらの改革についても 2019 年度 10 月 1 日まで延期されることとが決まっている。

3 ｜ 固定資産税の課題と改革

　固定資産税は市町村の基幹税として位置づけられ，地方税原則の応益性，普遍性，安定性等を満たしている税目といわれている。この固定資産税は土地，建物，償却資産の価格を課税標準として課税されている。その中で，土地に対する固定資産税については，バブル期をはじめとした地価の急激な変動に対して，固定資産評価額（以降「評価額」）と課税標準額をいかに決めるかが解決す

第9章 地方税の課題と改革 229

べき最も重要な課題であった。本節では資産税である土地に対する固定資産税について，この課題を中心として考えてみたい。

3-1 地価と固定資産税の課税標準

一般的に税額は課税標準額に税率を乗じて求められる。固定資産税についても同様な算式によって納税額が算定されるが，標準税率1.4％という簡素な税率表に対して，課税標準額の算定については多少説明が必要な制度となっている。ここでは，商業地に関する課税標準額の算定を例として，その概要について説明を加えよう。

このように複雑な課税標準額の算定となったのは，固定資産税の課税標準額が固定資産税の価格（「適正な時価」）となっていることに起因している。すなわち，固定資産税の税額算定において，課税標準額は単純な取引市場価格ではなく「適正な時価」である。「適正な時価とは，正常な条件の下に成立する当該土地の取引価格，すなわち，客観的な交換価値をいうと解され」（最高裁判所平成15年6月26日判決〔抜粋〕），正常と認められない場合には土地の取引価格に修正を加えて求めることとなる。また，経済学の視点からは，応益性を基準とした固定資産税では，その受けている便益の大きさを反映する価格が適正な時価と考えられ，その意味からも正常と認められない場合には修正を加えた適正な時価を課税標準額として課税がなされる。

図9-7に，全国ベースでの商業地の地価公示価格と課税標準額の関係が示されている。1986年から1991年までのバブル期には，急激な土地価格の上昇がみられ，その後地価が下落しているが，土地価格の上昇を受けて課税標準額あるいは納税額が大幅に上昇することはなかった。このときの土地価格も「適正な時価」ではあるものの，納税義務者の負担軽減を図る観点から，政策的に課税標準額が引き下げられていたのである。その結果，土地の価格と課税標準額の関係が遮断された。その後の土地に関わる固定資産税制度の改革は，①土地価格の急激な変動に対し，土地評価額や課税標準額および税負担の急激な増減を回避しつつ，土地価格と課税標準額の間に一定の関係をもたせること，②市町村間あるいは土地の間で，評価と課税標準額の算定における不均等な扱いを排除し，全国的な均衡化と水平的公平を達成することにあった。すなわち，土地価格の変動によって大幅な税負担の増減を及ばさないようにしつつ，土地の

230　第Ⅳ部　地方財政

図 9-7　固定資産税の評価額等の状況（商業地等の宅地）

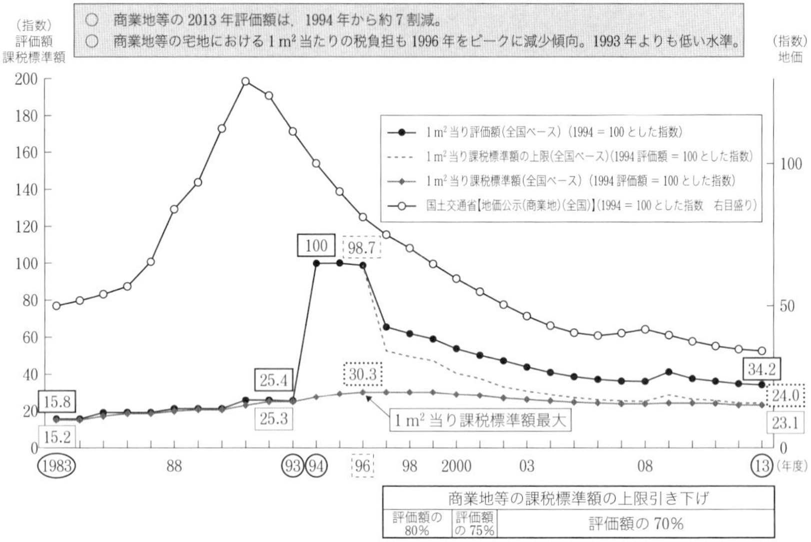

（指数）
評価額
課税標準額

○　商業地等の 2013 年評価額は，1994 年から約 7 割減。
○　商業地等の宅地における 1 m² 当りの税負担も 1996 年をピークに減少傾向。1993 年よりも低い水準。

（指数）
地価

- 1 m²当り評価額（全国ベース）(1994 = 100 とした指数)
- 1 m²当り課税標準額の上限（全国ベース）(1994 評価額 = 100 とした指数)
- 1 m²当り課税標準額（全国ベース）(1994 評価額 = 100 とした指数)
- 国土交通省［地価公示（商業地）(全国)］(1994 = 100 とした指数　右目盛り)

100 / 98.7
25.4 / 25.3
30.3
34.2 / 24.0 / 23.1
15.8 / 15.2
1 m² 当り課税標準額最大

（1983）　88　（93）（94）（96）　98　2000　03　08　（13）（年度）

商業地等の課税標準額の上限引き下げ		
評価額の 80%	評価額の 75%	評価額の 70%

（出所）　各年度の「固定資産の価格等の概要調書」（総務省）により作成。

価格に応じて課税標準額が客観的に決定される制度とすることにあった。また，バブルによって生じた，市町村間あるいは土地の間に生じた実効税率すなわち土地価格に対する税負担が均等化するよう，1997 年度に新たな制度が導入された。

3-2　固定資産税の負担調整

（1）固定資産税の評価額と課税標準額

固定資産税の税額算定においては第 1 に評価額が求められる。このうち，宅地に関わる評価額については，1994 年の評価替えより，地価公示価格の 7 割を目途として決められ，いわゆる 7 割評価がなされている。この結果，評価に関しては均等化・適正化がなされ，現行制度では地価公示価格によって外生的に決定されている。これが図 9-8 での評価である。

第 2 に図 9-8 の課税標準額の欄で示されているように評価額から課税標準が求められる。すなわち前述で求められた宅地の価格である評価額を基準として，商業地の宅地や住宅用地については，それぞれの特例措置と負担調整措置によって課税標準額が決定される。なおこの特例措置による課税標準の上限額

図 9-8 固定資産税（住宅用地，商業地等の宅地）の税額算定の流れ

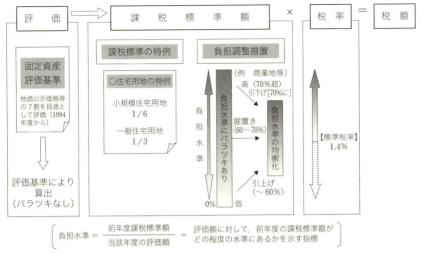

（出所）資産評価システム研究センター資料。

は「あるべき課税標準額」と呼ばれ，商業地等の宅地では評価額の7割を，住宅用地では以下の特例によって導出される額となっている。

(2) 課税標準額の特例措置（住宅用地の特例）

① 小規模住宅用地：$200m^2$ 以下の住宅用地を小規模住宅用地という。小規模住宅用については価格の6分の1の額とする。

② 一般住宅用地：小規模住宅用地以外の住宅用地（家屋の床面積の10倍まで），一般住宅用地については価格の3分の1とする。

(3) 負担水準と負担調整措置

バブル以降の土地価格の下落を通じて，地域や土地の間で地価が同じにもかかわらず課税標準額にばらつきが生じるという問題が指摘された。前述のごとく，地価公示価格から評価額が求められ，その評価額から課税標準額が算定される。そこで，評価額については地価公示価格等の7割で外生的に与えられているにもかかわらず，課税標準額を評価額で除した負担水準にばらつきが生じていたのである。この負担水準を均衡化することによって土地価格に対する課税標準の均等化を目指した制度が，1997年度の評価替えから導入された**負担調整措置**である。負担水準と負担調整措置について，住宅用地，商業地等の宅

図 9-9　負担水準と負担調整措置のイメージ（2015〜17 年度）

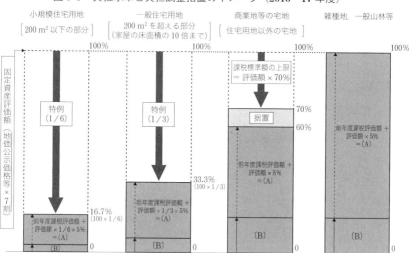

(注) 〔B〕は，〔A〕が評価額（又は評価額×住宅用地特例率）×20% を下回る場合は 20% に引上げ。
(出所) 総務省資料。

地ごとに示したイメージが図 9-9 である。

ここでは商業地等の宅地を例として図 9-9 を用いて説明をしよう。同図の左から 3 番目が，2015 年度から 2017 年度までの商業地等の宅地に適用されている負担水準と負担調整措置である。商業地等の宅地の場合には，評価額の 60% から 70% の間に課税標準額が収束するように，負担水準と負担調整措置によって調整がなされている。

まず，**負担水準**とは以下の式で定義され，個々の土地で新しい評価額に対して前年度の課税標準額がどの程度の割合になっているかを示している[10]。

$$負担水準 = \frac{前年度課税標準額}{当該年度の評価額} \tag{1}$$

地域および土地の間で求められたこの負担水準が均等となるよう，負担水準が高い土地は課税標準額が引き下げられ，低い土地は引き上げられる負担調整がなされ，土地の価格に対する課税標準額の均等化が図られる。商業地等の宅地に関する評価額，負担調整措置について図 9-9 を用いて説明を加えると，以下のように要約できる。

① 公示価格等の 7 割を評価額とする。商業地等の宅地に関しては，この評価額の 70% が今年度の本来の課税標準額となる。

② 前年度の実際の課税標準額と今年度の評価額が等しいときの負担水準が式(1) より 100% である。換言すれば，前年度の課税標準額が今年度の公示価格等の 7 割のとき負担水準は 100% である。

③ 負担水準が 70% から 100% の範囲で課税されている土地の場合には，今年度の課税標準額を評価額の 70% である本来の課税標準額に引き下げる。

④ 負担水準が 60% から 70% の場合には，前年度の課税標準額に据え置く。

⑤ 負担水準が 60% 未満で 20% 以上の場合には，以下の式にしたがって求められた額 A を各年度の課税標準額とする。このため，この範囲の負担水準の土地に関しては，毎年度，評価額×5% ずつ課税標準額が増加する。

$$A = 前年度課税標準額 + 評価額 \times 5\% \tag{2}$$

この点について，今年度の評価額を H，今年度の課税標準額を TB^N，昨年度の課税標準額を TB とすると，今年度の課税標準額は昨年度の課税標準額に比べてどの程度増加するかについては，次の式によって導出される。今年度の課税標準額は式(2) から，

$$TB^N = TB + 0.05H \tag{3}$$

また，α を負担水準とすると式(1) から

$$TB = \alpha H \tag{4}$$

したがって，昨年度の課税標準額と今年度の課税標準額の関係が，

$$TB^N = \left(1 + \frac{0.05}{\alpha}\right) TB \tag{5}$$

のように導出される。ところで，$\dfrac{0.05}{\alpha}$ と負担水準 α の関係は，図 9-10 のように示される。結果として，式(5) の右辺の括弧は負担水準 α の減少関数となっている。このことから，負担水準 α が低く，20% に近づけば近づくほど今年度の課税標準額は大きな増加率で増加することがわかる。たとえば，負担水準が 20% ならば 1.25 倍，40% ならば 1.125 倍となる。

⑥ A が価格×20% を下回る場合は，今年度の課税標準額は評価額×20%

図 9-10 負担調整 α と $0.05/\alpha$

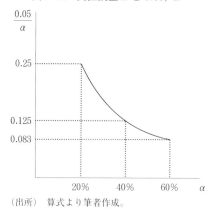

(出所) 算式より筆者作成。

となる。このことから，課税標準額は評価額の 20% を下回らない範囲となる。

以上の計算過程によってわかるように，課税標準額は評価額に対して 60% から 70% の据置範囲に収まるように負担調整措置がなされている。この制度では，負担水準が据置範囲より大きなときには，ただちに 70% に課税標準額を減額し，60% より小さなときには，評価額と課税標準が大きな乖離の場合には速い速度で，小さな乖離の場合には遅い速度で，負担水準が評価額の 60% 以上の範囲になるように課税標準を調整して，最終的には課税標準が評価額の 60% から 70% の据置範囲に収まるようになっている。この結果，外生的に与えられた地価公示価格に対し，評価額も課税標準額も一定の値あるいは範囲に収まるように，またそれぞれの土地価格に対し一定の課税標準額となるように課税標準の調整がなされ，固定資産税の水平的公平が達成されるのである。

◆コラム 12　農地に対する固定資産税

図 9-11 が農地に関する固定資産税の現行制度である。農地に関する固定資産税は一般農地と市街化区域農地に大別され，図 9-11 で示されているように，一般農地と市街化区域農地では評価方法と負担調整に関して異なった方式が採用され大変複雑な制度となっている。農地に関する固定資産税制は，土地に関する固定資産税での残された課題の 1 つであろう。

図 9-11　農地に対する現行の課税の概要

農地は，次のように区分され，それぞれ評価および課税（負担調整措置等）について，異なる仕組みが採られている。

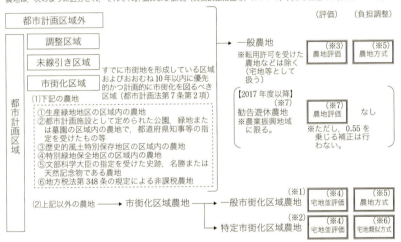

(注) 1. 特定市街化区域農地以外の市街化区域農地。
2. 三大都市圏の特定市（東京都の特別区および首都圏，近畿圏，中部圏の既成市街地，近郊整備地帯などに所在する市〔2016 年 1 月時点 214 市〕）にある市街化区域農地。
3. 農地を農地として利用する場合における売買価格を基準として評価。
4. 当該市街化区域農地と状況が類似する宅地の価格に比準する価格で評価。
（類似宅地の価格を基準として求めた価格）−（宅地に転用する場合に通常必要と認められる造成費）。
5. 前年度課税標準額に負担水準に応じて定められた倍率を乗じた額を課税標準額とする方式。
6. 過去から特定市街化区域農地であったとして算定した額を前年度課税標準額とし，当該額に評価額×特例率（1/3）の 5％ を加算した額を課税標準額とする方式。
7. 農地法第 36 条第 1 項の勧告があった遊休農地（勧告遊休農地）については，一般農地の評価額に限界収益修正率（0.55）を割り戻して評価。（2017 年度以降）。

(出所)　総務省資料。

236　第Ⅳ部　地方財政

おわりに

　本章では地方税改革の課題と改革について概説したが，最後に地方税に関する残された課題について述べてみたい[11]。地方消費税に関しては，本文で言及したように，日本の清算方式は現在の地方消費税収の額や費用対効果を踏まえ，マクロ清算方式を簡便なマクロ統計で運用しているものとみなせる。したがって，今後地方消費税の税率引上げがなされ，税収が大きくなる場合，都道府県への按分にはより精緻なマクロ統計による清算やまた軽減税率への対応が課題となろう。

　地方法人課税のあり方については，地方消費税の税率引上げや景気回復による法人住民税や法人事業税の増収によって税収格差が拡大する傾向にあり，地方法人税課税での偏在是正や実効税率引下げに関して今後とも重要な課題となろう。

　固定資産税に関しては，本来の課税標準が特例によって商業地の宅地に関しては評価額の 70％ で与えられ，小規模住宅用地では評価額の 6 分の 1 で与えられている。この特例については，商業地と住宅用地で異なった扱いがなされているが，この点も含め地目ごとの特例扱いについては，公平性や効率性の観点から今後検討すべき課題となろう。

注

1) これら地方消費税や個人住民税の税源移譲や三位一体改革については，横山・馬場・堀場 [2009] 第 14 章，持田・堀場・望月 [2010] 等で詳細に論じられているので参照されたい。

2) 地方消費税と清算方式に関しては，持田・堀場・望月 [2010] および横山・馬場・堀場 [2009] 第 14 章で詳細に論じられているので参照されたい。

3) 仕向地原則では移出非課税・移入課税を原則とするので選択に税制が歪みを与えないのに対し，原産地原則では地方政府の税率決定権によって財・サービスの資源配分に歪みを生じることが知られている。他方地方段階での仕向地原則の運用では境界統制ができないため，地方政府間で仕向地原則を実施するには何らかの清算方式が必要となる。仕向地原則と原産地原則のこれらの課題に関しては，持田・堀場・望月 [2010] 第 2 章で詳細に説明がなされているので参照されたい。

4) 国税の消費型付加価値税であっても，EU 諸国では税関が撤廃されたため，租税境界がない清算による仕向地原則の実施が必要となる。これら清算方式の詳細について興味ある読者は，持田・堀場・望月 [2010] および横山・馬場・堀場 [2009] 第 14 章等で詳細に論じられているので参照されたい。

5) ここではすべての地域の税率が 10％ で均等な場合を想定しているが，地域ごとに税率が異なる場合でも，あるいは軽減税率が導入された場合でも，統計が整備されていれば清算が可能であることはカナダの HST の運用から明らかである。詳細については持田・堀場・望月 [2010] を参照されたい。

第9章　地方税の課題と改革　　237

6)　個人住民税と税源移譲については横山・馬場・堀場［2009］第14章を参照されたい。

7)　本項で扱った地方法人課税の課題と論点整理については，堀場［2017］で詳細に論じられているので参照されたい。

8)　地方税のあり方については，今日では，必ずしも地方税原則のみが基準として与えられるとは限らない。地方税が有する経済効果を重視し，むしろ効率性を基準とする考え方もある。地方税と経済効果の諸問題については堀場［1999, 2008］等を参照されたい。

9)　実際には基準財政需要額が増額されるなど，図9-4で示されるような単純な効果が与えられるとは限らない。しかし，税収と地方交付税を加えた一般財源総額でみると，地方公共団体間に偏在が拡大すると考えられる。

10)　住宅用地の場合には，負担水準は

$$負担水準＝\frac{前年度課税標準額}{当該年度の評価額 × 住宅用地特例率 （1/3 または 1/6）}$$

で与えられる。

11)　地方税制に関する最近の課題や2017年度地方税制改正等に関しては，堀場［2016］を参照されたい。

◆ 課　　題

《第1節》

　地方消費税について，原産地原則と仕向地原則それぞれのメリットとデメリットについてまとめなさい。また，仕向地原則の清算については繰り延べ支払方式と税額控除清算方式があるが，それぞれについて調べなさい（持田・堀場・望月［2010］）。

　三位一体改革では，税源移譲と同時に地方交付税改革と国庫支出金改革が同時になされた。その内容についてまとめ，地方分権の視点からどのような評価がなされたか調べなさい（横山・馬場・堀場［2009］）。

《第2節》

　法人住民税の交付税原資化や地方法人特別税・譲与税と法人事業税への戻し入れは，個々の地方公共団体に異なる効果を有する。東京都に関してどのような効果が生ずるか考えなさい（堀場［2017］）。

《第3節》

　本章では，商業地等の宅地の課税標準額に関する負担水準と負担調整措置について説明した。その結果，商業地等の宅地の課税標準額が全国でどのように据置範囲に収束していったかについて調べなさい。また，住宅用地について課税標準額がどのように算定されているか，図9-9を参考に調べなさい。

◆ 文 献 案 内

《第1節》

　地方消費税と個人住民税改革については，持田・堀場・望月［2010］および横山・馬場・堀場［2009］第14章で詳細に論じられているので参照されたい。

238　第Ⅳ部　地　方　財　政

《第2節》
　近年の地方法人課税改革については，堀場［2017］が参考となる。また，税制調査会法人課税ディスカッション・グループ［2014］，地方法人課税のあり方等に関する検討会［2012，2014］等の研究会資料が参考となる。

《第3節》
　固定資産税も含めた地方税全般に関する議論については，佐藤［2011］が参考となる。とくに，固定資産税の理論および実証研究に関して興味がある読者には，第5章が参考となる。制度に関しては，総務省および資産評価システムセンターの資料がホームページよりダウンロードできるので参照されたい。

◆ 参 考 文 献

佐藤主光［2011］『地方税改革の経済学』日本経済新聞出版社。

資産評価システム研究センター［2009］『固定資産税のあゆみ——評価センター 30 周年記念』資産評価システム研究センター。

税制調査会法人課税ディスカッション・グループ［2014］「第4回資料 地方法人課税の改革，外形標準課税」4月 24 日。

地方法人課税のあり方等に関する検討会［2012］「第1回資料4 地方法人特別税の創設の経緯」9月 20 日。

地方法人課税のあり方等に関する検討会［2014］「第 17 回資料 地方法人課税の現状と課題」9月9日。

堀場勇夫［1999］『地方分権の経済分析』東洋経済新報社。

堀場勇夫［2008］『地方分権の経済理論——第1世代から第2世代へ』東洋経済新報社。

堀場勇夫［2016］「平成 29 年度地方税制改正等に関する地方財政審議会意見について」『地方税』第 67 巻第 12 号。

堀場勇夫［2017］「地方法人課税改革とその課題——偏在是正・成長戦略・応益性の視点から」『地方税』第 68 巻第 2 号。

持田信樹・堀場勇夫・望月正光［2010］『地方消費税の経済学』有斐閣。

横山彰・馬場義久・堀場勇夫［2009］『現代財政学』有斐閣。

第10章

地方財政の新たな姿と課題

　第9章では，地方税を中心として現在の地方財政についての課題と改革について検討を加えた。第10章では地方公営事業会計，とくに地方公営企業会計を中心として課題と改革について考える。これまで地方政府に関する分析は主に公共財を提供する普通会計を中心としてなされてきたが，近年，普通会計のみならず地方公営事業会計，一部事務組合，広域連合，地方公社，第三セクター等の多くの関連する会計や団体の連携によって公共サービスが提供され，結果として地方公共団体の活動全体を把握するためには，普通会計のみならずこれらの組織等を含めた分析が必要となってきた。また普通会計に加えて地方公営事業会計の重要性が見直され，地方公共団体財政健全化法や健全化判断比率においても，新たに地方公営事業会計も含んだ連結実質赤字比率が健全化判断比率に取り入れられている。これは，地方財政にとって地方公営事業会計で扱われる事業の重要性が増したこと，これらの事業が地方財政にとって大きな負担となる可能性があることなどが理由としてあげられる。

　本章では，まず地方公共団体財政健全化法について概説する。次に地方公営事業，とくにその中でも施設の老朽化という大きな課題を抱える地方公営企業に焦点を当て，今後の地方財政の課題と改革について考える。そのため，地方公営事業会計の位置づけ，地方公営企業の特徴等について説明し，地方公営企業の現代的課題と改革について考える。また，地方財政における抜本的解決方法として最近提案されている民間活力の活用についても，具体的な制度も含め概説する。

1 ｜ 地方財政の新たな姿と地方公共団体財政健全化法[1]

　地方財政の財政再建制度として，1955年の地方財政再建促進特別措置法（以下，旧法）以来約50年ぶりに，2007年6月地方公共団体財政健全化法（以下，財政健全化法）が成立し，2009年4月施行された。旧法は，財政再建団体に対

240 第Ⅳ部 地方財政

する制度で，普通会計だけを対象としていたが，財政健全化法では対象となる団体や会計の範囲が拡大された。本節では，この財政健全化法について概説し，その目的について考えてみたい。

1-1 健全化判断比率の対象

現在，公共サービスは，普通会計に加え，地方公営事業会計，一部事務組合，広域連合，地方公社，第三セクター等の多くの関連する会計や団体の連携によって提供されている[2]。そのため地方公共団体全体の財政状況を把握するためには，普通会計のみならず地方公営事業会計や一部事務組合，第三セクター等の経営状況まで範囲を広げる必要が生じ，普通会計のみを捉える再建制度では不十分であることが明らかとなった。新たな財政健全化法では，図10-1で示されているように，旧法の普通会計のみを対象とした範囲から，一部事務組合・広域連合，地方公社・第三セクター等まで範囲を広げた健全化判断比率という指標を用いて地方公共団体全体の財政状況を把握している。

この健全化判断比率は，4つの指標，すなわち普通会計の赤字を捉える従来の実質収支比率に対応した**実質赤字比率**，地方公営企業会計を含む地方公営事業会計までの赤字を捉える**連結実質赤字比率**，一部事務組合・広域連合までの範囲の公債費の状況を捉える**実質公債費比率**，地方公社・第三セクター等までの負債の状況を捉えるストック指標である**将来負担比率**からなっている。このことにより，地方公共団体の財政状況に関する多くの情報を得ることが可能となった。

1-2 健全化判断比率と早期健全化基準・財政再生基準

旧法では，財政状況が悪化した財政再建団体のみを対象とし，その地方公共団体の再建を主たる目的としていたのに対して，財政健全化法ではすべての地方公共団体を対象とし，毎年度，健全化判断比率を決算後に算出し，監査委員の審査に付して，議会に報告した上で公開する。また，財政悪化の段階として，まず財政がより悪化しないよう自主的に健全化のための対応を実施する，予備的段階である早期健全化段階がある。次に，その自主的な健全化の対応にもかかわらずさらに財政が悪化して，健全化判断比率が再生段階に至った場合，国や都道府県の関与がなされることとなる。すなわち，健全化判断比率に

第10章　地方財政の新たな姿と課題　241

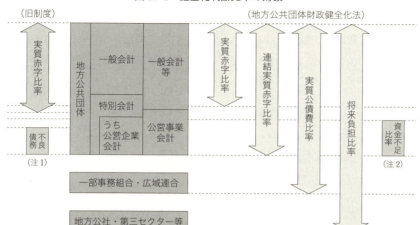

図 10-1　健全化判断比率の対象

(注)　1. 公営企業会計ごとに算定
　　　2. 公営企業会計ごとに算定
(出所)　総務省［2016］34 頁。

関しては，それぞれ早期健全化段階と再生段階に対応した早期健全化基準と財政再生基準が設けられている。このことは，財政状況の把握や運営に関しては地方公共団体の自主性を基本とし，財政の健全化の責任はあくまで地方公共団体が担うという原則が反映されている。

それぞれの健全化判断比率は，図 10-1 で示されている範囲を対象とした，以下のように定義される比率である[3]。

実質赤字比率　実質赤字比率は，普通会計の現金不足の程度を表す指標である。ここで実質とは次年度に繰り越した支払等を引いた額である[4]。また，標準財政規模は地方税の標準税収入額や普通交付税，臨時財政対策債の発行可能額の合計である。

$$実質赤字比率 = \frac{一般会計等の実質赤字額}{標準財政規模}$$

連結実質赤字比率　資金不足額を普通会計のみならず地方公営事業会計まで広げて把握した指標。

242 第Ⅳ部 地方財政

$$連結実質赤字比率 = \frac{連結実質赤字額}{標準財政規模}$$

実質公債費比率 普通会計と地方公営事業会計に加え，一部事務組合や広域連合の公債費・準公債費を標準財政規模で除したもので，一般会計等が負担する公債費・準公債費の比率[5]。

$$実質公債費比率 = \frac{A}{B} \quad の3カ年平均$$

$A = $ 公債費の元利償還金 ＋ 準元利償還金
  $-$ (特定財源
    ＋ 元利償還金・準元利償還金にかかる基準財政需要額算入額)

$B = $ 標準財政規模
  $-$ 元利償還金・準元利償還金にかかる基準財政需要額算入額

将来負担比率 一般会計等が負担すべき負債の標準財政規模に対する比率。

$$将来負担比率 = \frac{A}{B}$$

$A = $ 将来負担額
  $-$ (充当可能基金額 ＋ 特定財源見込額
    ＋ 地方債現在高等にかかる基準財政需要額算入見込額)

$B = $ 標準財政規模
  $-$ 元利償還金・準元利償還金にかかる基準財政需要額算入額

図 10-2 に，これらの比率の早期健全化基準と財政再生基準の関係が要約されている。

1-3 財政健全化への対応

前述した各比率と基準を用いて，財政健全化は具体的にどのようになされているのであろう。図 10-3 で示されるように，各地方公共団体ごとに求められた比率のいずれか1つでも早期健全化基準を上回ると，当該地方公共団体は財

第10章 地方財政の新たな姿と課題　243

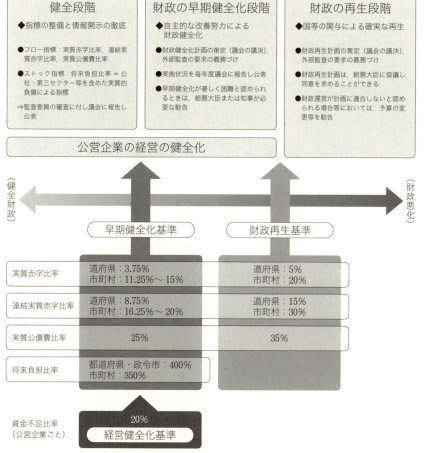

図10-2　早期健全化基準，財政再生基準

(注) 1. 実質赤字比率および連結実質赤字比率については，東京都の基準は，別途設定されている。
2. 指標の公表は2007年度決算から，財政健全化計画の策定の義務づけ等は2008年度決算から適用。
(出所) 総務省［2016］33頁。

政健全化団体に区分され，自主的な財政健全化を促される。具体的には，実質赤字比率は0％に他の指標は財政健全化基準を下回るよう目標が設定され，財政健全化計画の策定が義務づけられる。また，実質赤字比率，連結実質赤字比率，実質公債費比率のどれかが財政再生基準を上回ると財政再生団体に区分され，国等の関与のもとで，それぞれの指標について目標に達するよう財政再生

244 第Ⅳ部 地方財政

図 10-3 財政健全化のイメージ

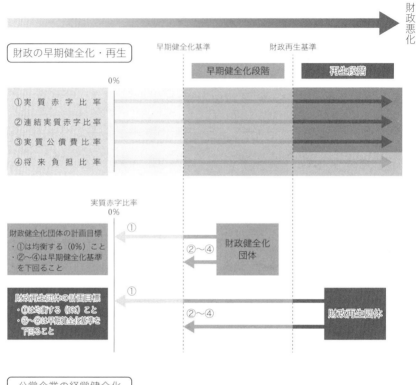

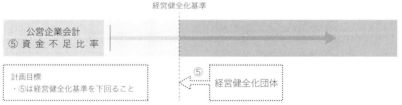

(注) 旧再建制度においては，再建団体は，実質収支が均衡することが求められた。
(出所) 総務省資料。

計画が義務づけられる。この段階に至って国等の関与が働くのである。2015年度末決算では，財政再生団体は北海道夕張市のみで財政健全化団体はない。

　財政健全化法施行以前には，国の指導・監督のもと，地方財政計画に沿った普通会計を中心とした地方公共団体の財政運営がなされてきた。しかし，今日

第 **10** 章　地方財政の新たな姿と課題　　245

では地方分権の流れを受け，財政運営は地方公共団体の責任のもとで自主的になされるのを原則としている。財政健全化に関しても地方公共団体の責任のもとでなされるのが原則であり，財政健全化法によってこのことが制度化されて運用されている。

　また，地方公共団体の運営は多様な会計と組織によって，統合的になされるようになってきたため，健全化判断基準の範囲も普通会計に加え，地方公営事業会計，一部事務組合・広域連合，地方公社・第三セクター等の多くの会計や団体まで拡大している。地方公共団体の財政状況の把握には関連した多くの会計や団体を通じて統合的になされるべき新しい時代を迎えているのである。

2 ┃ 地方公営企業の概要

　普通会計は，主に地方税を財源として公共財供給を行う地方政府の機能を対象とし，伝統的な地方財政論ではこの普通会計に関する分析が中心であった。しかし前節で述べた通り，純粋な公共財とはいえない公共サービスが，受益者負担あるいは保険料等を財源として，地方公営事業会計を通じて提供されている。本節では，今後も重要性を増すであろう地方公営事業のうち，上水道事業を例として地方公営企業会計の課題と改革について考えたい。

2-1 普通会計と地方公営事業会計

　地方政府の活動は多岐にわたっているが，その一部は特別な理由によって特別会計によって運営，管理されている。これらの特別会計は普通会計と区別して地方公営事業会計と呼ばれ，その全体像が図 10-4 で示されている[6]。同図で示されているように，地方公営事業会計は，企業形態によって運営されている地方公営企業，競馬・競輪等を扱う収益事業，国民健康保険や介護保険等の保険事業，その他の事業から構成されている。

　公共財の提供については，公共財が有する非排除性と非競合性という性質から，地方政府では地方税によって財源を賄うことが基本となる[7]。この機能は主として地方政府の普通会計によって担われ，いわゆる一般政府の役割と呼ばれている。これに対して，たとえば上下水道事業が供給している上下水道サー

図 10-4　地方財政の会計

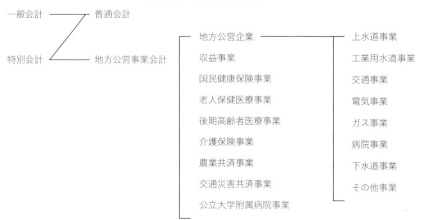

（出所）　中井・齊藤・堀場・戸谷［2010］図 2-1 に加筆修正。

ビスは，公共性を有するためこれまで政府によって直接提供されてきたが，一般政府の役割を経理する普通会計ではなく，地方政府が所有する企業すなわち地方公営企業の会計によって管理されてきた。この地方公営企業に関する特別会計が地方公営事業会計の第 1 の範疇である。第 2 の地方公営事業会計は，国民健康保険事業や老人保健医療事業等のような公的保険に関する特別会計であり保険収入によって賄われている。これは，モラル・ハザードや逆選択（アドバース・セレクション）等の理由のため強制性のある公的保険によって社会全体でリスクに対処する政府の役割で，保険収入と公的資金を財源として特別会計で運営，管理されている（第Ⅱ部参照）。第 3 は，地方政府が行っている収益事業を管理する特別会計であり競馬や競輪事業等が該当する。

　このように，近年地方政府は公共財以外の公共サービスを広範に提供しているが，これらの事業に対しては，それぞれの理由によって地方公営事業会計と総称される特別会計が設置され，また政府の役割が拡大するとともに地方公営事業会計で扱われている事業の果たす役割が重要となっている。このため第 1 節で説明した財政健全化法や健全化判断比率の範囲は地方公営事業会計を含んでいる。このような地方公営事業のうち，特徴的な地方公営企業を例に，その課題と改革について以下で説明を加えたい。

2-2 地方公営企業の性格[8]

地方公営企業とは「地方公共団体が住民の福祉の増進を目的として直接経営する企業」（細谷［2013］7頁）と定義されるように，地方公共団体によって直接設立，運営されている企業である。これらの事業が公営企業という企業形態によって経営されている理由として次の3点があげられる。第1に，普通会計が租税という財源によって公共財を提供しているのに対し，地方公営企業が提供している財は，その便益が個人に帰着し，受益に応じた料金を各個人から徴収して費用を賄うことで効率的で公平な資源配分がなされる。第2に，その供給には大規模な固定資本が必要となる費用逓減産業の場合が多く，市場に任せると自然独占となることが知られ，政府による規制あるいは供給が適当である。第3に，提供されているサービスが上下水道や病院のように，住民の福祉の点から必要欠くべからざる財の場合が多く，料金によって賄えない場合であっても社会的な視点から供給すべきと考えられる。これらの理由によって，政府と企業の両者の性質を有する地方公営企業という形態で公共サービスが提供されているのである。

したがって，企業という側面での地方公営企業では，料金による独立採算制を原則とし，個々の事業体ごとに特別会計によって経理され，他会計との資金のやり取りが明確にわかるようにされている。このために法適用の地方公営企業では企業会計に準じた会計方式が採用されている。他方，地方公営企業は一般行政サービスあるいは公共財を提供する一般政府としての性質を有している。上水道事業を始めとして地方公営企業の提供するサービスは社会インフラであり，企業形態で運営されている事業の一部については非排除的で非競合性という性質を有する。たとえば，消防の際に用いられる水利施設も上水道事業を利用して提供されるが，この部分については料金では賄われず，その費用については一般会計からの繰出金や国および道府県からの負担金・補助金等を水道事業の特別会計に繰り入れることで租税によって賄われている。このように地方公営企業が有する2つの性格から，その財源は料金と租税によって構成されているのである。

2-3 地方公営企業の料金

地方公営企業は料金によってその費用を賄う独立採算制が基本であるが，同

248　第Ⅳ部　地方財政

時に地方公営企業は費用逓減産業という性質を有する。この点を踏まえ，日本の制度でどのような基準によって料金が決定されているのであろうか。地方公営企業の料金は総括原価方式という算定によって設定されている。地方公営企業法において，料金は能率的な経営のもとでの適正な原価を基礎として決定されることになっているが，現実には図10-5に示されているような総括原価方式によって料金が設定されている。すなわち，料金収入の総額は営業費用と資本費用によって構成される総括原価と呼ばれる原価を満たす金額に決められる。営業費用とは人件費等からなる費用であるが，とくに減価償却費が含まれていることに注意が必要である。地方公営企業法の適用される上水道事業に関しては，企業会計によって発生主義に基づく減価償却費が計上される。この営業費用に支払利息や安定的な経営と財・サービスを提供するために必要な適正な内部留保のための資産維持費を加えた総括原価が費用額として計上される。この総括原価方式による料金決定については，地方公営企業がその費用を賄うのに十分な額を料金として設定することができるというメリットがある反面，総括原価を減額するインセンティブが企業に存在しないことから非効率が生じるというデメリットが指摘されている。

2-4　地方公営企業の分類

　前述したように，特別会計を設けて事業の経理を行う地方公営事業の中で，公共団体が経営する企業が地方公営企業であり，その具体的な事業として地方財政法は特別会計を設置すべき事業として13の事業をあげている。その中で，とくに地方公営企業法が適用される8事業は当然法適用事業といわれ企業会計が適用される。

　図10-6には地方公営企業の分類が示されている。第1の分類は，地方公営企業法が必ず適用され，企業会計によって事業がなされる当然法適用事業と呼ばれる範疇である。具体的には，水道，工業用水道，交通（軌道），交通（自動車運送），交通（鉄道），電気，ガス，病院の8事業である。次に，必ずしも地方公営企業法の規定が適用されない範疇で，交通（船舶），簡易水道，港湾整備，市場，と畜場，観光施設，宅地造成，公共下水道等の事業である。この範疇の地方公営企業は地方公営企業法で法非適用事業と呼ばれ，条例によって任意に地方公営企業法を適用することで企業会計によって経理が行われる。

第10章 地方財政の新たな姿と課題 249

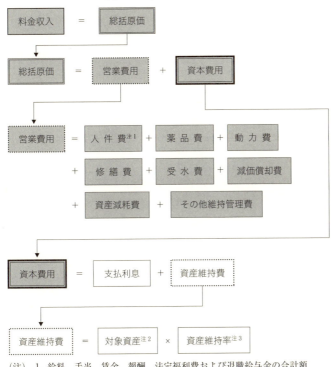

図10-5 総括原価の計算

(注) 1. 給料，手当，賃金，報酬，法定福利費および退職給与金の合計額
2. 償却資産額の料金算定期間の期首および期末の平均残高
3. 平均的な自己資本構成比率（50％）× 繰入率（政府引受企業債利率の5ヵ年平均の率を基準として適切に定める）。
(出所) 消費者庁ホームページを転載。

　企業会計によって経理を行うことが重要であるのは，企業会計によって現金主義に基づく官庁会計の歳出・歳入の経理から発生主義に基づく企業会計に移行することで，地方公営企業の「経営成績（損益情報）や財政状況（ストック情報）などの経営状況をより的確に把握することが可能となり，施設の更新など経営基盤の計画的な整備を行う基礎情報となる資産の現状（施設の経済的価値，老朽化等の状況）の適正な把握，投資資金の期間配分額の算定による料金対象原価の適正な計算等も可能となる」（公営企業の経営に当たっての留意事項について，2014年8月29日付 自治財政局公営企業課長，公営企業経営室長，準公営企業室長通知）と記述されている。したがって，法非適用事業においても地方公営企業

図 10-6　地方公営企業の範囲

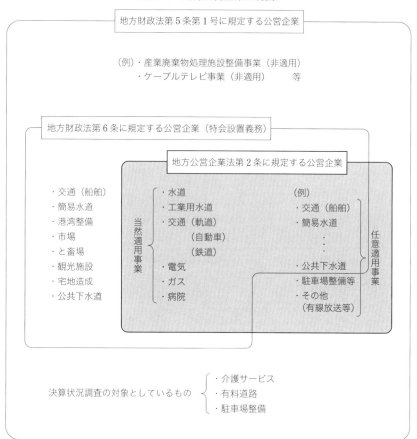

(出所)　『総務省資料地方公営企業会計制度等研究会報告書』参考資料 9。

会計を自主的に任意適用することが望ましく，法非適用事業の簡易水道と下水道事業においては法適用による企業会計の適用がとくに進められている。これは，これら簡易水道事業や下水道事業では，近々施設の老朽化による更新時期を迎えるため，企業会計による早急な対応が必要となっていることと関連している。

◆ コラム13　下水道の老朽化問題

　下水道管について，下水道の埋設された距離を経年ごとに示した図はストックピラミッドと呼ばれ，市町村については図10-7の形状となっている。下水道の管渠については平均年数は18年と計算され，埋設されてから比較的新しい設備であることが読み取れる。しかし下水道についてみると，経年年数では大きなピークが15年前後にあり，このピークが老朽化を迎える30年後に管渠の老朽化は一挙に進むことが予想される。したがってそれへの対応がいまから必要となる。

図10-7　市町村等の下水道のストックピラミッド

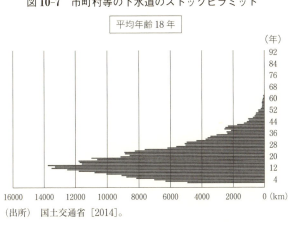

（出所）　国土交通省［2014］。

3　地方公営企業の課題と改革[9]

　現在，日本の財政が直面している多くの課題と同様に，地方公営企業にとって少子高齢化が大きな影響を与えている。そこで，少子高齢化が地方公営企業の経営にどのように関わっているか上水道事業を例として考えてみたい。

3-1　地方公営企業の経営環境の現状

　上水道事業をはじめ地方公営企業が営んでいる多くの事業は大規模設備を用いる費用逓減産業である。その上水道事業で現在運用されている設備は高度成長期やバブル後の時期に建設されたものが多く，それらの設備がちょうど老朽化による更新時期を迎えつつある。したがって，今後これらの設備の更新には

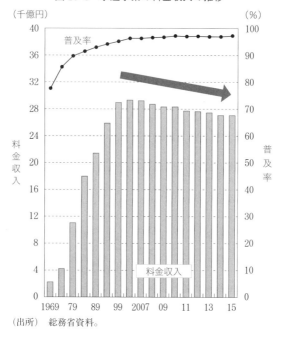

図 10-8 水道事業の料金収入の推移

(出所) 総務省資料。

多額の財源が必要となってくる。他方，少子高齢化社会の到来によって人口は減少し，上水道に対する需要が減少傾向にあり，図10-8にみられるように水道事業における料金収入が減少に転じている。

このため，上水道事業では料金収入が減少する中で更新投資への財源をいかに捻出するかという課題に直面している。すなわち，高度成長期以降の人口の増加に合わせて投資されてきた設備水準を，いかに人口減少に見合った適切な規模に縮減するか，またその更新投資に必要な財源をいかに手当するかという中長期計画の早急な策定が必要とされているのである。

3-2 経営戦略の策定

上で述べた諸課題に対し，それぞれの地方公営企業では改革の方向性を示す中長期計画の策定が進められている。図10-9がそのイメージである。現在の状況から推定される公営企業の投資必要額が一番左に示されている。投資計画の策定においては，人口減少に見合う中長期の需要に呼応した設備水準と投資

第10章 地方財政の新たな姿と課題　253

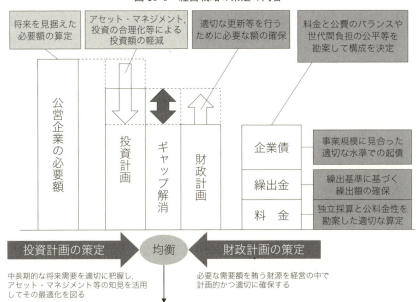

図10-9　経営戦略の策定の内容

(出所)　総務省自治財政局公営企業課［2014］3頁図表1-2。

額が計画されねばならない。同時に，この投資計画に必要な財源額の確保が必要となるが，これは財政計画の策定を通じてなされる。これらの投資計画と財政計画の策定は相互補完的になされ，最終的には両計画は均衡しなければならない。財政計画では，財源である料金，繰出金，企業債ごとにそれぞれの計画が策定され，とくにその基礎をなす料金は独立採算と総括原価方式による適切な水準での設定が重要となる。

　以上の点から，地方公営企業の経営では中長期的な経営戦略を踏まえてなされることが必要で企業的な経営手段が求められる。したがって，近年の地方公営企業では，①企業的経営を基礎とした効率的な運営の実施，②経営情報としての企業会計の策定と運用，③一般会計との明確な責任分担と連携，④民間活力の活用も含めた効率化等，多くの改革が同時に進められている。また，これらの諸改革を統合する形で経営戦略の策定とその運用が進められている。

254 第Ⅳ部 地方財政

4 地方公共団体の役割と民間活力の活用[10]

地方公共団体の役割に対する住民の要望が多様化し，財政状況が厳しさを増すなかで効率的な財政運営が強く要望されるようになった。その1つの手段がニュー・パブリック・マネジメント（NPM）である。ニュー・パブリック・マネジメントとは，多様化する公共サービスへの需要に対して高い質での効率的なサービスを提供するため，公的部門に「民間活力の活用」と「民間部門の経営管理手法の導入」を試みる行政改革の総称である。ニュー・パブリック・マネジメントの導入は，公共サービスの提供は公的部門がなすべきという伝統的な考え方から，民間部門による提供を認める新たな考え方への，公共部門の基本に関わる大きなパラダイム転換であった。

4-1 民間活力の活用とその種類

公共サービスの提供あるいは公共財の供給に関しては，どのようなサービスをどの水準で供給するかを決定する政策決定の段階と，その政策をどのように実施するかという政策の実施段階とに区分される。財が公共財あるいは準公共財の場合，政策の決定と実施はともに公的部門によってなされねばならないという原則が伝統的に採用されてきた。いわゆる直営による公共サービスの提供である。これに対し，私的財については，民間部門の決定と実施による市場メカニズムを通じた提供が原則であった。これまではこれら両極端の供給形態を中心として議論が展開されてきた。

伝統的な直営によって公共サービスを供給するメリットは，公的部門が適切と判断した水準の供給量を決定し自身が供給するために，その水準が間違いなく確保できる点にあった。他方，デメリットとしては，供給量が適切な水準であったとしてもその水準を効率的な生産過程あるいは最小の費用で提供するインセンティブが公的部門自身にあるとは限らず，高い費用で公共サービスが提供される可能性があった。

これらの問題に対して，イギリスのサッチャー政権以降，公共サービスの提供について新たな考え方が提案された。すなわち公共サービスあるいは公共財の提供に関して，政策の決定と実施を分離して，政策の決定を行うもの（プ

第**10**章　地方財政の新たな姿と課題　255

リンシパル）と実施するもの（エイジェンシー）は必ずしも同一の主体としない
多様な供給形態が吟味された。とくに，ニュー・パブリック・マネジメントで
は，政策の決定あるいは実施する主体として民間事業者も含め，多様な形態を
考えるという特徴がある。以下では，このニュー・パブリック・マネジメント
に関連して，日本で議論されている代表的な民間活力の活用について概説す
る。

4-2　指定管理者制度[11]

　民間活力の第1の活用方法は指定管理者制度である。指定管理者制度では，
従来通り政策の決定は公的部門によってなされるが，公の施設の管理を民間で
も可能とする制度である。すなわちエイジェンシーに与えられる実施対象は地
方公共団体によって決められた施設で，その管理方法もプリンシパルである地
方公共団体によって決められた民間活力の活用方法といえる。

　指定管理者制度を考察するとき，その管理する対象である施設は公の施設と
定義される物的施設を意味している。公の施設とは，たとえば体育施設（体育
館，プール他），教育・文化施設（博物館，美術館，公民館他），公営企業（上下水
道他），その他公園，学校等，住民の福祉増進を目的として提供される公共施
設をいう。いわゆる，地方公共団体によって供給され，その地域の住民によっ
て需要される施設を中心とした地方公共財である[12]。指定管理者制度とは，主
として費用の効率性からこの公の施設を管理する方法として新たに提案された
制度である。

　先述したように，住民に対して公平かつ効率的に公共財を提供することにつ
いては，立案，生産，供給，管理等のすべての段階を公的部門によって一元的
に行うこと，すなわち直営が適当であると考えられてきた。プリンシパルとエ
イジェンシーを同一の経済主体である地方公共団体が担っていたのである。す
なわち公共財の種類と水準を公的部門が決定し，公務員によって生産され，住
民に対して地方公共団体自らが供給し，施設の管理を地方公共団体自らが行
うことで，適正な施策の実行が確実になされるとされてきた。上述の公の施設
の管理に関しても，公の施設が確実かつ適正に住民に提供されるためには，公
的部門が管理することが必要と考えられてきた。そこで公の施設の管理委託
先は，範囲が徐々に拡大されてきたとはいえ，その適正な管理を確保するため

256　第Ⅳ部　地方財政

に，地方公共団体，公共的団体，地方公共団体の出資法人等に限定されてきたのである。しかし，近年，①公の施設といえども，民間部門で適正な管理が可能であるとの判断がなされるようになったこと，②住民が公の施設への多様な要望を持つようになってきたため，施設が多様な需要に対応する必要が出てきたこと，③公的部門の財政が厳しくなってきたため，管理する費用の縮減が求められていることなどから，公の施設の管理を民間事業者に委託することが検討されるようになった。

　以上のような状況に対応する制度として導入されたものが指定管理者制度である。公の施設に関しては，その設置と管理が施設サービスの提供にとって必要な施策となるが，設置者である地方公共団体から管理を分離し，民間も含めた別の事業者を管理者として指定することによって効率性と多様性を目的として管理を委ねる制度である。吉川によって「『指定管理者制度』は，『指定』により公の施設の管理権限を当該指定を受けた者に委ねるものである」（吉川［2007］61頁）と定義されているように，管理権限を指定によって委ねる制度である。これは特定の業務を契約によって委託する「外部委託」とは異なっている。すなわち外部委託においては，その施設の管理の権利および責任は依然として設置者たる地方公共団体にあるのに対し，指定管理者制度では指定された指定管理者にあると考えられている[13]。また指定管理者は管理する施設を住民が利用するとき住民から料金を徴収することが地方公共団体によって認められる場合がある。したがって，必要な経費については，利用料金，地方公共団体からの支出金等によって賄われるが，その場合でも料金の決定の枠組みは地方公共団体が条例によって決定するため，あくまで指定管理者は管理を委ねられた事業者にしかすぎない。

　以上のように，管理を委ねる指定管理者制度であるが，同様に管理を行う地方独立行政法人とはどのような点で異なっているであろう。吉川［2007］によれば，「指定管理者制度と地方独立行政法人との相違点は，指定管理者制度は，公の施設の設置は当該地方公共団体が行うこととしたままで，その管理について一定の法人等に委ねるものであるのに対し，地方独立行政法人制度は，当該施設を地方公共団体から分離・独立した地方独立行政法人に移管し，当該地方独立行政法人の責任による管理を行わせる点にある」（吉川［2007］75頁）と述べられている。指定管理者制度では施設の設置，管理について地方公共団体が

決定するのに対し，地方独立行政法人の場合には施設の設置，管理は地方独立
行政法人が決定する点で異なる制度である。

4-3 独立行政法人[14)15)]

　独立行政法人は，公的部門による直接的な供給での問題点を改善するために
考えられた供給形態の1つである。すなわち公共性の観点から公的部門が望む
供給水準が確保されねばならない事業のときに，供給水準の決定については依
然として公的部門が行うが，効率性の達成を目的としてその執行すなわち生産
と供給は独立行政法人という別法人によって実施される供給形態である。換言
すれば，完全に民間企業に委ねたり，PFI（後述）のような供給形態で生産・
供給を民間に委ねると，公的部門が望む供給水準の確保と実施がなされない可
能性がある場合，公共サービスの供給量を確保しつつ効率的な執行を達成する
ために採用される供給形態である。つまりプリンシパルである公的部門が最適
な供給量を決定し，エイジェンシーである独立行政法人にその決定された供給
量を住民に提供させる目的でプリンシパルとエイジェンシーとの間で契約を結
ぶ。この契約は一般的に財政支援（交付金）と提供される公共サービスの内容
に関するものとなっている。このプリンシパル・エイジェント・モデルを独立
行政法人に適用した場合の模式図が図10-10である。この図で示されているよ
うに政策の決定・立案をする公的部門と執行をする独立行政法人は分離し，執
行機関である独立行政法人に契約の下での裁量が可能な限り与えられる。また
独立機関である独立行政法人の執行が供給水準の意思決定から独立するため，
執行に伴う効率性が分離された形で事後的に評価され，この供給形態の目的で
ある生産・供給における効率性が達成される。先述のごとく公的部門が意図す
る供給水準と質の確保がこの供給形態の基本であるので，確実に契約の履行が
なされたかを検証するため，契約が実際に履行されたかどうかについての評価
が第三者機関によって事後的になされる。

　上述した内容が，独立行政法人制度や地方独立行政法人制度で具体的にど
のように運営されているかについては，吉川［2006］によって要約されてい
る[16)]。前述のごとく，地方独立行政法人制度では行政サービスについての政策
の決定・立案は地方公共団体によってなされるのを特徴としている。このため
具体的な制度では設立団体の長は3年以上5年以下の期間において中期目標を

図10-10 独立行政法人の供給形態

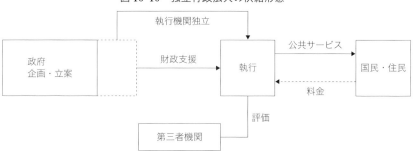

(出所) 宮脇 [2001] 212頁図 8.2(D) を本論に沿って修正の上転載。

作成し,議会の議決を経ることで政策の目標を明らかにする。またその中期目標を地方独立行政法人に指示する。またその中期目標を達成するための地方独立行政法人業務の実施については,地方独立行政法人の裁量性を尊重することが基本であるが,エイジェンシーとしての地方独立行政法人はプリンシパルである地方公共団体の中期目標を確実に達成するために中期計画の作成が義務づけられ,認可を受けたうえで計画に沿って業務を実施せねばならない。最終的には評価委員会が,中期目標期間終了後に中期目標の達成状況について評価をする。別言すれば地方独立行政法人の効率的な運用を確保するために,プリンシパルである地方公共団体の関与は中期目標の作成と事後の評価に限られている。また財源となる運営費交付金も使途が限定されない交付金で与えられ,財政的にも運用上の制約を受けない形となっているのである。

4-4 PFI制度[17]

民間活力の第3の活用方法は PFI(Private Finace Initiative) である。PFI は「これまでは政府部門が直接行ってきた公共施設の建設・維持管理・運営等に関し,民間の資金・経営能力・技術的能力を活用する新しい手法」(中井・齊藤・堀場・戸谷 [2010] 135頁)であり,エイジェンシーとしての民間事業者が公共財を供給する手法である。先述の,プリンシパル・エイジェント・モデルの枠組みでは,指定管理者制度や独立行政法人制度,地方独立行政法人制度よりもエイジェンシーの役割範囲は大きくなっている。それは単に公共施設の管理を民間事業者に委ねるものでなく,公共団体が決定した公共サービスの内容にしたがって,民間事業者が資金を調達し,施設の設計,建設,運営,管理等す

第 **10** 章　地方財政の新たな姿と課題　　**259**

表 10-1　PFI の類型

類　　型	PFI 事業者の財源
公共サービス購入型	公的資金
独立採算型	利用者料金
ジョイント・ベンチャー型	利用者料金・公的資金

(出所)　山越［2006］137-138 頁，宮脇［2001］
215 頁等から筆者作成。

べてについて裁量的に実施することで住民に公共サービスを提供するものである。

　PFI の事業形態は公的部門の事業への関わり方と財源によって**表 10-1** のように，①公共サービス購入型，②独立採算型，③ジョイント・ベンチャー型の 3 種類に類別される。

① 公共サービス購入型

　公共サービス購入型は，公共団体の希望に沿った内容で公共サービスを供給する許可を民間事業者に与え，それに応じて民間事業者は施設の建設・運営を行い，公的部門はそのサービスを購入する形態である。民間事業者の事業費は公的部門の公的資金によって賄われる。

② 独立採算型

　独立採算型は，公共団体の希望に沿った内容で公共サービスを供給する許可を民間事業者に与え，民間事業者が施設の建設・運営を行う点では上記の公共サービス購入型と同じであるが，公共サービス購入型と異なり住民がサービスを購入し対価を料金によって支払う。民間事業者の事業費はこの料金によって賄われる。

③ ジョイント・ベンチャー型

　ジョイント・ベンチャー型は，公共サービス型と独立採算型の両者の性格を有するタイプであり，公的部門と民間事業者の共同出資によって事業がなされる。また民間事業者の事業費は公的部門からの資金と住民からの料金によって賄われる。とくに提供されるサービスの性格が公共性を有する場合，その部分の便益については受益者以外の住民にも及ぶために公的部門による租税負担によって賄われる。その結果民間事業者の建設・運営等の事業費について，受益者負担分については料金，公共性に対応する部分については公的部門からの資

260 第Ⅳ部 地方財政

金によって負担される。

　このように民間活力の活用での先進的な制度である PFI 制度であるが，以下のような課題が指摘されている。第1に，新たな公共サービスの提供手段である PFI 制度であるにもかかわらず，財政が厳しい地方公共団体にとっては単なる財源調達を補完する手段として用いられてしまい，民間の技術や手法を取り入れることで効率的に公共サービスを提供するという本来の姿が不明確となっている場合がある。第2に，PFI を運用あるいは事業を評価するための公共部門の事前・事後の費用がかさむケースもある。第3に，長期にわたって特定の企業が公共サービスを提供することになるため，いったん企業が選定されると公共サービスの画一化が生じ，場合によっては独占企業になることでむしろ非効率となるときがある。

おわりに

　伝統的な地方財政論では，普通会計の対象となる公共財あるいは公共サービス，地方税や地方交付税の問題が分析の中心であった。しかし，地方公共団体の役割が多様化したことから，現代では普通会計のみならず多くの会計や組織によって地方の財政活動が行われている。本章では地方公営企業会計の上水道事業における老朽化問題を例として，普通会計以外の課題も今後の地方財政論を考えるときに重要であることを示した。

　普通会計と地方公営事業会計で供給されている財の性質は異なったものである。そのために，財源が租税と料金・保険料と異なり，また会計も収支会計と企業会計という異なった会計処理が採用されている。現代の公共サービスは，このように異なった性質を有する多くの組織や会計の連携によって提供されている。また，公共サービスの提供については，公的部門の直営から，民間活力の活用，官民連携，PFI 等を利用した幅広い手法が採用されている。今日の地方財政論を理解するためには，このように複雑な体制で公共サービスは提供されていることを踏まえなければならない。

注———————

1)　この節の詳細については小西［2008］，中井・齊藤・堀場・戸谷［2010］，平岡・森・初森［2008］等を参照されたい。

第 **10** 章　地方財政の新たな姿と課題　261

2）　普通会計や地方公営事業会計等については，中井・齊藤・堀場・戸谷［2010］34 頁を参照されたい。

3）　健全化判断比率の詳細については，小西［2008］第 2 章，中井・齊藤・堀場・戸谷［2010］第 3 章等を参照されたい。

4）　ある期に現金の不足があったとしても，地方公共団体は短期借入金や基金の取り崩し等によって対応することが可能であるため，必ずしもデフォルトが起こるわけではないが，実質赤字が生じることは財政の状況にとって決して好ましいことではない（小西［2008］30 頁）。

5）　準公債費は公営企業や一部事務組合の償還のうち一般会計が負担したと認められる部分。詳細については小西［2008］34 頁を参照されたい。

6）　普通会計と地方公営事業会計については，中井・齊藤・堀場・戸谷［2010］第 2 章を参照されたい。

7）　公共財と地方公共財理論，政府と地方政府の役割については堀場［1999, 2008］を参照されたい。

8）　地方公営企業の概要については，金澤［2003］で簡潔に，細谷［2013］で詳細に説明されているので参照されたい。

9）　本節の内容の詳細については堀場［2014b, 2015］に詳論されているので参照されたい。

10）　本節の内容については宮脇［2001］，吉川［2006］，山越［2006］，中井・齊藤・堀場・戸谷［2010］第 6 章，堀場［2017］等を参照されたい。

11）　本項の内容については吉川［2007］第 3 章を参照されたい。

12）　地方自治法では「住民の福祉を増進する目的をもってその利用に供するための施設」である（吉川［2007］58 頁）。

13）　この点については吉川［2007］61-62 頁を参照されたい。

14）　本項の内容については，宮脇［2001］，吉川［2006］等を参照されたい。

15）　独立行政法人と地方独立行政法人は，多くの点で類似の供給形態と見なすことができるため，本節では以降両者を含めて独立行政法人と呼び，とくに必要がある場合に地方独立行政法人という用語を用いる。独立行政法人と地方独立行政法人の制度上の相違点については，吉川［2006］222 頁の注（2）に詳細な記述があるので参照されたい。

16）　吉川［2006］第 5 章第 3 節を参照されたい。

17）　PFI については宮脇［2001］，山越［2006］，中井・齊藤・堀場・戸谷［2010］等を参照されたい。

◆ 課　　題

《第 1 節》

　健全化判断基準の実質収支比率あるいは連結実質赤字比率が赤字とは，民間企業の赤字と異なり，地方公共団体に資金不足が生じていることを意味している。地方公共団体が赤字であるということの意味を調べなさい（小西［2008］30 頁）。

《第 2 節》

　費用逓減産業では平均費用価格形成原理，限界費用価格形成原理等の種々の価格形成原理があるが，これらについて八田［2008］，井堀［1996］等の文献を参照に要約しなさい。

《第 3 節》

地方公営企業改革の全体像について，堀場［2014b, 2015］を用いて要約しなさい。また，地方公営企業会計の制度改革がなされているが，どのような改革が具体的になされたか検討しなさい。

《第 4 節》

地方公営企業の分野に，実際どのような民間活力の活用が導入されているか具体例をあげ説明しなさい。とくにコンセッション方式についてまとめなさい。

◆ 文 献 案 内

《第 1 節》

地方公共団体財政健全化法について，入門書としては中井・齊藤・堀場・戸谷［2010］が参考となる。また，地方公共団体財政健全化法の中級の包括的文献としては小西［2008］，平岡・森・初森［2008］があげられる。

《第 2 節》

地方公営企業の制度に関しては，入門書として金澤［2003］が，また詳細な概説書としては細谷［2013］が参考となる。

《第 3 節》

近年の地方公営企業に関する課題や改革については堀場［2014b, 2015］等が参考となる。

《第 4 節》

民間活力の活用と NPM については多くの業績で論じられているが，中井・齊藤・堀場・戸谷［2010］第 6 章，齊藤［2015］がこの分野の問題点を全般にわたって簡潔に要約している。また，個々の制度については吉川［2006, 2007］が参考となる。

◆ 参 考 文 献

井堀利宏［1996］『公共経済の理論』有斐閣。

金澤史男［2003］「公営事業と第三セクター」林健久編『地方財政読本［第 5 版］』東洋経済新報社。

国土交通省［2014］「下水道政策研究委員会報告書」『新下水道ビジョン――「循環のみち」の持続と進化』

小西砂千夫［2008］『自治体財政健全化法――制度と財政再建のポイント』学陽書房。

齊藤愼［2015］「公的部門の役割とパブリック・プライベート・パートナーシップ」『地方財政』第 54 巻第 5 号。

税制調査会法人課税ディスカッション・グループ［2014］「第 4 回資料　地方法人課税の改革，外形標準課税」4 月 24 日。

総務省［2016］『地方財政白書ビジュアル版（平成 28 年版）』。

総務省自治財政局公営企業課［2013］「公営企業の経営戦略の策定等に関する研究会財政計画ワーキング・グループ第 1 回資料」12 月 25 日。

総務省自治財政局公営企業課［2014］『公営企業の経営戦略の策定等に関する研究会報告書』。

中井英雄・齊藤愼・堀場勇夫・戸谷裕之［2010］『新しい地方財政論』有斐閣。

八田達夫［2008］『市場の失敗と政府の失敗への対策』（「ミクロ経済学」1）東洋経済新報社。

平岡和久・森裕之・初森尤而［2008］『財政健全化法は自治体を再建するか――事例でみる影響と課題』自治体研究社。

細谷芳郎［2013］『図解　地方公営企業法（改訂版）』第一法規。

堀場勇夫［1999］『地方分権の経済分析』東洋経済新報社。

堀場勇夫［2008］『地方分権の経済理論――第1世代から第2世代へ』東洋経済新報社。

堀場勇夫［2014a］「地方公営企業の財政計画と論点整理――上水道事業を中心として」『地方財政』第53巻第4号。

堀場勇夫［2014b］「地方公営企業の役割と実証分析――上水道事業を中心として」『青山経済論集』第66巻第3号。

堀場勇夫［2015］「公営企業の経営戦略の策定とその活用――上水道事業を中心として」『地方財政』第54巻第7号。

堀場勇夫［2017］「公営企業経営と民間活力の活用」『公営企業』第48巻第12号。

宮脇淳［2001］「自治体におけるPFIとエイジェンシー化への取組み」本間正明・齊藤愼編『地方財政改革――ニュー・パブリック・マネジメント手法の適用』有斐閣。

山越伸子［2006］「PFI，公営企業改革」瀧野欣彌・岡本保編集代表・山崎重孝編『行財政運営の新たな手法』ぎょうせい。

吉川浩民［2006］「地方独立行政法人」瀧野欣彌・岡本保編集代表・山崎重孝編『行財政運営の新たな手法』ぎょうせい。

吉川浩民［2007］「公の施設（指定管理者制度）」瀧野欣彌・岡本保編集代表・平嶋彰英編『財務管理・資金管理』ぎょうせい。

索　引

● アルファベット

CPI　→ 消費者物価指数
EATR　→ 平均実効税率
EITC　→ 勤労所得税額控除
EMTR　→ 限界実効税率
G20（金融世界経済に関する首脳会合）
　39
NPM　→ ニュー・パブリック・マネジメント
PFI　258
SNA　→ 国民経済計算

● あ　行

赤字国債　→ 特例国債
赤字財政バイアス　15
赤字法人　→ 欠損法人
アジア通貨危機　13
アタリ，J.　30
アドバース・セレクション　→ 逆選択
アベノミクス　32
アメリカ納税者救済法　43, 48
安定基準　30
遺族年金　110
1 階部分　108
一般会計　4, 70, 72
一般消費税　216
一般政府　3
移転価格　177
インボイス（――制度）　191
エイジェンシー　255
応益的公平　28
応能的公平　28
公の施設　255

● か　行

外形標準課税　169, 221
介護サービス　97
介護報酬　104
介護保険制度　96
介護保険特別会計　100
課税所得　140
課税単位　116
課税利潤の移転　177
加入者割　100
簡易課税制度　193
議会予算局［アメリカ］　43
議会予算局設置規定［オーストラリア］
　47
既裁定　134
基礎的財政収支（プライマリー・バランス）　22, 32, 35-39, 50
基礎年金（国民年金）　109
　――勘定　113
　――拠出金　114
　――制度　112
逆進性　201
逆選択（アドバース・セレクション）
　67, 246
キャッシュフロー法人税　176
キャップ［アメリカ］　43, 50
給付つき税額控除　142, 207
給与所得控除　140
給与所得税　139
強制加入　67
行政管理予算局［アメリカ］　43
共有地の悲劇　17
均等割額　87

勤労所得税額控除（EITC）　143
勤労所得税と消費税の等価命題　204
国の予算に関する法律［スウェーデン］
　　46
クリアリング・ハウス　218
繰り延べ支払方式　218
軽減税率政策　204
経済財政諮問会議　34
欠損法人（赤字法人）　171
限界実効税率（EMTR）　175
限界税率　141
　　最高——　141
　　最低——　141
健康で文化的な最低生活保障の原理
　　128
原産地原則　217
建設国債　12
健全化判断比率　240
源泉地主義　173
源泉徴収　109
高額介護合算療養費制度　102
高額療養費制度　92
後期高齢者医療制度　81, 84
後期高齢者広域連合　85
後期高齢者支援金　86
広義の所得控除　142
公共サービス購入型　259
公共選択理論　15
厚生年金保険　110
公的医療保険　79
公的介護保障制度　96
公的企業　4
公的年金等控除　159
公的扶助　65
公費負担方式　65
公平基準　27
公平性　80
効率基準　28

効率性　80
国民医療費　84
国民皆年金　112
国民皆保険　88
国民経済計算（SNA）　3, 7
国民健康保険組合　88
国民年金　→　基礎年金
個人住民税　219
国家責任による最低生活保障の原理
　　128
国境調整税　173
国庫支出金　88
固定資産税　228, 235
固定資産評価額　228
子どもの貧困　132
こども保険　68
個別消費税　216
コモン・プール問題　16, 24

● さ　行

最高限界税率　141
財政赤字　12, 19
財政安定化基金　102
財政協定［フランス］　45
財政規律　42, 49
財政計画　253
　　中期——　32
財政計画法［フランス］　45
財政健全化　→　財政再建
財政構造改革の推進に関する特別措置法
　　（財政構造改革法）　13, 32, 34
財政高等評議会［フランス］　45
財政再建（財政健全化）　27
財政再建特別税［オーストラリア］　48
財政再生基準　241
財政錯覚　15
財政収支均衡の原則［ドイツ］　44
財政指令［イギリス］　44

索　引　267

再生段階　240
財政破綻　22, 27
財政法　72
財政力　142
　——の弱い累進所得税　146
財政ルール　42
最低限界税率　141
再評価率制度　121
財務省型実効税率　167
債務不履行（デフォルト）　22
雑所得　159
サミット宣言　39
三位一体改革　216, 219
事業税
　——所得割　168
　——（の）付加価値割　184
　法人——　169, 220
資産移転税　209
支出税主義　158
持続可能性　20, 23
市町村国民健康保険　88
実効税率　147, 169
　限界——　175
　財務省型——　167
　平均——　174
実質赤字比率　241
　連結——　241
実質公債費比率　242
指定管理者制度　255
資本の使用者費用　174
仕向地型キャッシュフロー法人税　173
仕向地原則　217
仕向地主義　173
社会支出　63
社会的入院　96
社会保険（——方式）　65, 66, 114
社会保障関係費　50
社会保障基金　4

社会保障給付費　63, 71
社会保障国民会議　74
社会保障審議会　59
社会保障制度改革国民会議　74
社会保障制度審議会　59, 75
社会保障制度に関する勧告　60
社会保障体制の再構築に関する勧告　61
社会保障単位　116
社会保障と税の一体改革　14, 36, 37,
　　75
ジョイント・ベンチャー型　259
障害年金　110
乗数効果　30
消費型付加価値税　189, 216
消費者物価指数（CPI）　31
消費税　51, 189
　——額　216
　一般——　216
　個別——　216
将来負担比率　242
女性の年金権　113
所得控除
　給与——　140
　広義の——　142
所得再分配　73, 93
　——機能　28
所得税主義　158
所得割額　87
資力調査（ミーンズ・テスト）　65, 70,
　　127
シルバー・デモクラシー　17
新規裁定　133
診療報酬　95
垂直的公平　28
水平的公平　28
ストックピラミッド　251
スライド調整率　123
税額控除　143

――清算方式　218
給付つき――　142, 207
勤労所得――　143
投資――　175
生活困窮者自立支援法案　129
生活扶助基準　131
生活保護制度　127
生活保護法改正案　129
請求書保存方式　192
税源移譲　219
精算交付　102
清算方式　215, 218
税額控除――　218
マクロ――　218
政治的景気循環論　17
政府債務残高　23
政府債務利子率　23
税方式　65
世代会計　21
世代間公平　28
世代間負担の不公平　20
世代内公平　28
セーフティネット　70, 127
ゼロ税率　191
1950 年勧告　61
前段階仕入税額控除　191
総括原価方式　248
早期健全化基準　241
早期健全化段階　240
総報酬割　100
租税回避行動　177
租税支出　16
措置制度　96

● た　行

第 1 号被保険者［介護保険制度］　97
第 1 号被保険者［国民年金制度］　109
第 2 号被保険者［介護保険制度］　97

第 2 号被保険者［国民年金制度］　109
第 3 号被保険者［国民年金制度］　109
――問題　115
地価公示価格　229
地方公営企業（――法）　247, 248
地方公営事業会計　245
地方公共団体財政健全化法　239
地方消費税　216
地方（の）法人税　168, 223
地方法人特別譲与税　223
地方法人特別税　223
中期財政計画　32
中期財政フレーム　42
中立命題（バローの等価定理，リカードの
等価定理）　20
直接公の負担による方法　60
賃金スライド　121
積立方式　94, 118
定額部分　113
適正な時価　229
デフォルト　→ 債務不履行
投資計画　252
投資税額控除　175
当然法適用事業　248
特定疾病　100
特別会計　72
介護保険――　100
年金――　72
労働保険――　72
特別徴収　101
独立行政法人　257
独立採算型（――制）　247, 259
独立財政機関　42
特例国債（赤字国債）　12

● な　行

7 割評価　230
2 階部分　108

索　引　269

ニュー・パブリック・マネジメント
　　（NPM）　254
年金改革（――法）　125, 200
年金特別会計　72

● は　行

配偶者控除（――制度）　140
　　――の改革　154
配偶者特別控除　155
パレート改善　29
パレート最適　29
バローの等価定理　→ 中立命題
「103万円の壁」　140, 155
費用逓減産業　251
ビルトイン・スタビライザー　30
フィスカル・ポリシー　12, 15, 17, 30
賦課方式　94, 119
負担水準　232
負担調整措置　231
普通会計　245
普通国債　5, 11
普通徴収　101
物価スライド制　121
復興債　12
プライマリー・バランス　→ 基礎的財政
　　収支
プリンシパル　254
プリンシパル・エイジェント・モデル
　　257
ペイ・アズ・ユー・ゴー　36, 42, 52
平均実効税率（EATR）　→ 実効税率
偏在是正　224
報酬比例部分　113
法人事業税　169, 220
法人実効税　178
法人住民税　169
　　――法人税割　223
法人税

キャッシュフロー――　176
　　仕向地型キャッシュフロー――　173
法人成り　150
法定税率　169
法非適用事業　248
ポーク・バレル　16
保険数理的にフェア　67, 80
保険的方法　60
保険料水準固定方式　123
保護基準　128
保護請求権無差別平等の原理　128
保護の補足性の原理　128
骨太の方針　14, 34

● ま　行

マイナンバー　208
マクロ経済スライド　123
マクロ清算方式　218
マクロ的負担率　145
マーストリヒト条約　45
窓口一部自己負担　102
みなし仕入額　193
民間活力の活用　254
ミーンズ・テスト　→ 資力調査
免税業者　192
モラル・ハザード　80, 246

● や　行

予算管理法［アメリカ］　42
予算制約式　202
予算責任及び会計検査法［イギリス］　43
予算責任局［イギリス］　43
予算責任憲章［イギリス］　43
予算法［スウェーデン］　46

● ら　行

リカードの等価定理　→ 中立命題
リスクパートナー機能　182

リーマン・ショック　8, 35
レジャー　206
連結実質赤字比率　241
レント・シーキング　16

労働保険　70
　──特別会計　72
老齢年金　110

日本の財政を考える
Problems of the Public Sector in Japan

2017 年 12 月 25 日　初版第 1 刷発行

著者	馬場 義久	横山 彰	堀場 勇夫	牛丸 聡

発行者　江草 貞治

発行所　株式会社 有斐閣
　　　　郵便番号 101-0051
　　　　東京都千代田区神田神保町 2-17
　　　　電話　(03) 3264-1315〔編集〕
　　　　　　　(03) 3265-6811〔営業〕
　　　　http://www.yuhikaku.co.jp/

印刷・大日本法令印刷株式会社／製本・牧製本印刷株式会社
©2017, Yoshihisa Baba, Akira Yokoyama, Isao Horiba, Satoshi Ushimaru.
Printed in Japan
落丁・乱丁本はお取替えいたします。
★定価はカバーに表示してあります。

ISBN 978-4-641-16518-2

[JCOPY]　本書の無断複写（コピー）は、著作権法上での例外を除き、禁じられています。複写される場合は、そのつど事前に、(社) 出版者著作権管理機構（電話03-3513-6969, FAX03-3513-6979, e-mail:info@jcopy.or.jp) の許諾を得てください。